世界教育思想文库

U1007670

课程

［美］约翰·富兰克林·博比特 著
John Franklin Bobbitt

刘幸 译

教育科学出版社
·北京·

出 版 人　李　东
责任编辑　翁绮睿　刘明堂
版式设计　郝晓红
责任校对　贾静芳
责任印制　叶小峰

图书在版编目(CIP)数据

课程／(美)约翰·富兰克林·博比特著;刘幸译
.—北京:教育科学出版社,2017.3(2018.5 重印)
(世界教育思想文库)
书名原文: The Curriculum
ISBN 978－7－5191－0810－6

Ⅰ.①课…　Ⅱ.①约… ②刘…　Ⅲ.①课程—教学理
论　Ⅳ.①G423

中国版本图书馆 CIP 数据核字(2016)第 295975 号

世界教育思想文库
课程
KECHENG

出版发行	教育科学出版社		
社　址	北京·朝阳区安慧北里安园甲 9 号	市场部电话	010－64989009
邮　编	100101	编辑部电话	010－64981252
传　真	010－64891796	网　址	http://www.esph.com.cn
经　销	各地新华书店		
制　作	北京广联信达文化发展有限公司		
印　刷	保定市中画美凯印刷有限公司		
开　本	169 毫米×239 毫米　16 开	版　次	2017 年 3 月第 1 版
印　张	16.5	印　次	2018 年 5 月第 3 次印刷
字　数	218 千	定　价	39.00 元

如有印装质量问题，请到所购图书销售部门联系调换。

中译本序

博比特以及他所开创的现代课程理论

郑国民

在课程论领域的经典教材《理解课程》（*Understanding Curriculum*）一书中，派纳（William F. Pinar）等学者将这一门学科的开端定格在1918年，认为在这一年，约翰·富兰克林·博比特（John Franklin Bobbitt）出版了教育史上第一本课程理论专著《课程》，从而引领了现代课程研究的先河①。派纳的这一观点，在世界范围内都不乏赞同的回响。中国学者施良方认为，“现代课程领域的范围和研究取向，最早主要是由博比特确定的”②。日本学者仓泽刚也认为，“针对课程编制的具体方法，最先进行系统阐述的，应当是博比特”③。将博比特视为现代课程理论的创始人，是世界教育界的普遍共识，他也因此享有“现代课程理论之父”的美誉。派纳在教科书中将他与泰勒（Ralph Tyler）、施瓦布（Joseph Schwab）比喻作课

---

① Pinar W F, et al. Understanding Curriculum [M]. New York: Peter Lang Publishing, Inc., 2004: 70.

② 施良方. 课程理论：课程的基础、原理与问题 [M]. 北京：教育科学出版社，1996: 11.

③ 倉沢剛. 米国カリキュラム研究史 [M]. 東京：風間書房，1985: 410.

程论领域的“三巨头”（three giants）[①]，可见其影响之深远。

因此，大多数课程论领域的教师——也包括我自己——在向学生们讲授这门专业的历史渊源时，都会提及博比特，并且沿着这条脉络，再介绍博比特的学生，后来写下《课程与教学的基本原理》（*Basic Principles of Curriculum and Instruction*）一书的拉尔夫·泰勒。

但一直以来，或许是因为译介工作未能及时展开，我们对博比特的理解和研究始终显得比较单薄。大部分的研究成果只集中于博比特课程理论的效率中心和“活动分析法”，而且带有一种普遍的暗示，那就是博比特只是作为一个时间节点的代表人物而被记住即可，真正为课程论奠定基础的还是泰勒。由此一来，我们既不能很好地理解博比特作为一个拓荒者对课程理论发展的真正意义，也无法看到博比特和后来的泰勒等学者之间的继承关系。现在，我的学生刘幸将《课程》一书完整地译为中文，为学术界提供了一个可供分析、探讨的基础性文本，这或许将在很大程度上推进相关的研究工作。本文也试图在这一工作的基础上，以《课程》为中心，全面地介绍博比特的课程理论思想，勾勒出他在课程理论史上的价值，以增进读者朋友们对这部重要著作的理解。我们可以相信，派纳在用“巨头”这样一个词来形容博比特时，一定是经过慎重斟酌的。

一、博比特其人

1876年2月16日，博比特出生于美国印第安纳州的小镇英格里希（English）。从17岁起，他开始在州内几所学校

---

① Pinar W F, et al. Understanding Curriculum [M]. New York: Peter Lang Publishing, Inc., 2004: 10.

任教，并于1901年获得印第安纳大学的学士学位。第二年，他被任命为菲律宾师范学校的教员。1899年美国与菲律宾爆发战争，美国基本控制当地局面后，开始着手“开启一系列经济现代化的计划”[①]，其中之一便是将美国的教育制度引入菲律宾。在这一背景下，博比特服务于一个七人委员会，负责为菲律宾岛内所有小学编制新课程。从1902年到1907年，他在菲律宾工作了五年之久，也正是这段时间的经历激发了他对课程研究的强烈兴趣。因为他渐渐意识到，一开始委员会直接照搬的美国式课程“和岛内的情况并不匹配”[②]，课程绝不能仅仅是对学科知识的直接挪用，而必须基于某些原理，针对不同的社会背景进行调整。这些思考当中，已经依稀呈现他日后趋于成熟的课程理论的雏形。回到美国后，博比特于1909年获得克拉克大学的博士学位，旋即受时任芝加哥大学教育系系主任的查尔斯·贾德（Charles Judd）之邀，赴芝加哥大学任教，在那里开始了“漫长而杰出的学术生涯”[③]，直至退休。

博比特与芝加哥大学的同仁曾经参与过美国多地的学校调研。其中最为著名的大概是受克利夫兰（Cleveland）基金会之邀，对当地的课程进行的系统调研工作。这项工作最后汇集成25份单独成册的报告，其中由博比特撰写的是《学校在教什么，学校可以教什么?》（*What the Schools Teach and Might Teach*，1916）。从书名便不难看出，博比特认为当时的美国学校所做的工作，尚有许多足够提升的空间。如何以科学的方法来实现这种提升，正是他孜孜不倦思考的议题之一。

到了1918年，基于丰富的教育和研究经验以及长年的思考，博比特出版了这部《课程》。这部专门探讨课程问题

① 方纳. 给我自由：一部美国的历史［M］. 王希，译. 北京：商务印书馆，2010：848.

② Bobbitt J F. The Curriculum［M］. Boston：Houghton Mifflin Company，1918：284.

③ Pinar W F， et al. Understanding Curriculum［M］. New York：Peter Lang Publishing，Inc.，2004：96.

的学术著作甫一出版，便受到了广泛关注。美国知名教育史专家拉格曼（Ellen Condliffe Lagemann）曾专门谈到过，“《课程》刚出版的最初几年，每年销量多达3000多本，即使在1929年最后一次印刷那年，销量也达1000多本”①。其影响之大，可见一斑。更重要的是，博比特本人倾注在这本书中的思考，使得课程的编制工作，从过去基于个人经验或者传统习惯的盲目决策阶段，走向了以科学为基础的理性决策阶段，这是课程论之所以能独立成为一门学科的关键因素。也正是在这个意义上，博比特被誉为“现代课程理论之父”。

《课程》出版后，博比特依旧耕耘在这一学科之中，相继出版了《如何编制课程》（*How to Make a Curriculum*，1924）、《现代教育中的课程》（*The Curriculum of Modern Education*，1941）等著作，并且将自己的理论落实到了洛杉矶、托莱多（Toledo）等地的学校课程改革中，发挥了巨大的作用。1941年，博比特从芝加哥大学退休。在他任教的30多年时间里，芝加哥大学始终是“美国课程研究领域最重要的三所机构之一”②，而且培养出了日后在这一领域产生巨大影响的拉尔夫·泰勒。毋庸置疑，这当中有博比特不可磨灭的功绩。1956年3月7日，博比特逝世于故乡印第安纳州的谢尔比维尔（Shelbyville）③。总体看来，之后的工作可以视为他对课程理论的深化、细化，以及理论与实践有意识的结合，但其理论本身在《课程》一书中已经高度成熟了。

二、博比特的课程理论

对于自己的课程理论，博比特在《课程》中曾有过一段

---

① 拉格曼. 一门捉摸不定的科学：困扰不断的教育研究的历史［M］. 花海燕，等译. 北京：教育科学出版社，2006：107.

② Pinar W F， et al. Understanding Curriculum ［M］. New York：Peter Lang Publishing，Inc.，2004：149. 余下的两所是哥伦比亚大学师范学院和俄亥俄州立大学。

③ Ohles J F. Biographical Dictionary of American Educators：Volume 1 ［M］. Westport：Greenwood Press，1978：143－144.

概括。“核心的理论是很简单的。人类生活，无论种类多么复杂，其组成部分都是各项专门活动的完成。教育为未来生活做准备，实则就是明确而充分地为这些专门活动做准备。对任何一个社会阶层而言，无论其活动数量和种类多么庞杂，这类专门活动都是能找到的。只需要走到世界的事务中去，并且找到这些事务都由什么样的专门活动组成。这就会显现出一个人所需的能力、态度、习惯、鉴赏力和知识。那就是课程的目的。这些目标数量颇大，每一个都会精确化、专业化。课程就是这样一套孩子们和年青人必须通过完成目标而具备的经验。”① 这段话基本可以见出博比特的理论框架，我们不妨以此为切入口，来理解他的课程理论。

（一）社会指向

博比特所设想的课程以社会为最终指向，这一点是中外许多学者的共识。“教育为未来生活做准备”，是英国哲学家斯宾塞（Herbert Spencer）提出的一种教育理念，而博比特几乎是不折不扣地接受了这种思想。学校毕竟不可能是一个脱离于社会环境的虚拟公园，几乎所有接受学校教育的孩子终究要走向社会。尤其博比特所在的20世纪上半叶的美国，是一个工业化、城市化迅猛发展，人人都需要通过工作来谋生的社会。而在当时的美国教育中，从古希腊一脉相承的古典课程仍旧占据着主导地位，并且以官能心理学作为其理论基础。这种理论将人的头脑比作肌肉，简单而重复的训练最能锻炼思维，故而繁难的拉丁文和古典文献最有益于思维训练，理所当然地成为课程中的重头戏。② 因此，当博比特强调课程的社会导向的时候，实则是在向古典课程发起挑战，将社会真正需要的实用性知识和技能引入课程。

在博比特看来，既然教育终究指向社会，那么在编制课

① Bobbitt J F. The Curriculum [M]. Boston: Houghton Mifflin Company, 1918: 42.

② Pinar W F, et al. Understanding Curriculum [M]. New York: Peter Lang Publishing, Inc., 2004: 73.

程之前，就需要清楚地了解社会所需要的人才究竟是什么样的，同时在编制课程时以有效培养出这样的人才为核心目标。后来在《如何编制课程》一书中，博比特将这一思路定名为“活动分析法”，但其核心旨趣，在前述引文中已经表达得很清晰了。博比特坚信，“人类生活，无论种类多么复杂，其组成部分都是各项专门活动的完成”。课程专家需要对这些专门活动进行抽丝剥茧的分析，从而确定“一个人所需的能力、态度、习惯、鉴赏力和知识。那就是课程的目的”。

（二）经验本位

前面所引述的博比特对课程的定义中，最后一句话往往被过往的研究者所忽视：“课程就是这样一套孩子们和年青人必须通过完成目标而具备的经验。”换言之，能与课程直接等同的概念是“经验”。事实上，在目标设定之后，还面临着一个如何达成目标的问题，而经验这一概念，正是博比特用于解决这一问题的核心。

以健康这门课程为例，博比特敏锐地发现，“我们的学校也曾经尝试普及健康知识，但是它们用的手段无非是讲授书本知识，或者是开一些关于生理、卫生和解剖学的讲座。孩子们如果牢牢记住了这些东西，并通过考试，那么就会被认为是所谓的好学生。至于如何应用这些知识，很多人觉得那是考试证明他们已经完成了教育之后才要考虑的事”①。

古典课程有界限分明的学科，学科之中又有体系明确的知识，而教育的重点就是将这些知识传授给学生。然而博比特认为，知识是从人类丰富的经验中提炼出来的。“教育的一项职能就是训练每一个公民，无论男女，但不是为了那些关于公民生活的知识，而是为了让他们娴熟于公民生活；不是为了那些卫生学方面的知识，而是使他们有能力保持强壮健康的体魄；不仅仅是为了那些抽象的科学知识，更是要让

---

① Bobbitt J F. The Curriculum [M]. Boston: Houghton Mifflin Company, 1918: 36.

他们在把控现实情形时有效地运用这些思想。”[①] 对于学生而言，倘若没有切实的经验作为基础，一味地用教科书来传授知识，学生终究只能从字面上来理解这些知识，然后在考试中通过背诵重复这种字面理解。这并不构成真正意义上的教育和学习。真正的课程不能只指向知识，而必须指向学生的经验。正因为这一点，博比特才会在《课程》一书的开头就强调游戏对儿童的重要性。对儿童而言，游戏绝非学习的反义词。相反，游戏是儿童体验这个世界各个方面最直接、最有效、最健康的一种方式。当这些经验沉淀下来之后，才能为下一阶段的学习打下基础。

（三）科学精神

如果说社会指向和经验本位是博比特课程理论中最为实际的两个环节，那么贯穿在整个过程中的是一种科学精神。对于当时美国的教育状况，博比特认为，“以科学方式编制课程的专门学问，眼下只有一点点发展。教育中起支配作用的目标还没有经过充分的细化。我们目前所能设定的是模模糊糊的文化、没有界定清楚的学科、朦朦胧胧的所谓个体的和谐发展、极不明确的所谓道德培养，没有细化的社会效率，或者，常常只是对工作生活的逃避”[②]。他批评当时的美国教育工作者缺乏对课程内容的科学调研和分析，只围绕着一些大而空的古典概念打转，这无异于“以其昏昏，使人昭昭”。长此以往，教育很难有实质性的进展。

在《课程》一书中，博比特高度评价了同时期的学者查特尔斯（Charters）教授在堪萨斯城指导的调研工作，就是因为这项工作通过长期的实证调研，将孩子们在学习中犯下的所有语法错误的种类和比例清晰地呈现出来。教师可以利用这些数据，有针对性地进行课程设计，着重解决那些高频率的错误，从而超越了简单地靠教师个人经验或传统习惯盲

---

① Bobbitt J F. The Curriculum [M]. Boston: Houghton Mifflin Company, 1918: ⅳ.

② Bobbitt J F. The Curriculum [M]. Boston: Houghton Mifflin Company, 1918: 41.

目决策的做法，使教学效果得到了稳步改善。在此基础上，博比特对课程进行补充说明，“‘课程’这个词可以在两种意义上加以界定：（1）它是整个的经验，既包括无指导的，也包括有指导的，都旨在拓展个体的能力；（2）它是一整套有意识的指导下展开的训练经验，学校使用这套经验，来使得个体能力的施展变得充分而完美。我们这一行业所谓的课程，往往取的是第二个含义”①。课程要着重解决的，是那些人通过自然发育无法达成，或者很难有效达成的目标，这才应当是学校教育和课程设计最为重要的内容。如此的界定能使学校教育的效率大大提高；同时，如果想要清晰地划定这样的范围，也必须建立在科学调研的基础之上。因此，科学精神可以视为贯穿博比特课程理论的一条重要的思想脉络。有的学者认为，博比特的这一理念源自同时代思想家泰罗（Frederick Winslow Taylor）所开创的20世纪初工业科学管理的原则，“以科学主义为取向，通过对人类经验、职业活动的分析，实现目标的具体化、标准化，反映了科学时代要求精确性和具体性的精神”②。

（四）民主立场

前面谈到，博比特的课程理论是以社会为指向的。更准确地讲，博比特在这里所指向的社会是具体的，那就是他自己所处的美国20世纪最初的20年间意气风发的时代。美国由一个农业国跃升为发达的工业国，经济进步、城市扩展、生活富足。更重要的是，普通人参与公众决策的权利大大增加。人们相信，通过科学和民主的普及，可以将当下的社会改造为一个更好的社会。③ 与此同时，美国的公共教育制度也在这一期间逐渐形成，普罗大众的子女开始逐渐享有受教育的权利。博比特的课程理论一直贯穿着这种民主立场，那

---

① Bobbitt J F. The Curriculum [M]. Boston：Houghton Mifflin Company，1918：43.

② 汪霞. 课程研究：现代与后现代 [M]. 上海：上海科技教育出版社，2003：24.

③ 详情请参阅：方纳. 给我自由：一部美国的历史 [M]. 王希，译. 北京：商务印书馆，2010. 第十八章 “进步时代，1900—1916”。

就是通过教育，使得社会中的所有人成为拥有知识、能够思考、愿意与人协作、具备公共精神的人，从而契合于“进步时代”的美国精神。

博比特用整整一个板块来谈论“公民教育”。他希望在学校课程中提供充足的机会，让学生拥有集体行动的体验，从而培养出启蒙之下的大团体意识，这种意识才能使得每一个学生将来成为真正的公民。另外，当学生们在课程中真正拥有了科学知识和科学精神，同时具备了公民的素质时，他们才能在步入社会后，为劳动环境的改善做出贡献，让更多的人分享到智慧之光。也正是在这个意义上，博比特批评许多人固守古典课程，即认为只有古典课程才具备人文性的观念。“过去的人文主义经验只属于那些占少数的知识阶层和贵族阶层，现在，我们要越来越多地将它向所有的社会阶层普及。我们会让所有人都得到足够的机会去接触人、自然、文学、历史、艺术和高尚的宗教。我们会尽量让所有人都对过去、对未来、对外界有更广阔的视野。”①

值得补充的一点是，博比特对泰罗的科学管理原则有明显的借鉴，这一点毋庸置疑。但与此同时，博比特对其也有尖锐的批判，这一点却是过去的学者较少留意的。博比特已经注意到，泰罗的科学管理原则所设定的决策层是属于少数人的，剩下的大多数人只需要执行。但是博比特在建构自己的课程理论时，却坚持维护每一个学生亲自体验、反思的权利，因为教育的目标终究是让每一个孩子在将来成为一个民主社会中既可以独立思考，又能与他人协作的个体。只有从民主立场这一角度出发，才能理解博比特对泰罗的这种批判。

综合以上所述，我们可以对博比特的课程理论做如下简要概括。这种理论以社会为指向，要求学校充分研究社会的

① Bobbitt J F. The Curriculum [M]. Boston: Houghton Mifflin Company, 1918: 279—280.

具体工作，并从中找到社会对人才的要求，以此来设定课程目标。当课程目标设定之后，则通过对学生经验的组织，使之逐渐达成这种目标。而且，学校课程尤其要注重那些不通过专门训练就很难达成的目标，以此来实现教育的效率。整个过程以科学精神为指导，注重实证调研，同时坚持民主立场，使课程面向社会上的大多数成员。

特别值得一提的是，博比特的课程理论与杜威（John Dewey）的教育理论明显有着密切的关联。博比特长期工作于芝加哥大学，而杜威早在 1894 年就已经到芝加哥大学任职。杜威最重要的教育理论作品几乎都是在芝加哥期间酝酿或者写成的[①]，尤其是他的代表作《民主主义与教育》（*Democracy and Education*）出版于 1916 年，正好在《课程》一书出版的两年前。他一手创办的芝加哥大学附属学校也成为进步主义运动中的一个重要符号。杜威强调经验的作用，并批评“旧教育”只重视系统性的知识，却忽视了知识只能通过学生切实的经验才能发挥作用。此外，杜威力图打破学校和社会之间的隔离，使之形成一种良性互动的格局。杜威同时还认为民主“是一种共同交流经验的方式”[②]，是一种应当贯穿于学校活动各个方面的精神。在这些方面，博比特的课程理论明显与杜威的教育理论是高度契合的。

值得注意的是，博比特课程理论中的经验本位和民主立场过去常常受到忽略。即便是派纳等一些知名的西方学者，也往往简单地将博比特归为社会效率主义，将杜威归为儿童中心主义，从而将两者置于两种“对峙”的思想立场中[③]。现在看来，这种划分是有欠妥当的。

---

① Pinar W F, et al. Understanding Curriculum [M]. New York: Peter Lang Publishing, Inc., 2004: 108.

② 杜威. 民主主义与教育 [M]. 王承绪，译. 北京：人民教育出版社，1990：92.

③ Pinar W F, et al. Understanding Curriculum [M]. New York: Peter Lang Publishing, Inc., 2004: 116—117.

三、博比特在课程理论史上的位置和影响

美国当代知名的课程论学者丹尼尔·泰纳（Daniel Tanner）曾讲过一句非常精当的话："课程有一个悠久的过去，但只有一个短暂的历史。"[①] 无论是汉语语境中的"课程"，还是英语语境中的"curriculum"，都有一个非常悠久的过去，例如，中国古代典籍中所记载的"六艺"、古希腊学校传授的"七艺"，都是古典形态的课程。

到了文艺复兴以后，发生了根本性变化，科学技术的迅猛发展给学校教育造成了严重冲击，如果学校依旧固守陈旧的学科，培养出的学生将与时代严重脱节；另一方面，公立学校体系建立之后，普罗大众的子女走入学校，自然不会像古典形态的课程那样以品德修行为主要学习内容，而渴望的是切实可行、能让他们在现代社会谋生的必备技能。从课程编制的方法而言，过去的课程往往由教师根据个人经验来安排，而现代公立学校建立之后，学校数量、班级规模都呈几何式增长，零散的经验式教育显然不足以应对如此剧烈的变迁。以科学的方式，对经验加以归纳总结，从而探寻一种可以普遍适用的课程理论，正是20世纪初美国教育的迫切需求。

博比特直指古典课程的弱点，同时另起炉灶建构了一套与现代社会相符合的课程理论体系。他明确谈到，"提出这个新时代的课程工作者所需要的一些理论，就是本书试图完成的工作。这个领域到目前为止还极少有人开拓，这是第一本书"[②]。换言之，"现代课程理论之父"这样一个称号不是后来人追认给他的。相反，他从一开始就认识到了，自己是在建立一门全新的学科，这给现代课程理论画定了一个清晰

① Tanner D. Curriculum History [M] // Mitzel H. Encyclopedia of Educational Research. New York: Macmillan & Free Press, 1982: 412.

② Bobbitt J F. The Curriculum [M]. Boston: Houghton Mifflin Company, 1918: V.

的坐标。也正是这种清晰的学科意识，才推动他日后孜孜不倦地在芝加哥大学为这个学科的发展和壮大而努力。从这个意义上讲，1918 年《课程》的出版标志着现代课程理论的建立。但是即使从这一年算起，到今天尚不足一百年，确如泰纳所言，课程论“只有一个短暂的历史”。

以上所谈是博比特在开拓方面的价值；另一方面，我们也需要留意他的哪些思想遗产得到了很好的继承。因而就必须谈到他的学生、日后在课程论领域大概最为人们所熟知的学者——拉尔夫·泰勒。泰勒于 1927 年从芝加哥大学获得博士学位，1938 年重返回芝加哥大学工作，1949 年出版《课程与教学的基本原理》。在这部书里，泰勒提出了课程编制要遵循的四条基本原理，即学校应该达到哪些教育目标？提供哪些教育经验才能实现这些目标？怎样才能有效地组织这些教育经验？我们怎样才能确定这些目标正在得到实现？[①] 这四条原理既简明扼要，又环环相扣，构成了一个有机的整体，故而很快受到一线教育工作者的青睐，其影响至今不减。毫无疑问，泰勒原理绝非凭空而来，博比特的工作为泰勒原理的提出奠定了坚实的基础。

博比特要求教育工作者走入社会，做一个课程目标的“发现者”[②]；泰勒也同样认为，“学校领导和教师与其说是制定目标，还不如说是选择目标”[③]。当然，泰勒在博比特的基础上进行了细化，要求用教育哲学和学习理论这两把“筛子”对教育目标进行再一次筛选，但是课程目标的总体方向是由博比特奠定的。泰勒要求用“经验”来实现目标，这和前文已经谈及的博比特的经验本位是高度一致的。泰勒同样认为，“‘学习经验’并不等同于一门学程所涉及的内容，也

---

① 泰勒．课程与教学的基本原理［M］．施良方，译．瞿葆奎，校．北京：人民教育出版社，1994：2．

② Bobbitt J F. The Curriculum［M］. Boston：Houghton Mifflin Company，1918：43.

③ 泰勒．课程与教学的基本原理［M］．施良方，译．瞿葆奎，校．北京：人民教育出版社，1994：18．

不等同于教师所从事的活动，而是指学生与环境中外部条件的相互作用。学习是通过学生的主动行为而发生的；学生的学习取决于他自己做了些什么，而不是教师做了些什么”①。这种思想与博比特课程理论中的“经验”概念一脉相承。泰勒原理中的第三条，应当说是博比特已经涉足的内容，但是泰勒在总结上的系统性是博比特所不及的。博比特区分有指导的训练经验和无指导的训练经验，已经是在思考课程经验的组织问题了，只是显得很粗疏。泰勒最重要的贡献实则在第四条，即课程评价的问题。在博比特的设想中，当学生实现充分的经验之后，课程的任务就已经结束了。但是泰勒却敏锐地发现，原定的课程目标与学生的实际经验之间，是否完全吻合，其实是有待检验的，因此添加一个回指的环节，即课程评价。泰勒之所以又被学界称为“课程评价之父”，一定程度上也是因为“课程评价”这个环节是他在博比特理论的基础上最具原创性的发展。

由此可见，泰勒原理明显脱胎于博比特的课程理论，但是对其进行了重要的修正和系统化。毫无疑问，今天的教育工作者在进行课程编制时，引用和参照泰勒原理的频率远远高过博比特的课程理论。从表面上看，博比特仿佛已被时代遗忘，事实上，博比特的理论早已融入到了泰勒原理的框架，并通过这种方式对后来的所有课程工作者产生着持续的影响，正所谓“化作春泥更护花”。

今天，博比特在课程理论史上的地位应受到我们格外地重视，不仅仅是因为《课程》一书在出版时间上占据了一个“最早”，而且因为他的课程理论直面当时最棘手的教育问题，以一门新学科的姿态试图解决这一问题，使得课程的形态发生了质的飞跃；另一方面，他的解决思路为日后的课程理论奠定了坚实的基础，尤其在汇入更成熟的泰勒原理之

① 泰勒．课程与教学的基本原理［M］．施良方，译．瞿葆奎，校．北京：人民教育出版社，1994：23.

后，对课程编制工作产生了持久而深远的影响。

诚然，博比特的理论是时代的产物，必然有其历史局限。当派纳等学者在20世纪70年代倡导课程领域的“概念重建”运动时，事实上是在反思和突破以博比特、泰勒等学者为代表的整个“课程开发”理论模式。博比特的课程理论强调，课程设计在很大程度上只是对社会已有现状的继承，因为所有课程目标都是社会已经承认了的。但教育本身还应当具备一种对现状的超越精神，也即一种批判精神。否则，这样的教育很容易沦为现实世界的附庸，新一代人的创造性，也很容易在这个过程中被扼杀。这确实是博比特的理论所无法回应的。此外，后来的学者发现，博比特的理论多多少少将课程的实施过程理想化了，现实的教学活动未必完全忠实于教学前的课程目标设定。美国学者古德莱德（John I. Goodlad）之后提出“五个层次的课程”的理论，意在提醒人们，每个层次的课程未必是完全吻合的，尤其在执行过程中，每个层次对课程目标的理解都是可能发生错位的。而学者杰克逊（Philip W. Jackson）提出的“隐性课程”概念，正好针对博比特所设想的有意识、有预期的环境中传授给学生的课程知识，从而强调另一种通过隐性方式，在不知不觉中塑造学生的课程。这也是一种课程，有时候甚至比正式的课程更重要。

公允地讲，“课程开发”模式之后的绝大多数课程论思想都是在对“课程开发”批判性继承的基础上发展出来的。日后对博比特和泰勒模式提出的种种批评，在很多方面做得更细致了，甚至打开了新的局面。这恰恰从反面证明了博比特和泰勒所代表的课程理论的地位和价值。

四、总结

在当下，重新研读一部出版于约一百年前的《课程》，依旧不是一件过时的事情。博比特的课程理论对今天的教育仍然有着重要的借鉴意义。从更广阔的视野来看，困扰着一百年前的美国教育的诸多问题，依然困扰着当今的世界教育。因此，仔细考察以博比特为代表的美国教育研究者的思想，追踪他们为克服这些问题而做出的努力，毫无疑问对中国自身的教育改革是有着重要借鉴意义的。这也是我们今天仍旧积极地译介、研究这样一部历史性著作的价值所在。

前言

自二十世纪伊始，我们社会秩序的演变一直在以极快的甚至递增的速度推进着。简单的情形正日益趋复杂。小机构正渐次变大。日益增强的专业化，一直在成倍地增加人们相互依赖的程度以及随之而来的对合作的需求。民主（democracy）在一国范围内正日益增强，并且渐渐普及于世界。各个阶层都在渴求机会充分实现自己作为人的权利。文明（civilization）和教化（humanization）从来没有这样迅速地得到推广。

鉴于整个世界都热切地想要促成新生事物，教育也必须向前推进，不容稍缓。它必须提供智力支持和壮志雄心，满足进步所必需，以确保我们稳定且持续地获益。教育一定要定好一个步调，这个步调不由教育本身说了算，而是基于社会的进步。

当今公共教育的课程（program）主要是在十九世纪更简单的状况下制订出来的。在细节上，它得到过改进。但从根本上讲，还没有太大的区别。一套本不是为今天而设计的课程被继承了下来。

任何一个继承下来的体系，在它那个时代都曾是好的，但如果时过境迁还拿来使用，终究会阻碍社会的进程。这样一套体系，倘若没有从根本上就其方案和目的加以改善，只是在细节上有所改进，那是不够的。在教育方面，这类小修小补的工作已经做到了一个显著的程度。我们今天的学校比过去任何时候的都好。教师们更加训练有素。监管做得更称职。建筑和设备都得到了大幅改进。高效的方法正在被引进，时间也得到了充分利用。各个方面的提升都显而易见。然而，将十九世纪的任务完成得比那时候好，并不意味着我们就能处理好二十世纪的任务。

新的任务（duties）就摆在我们面前。它需要的是新方法、新教材、新视野。旧有的教育，除了讲授获取知识的工具外，大部分都致力于用事实（facts）填充孩子的记忆。年青一辈总是比老一辈更需要事实，也需要更多的事实，必须找到更高效的教育他们的方法。但是现在，教育有了其他的职能（functions）。现在的教育旨在培育一种智慧，这种智慧只有参与到人类的生活经验中去才能培养出来，仅仅记住那些关于事实的言语陈述将是徒劳的。因此，它必须结合着真实的生活情形来训练思维（thought）和判断力（judgement）。这一任务和过去修道院式的活动截然不同。它同样旨在培养善良品质、服务精神、社会评价（the social valuations）、同情心，以及高效集体行动（group-action）所必需的心态（attitudes of mind），因为专业化已经使得人与人之间的依赖无处不在。教育的一项职能就是训练每一个公民，无论男女，但不是为了那些关于公民生活的知识，而是为了让他们娴熟于公民生活；不是为了那些卫生学方面的知识，而是使他们有能力保持强壮健康的体魄；不仅仅是为了那些抽象的科学知识，更是要让他们在把控现实情形时有效地运用这些思想。这当中绝大多数是新任务，它们相互之间有着联系。这些任务中有大部分是由所有的进步主义（progressive）学校系统在做，但大多只是部分地实现了。我们一直在发展知识，却没有注重其功效；我们一直在发展复制事实的能力，而不是一种在活生生的现实生活中思考、体察、产生意愿，并切实采取行动的能力。现在，我们必须同样关注后者。

这本书的工作就是要指出这些新任务中的一部分。我们会证明，为什么现在的教育一定要完成一些在不久之前还被 v
认为是无足轻重的任务；为什么新的方法、新的教材和新的经验类型必须得到采用。我们在这里尝试着发展出一套理念。当学校中讲求实际的人们，按照现在社会状况的要求，对教育进行一些调整时，这套理念会是他们所需的；此外，这套理念也是那些正试图精确界定教育目标（objectives）的科学工作者所需的。作者本人也感觉，战后①的社会重建大潮就摆在我们面前，在这股浪潮中，教育总是被希冀承担起以前料想不到的重任，完成超乎寻常的工作。提出这个新时代的课程工作者所需要的一些理论，就是本书试图完成的工作。

这个领域到目前为止还极少有人开拓，这是第一本书。很长一段时间以来，我们都是在发展教育方法（educational method）的理论，无论是普遍的教育方法，还是特殊的教育方法。我们也已经要求教师和督学们通晓这套东西。但是最近，我们已经觉察到，还有一种课程规划（curriculum-formulation）的理论，与方法的理论相比，它的范畴和它所牵涉的问题未见得更少；而且它同样为教师和督学们所需。知道要做什么，和知道怎样去做同等地重要。因此，这本书是为教师培训机构设计的，作为课程理论（the theory of the curriculum）的入门教材，同时也可以供在职教师培训的读书会使用。同时，希望这本书能对一些关注新近教育趋势的普通读者有所助益。

① 此处指的是第一次世界大战。——译者注（本书的所有注释，如无特殊说明，均为译者注。）

目录

第一部分　目的与过程 / 1

第一章　教育经验的两个阶段 / 3

第二章　游戏阶段的教育经验 / 7

第三章　工作阶段的教育经验 / 16

第四章　思想在工作经验中的地位 / 22

第五章　教育在什么地方可以实现 / 29

第六章　课程编制中的科学方法 / 35

第二部分　针对职业效率的训练 / 45

第七章　职业训练的目的 / 47

第八章　专业技术的训练 / 60

第九章　集体工作者的专门训练 / 64

第十章　职业训练的社会层面 / 73

第三部分　公民教育 / 95

第十一章　好公民的本质 / 97

第十二章　启蒙的大团体意识的发展 / 108

第十三章　道德与宗教教育 / 135

第四部分　身体效率的教育 / 139

第十四章　身体训练的基本职责 / 141

第十五章　体育锻炼 / 149
第十六章　身体效率的社会因素 / 156

第五部分　休闲活动的教育 / 169

第十七章　游戏在人类生活中的功能 / 171
第十八章　作为一种休闲活动的阅读 / 186

第六部分　社会交际教育 / 199

第十九章　母语 / 201
第二十章　外语的训练 / 207
第二十一章　一些结论 / 227

索引 / 233

译后记 / 240

第一部分

目的与过程

第一章　教育经验的两个阶段 3

当下关于教育的讨论，揭示了在教育思想领域，存在着两个对立的流派。其中一方主要看重主体的成效（subjective results）：充实的头脑、更快的鉴别力、细腻的情感、纪律、文化修养。对他们而言，教育的目的（ends）是**生活的能力**（**ability to live**），而不是实用的**从事生产的能力**（**practical ability to produce**）。对他们而言，大部分教育都由对教育经验本身的兴趣驱使，而不必在当时刻意考虑那些经验从实用的角度来看究竟有用与否。只要这些经验扩展、开启了这个个体的潜能，那么这当中就有合法性。一个人的能力得到充分拓展是为实际生活所做的最初准备。

另一方面，还有一些人认为，教育首先要考虑，并且应当有意识考虑的，是现实世界中能产生实效的实践行为。一个受过教育的人，应当能高效地做好自己的本职工作；能在社会和公民事务中和他的同伴高效合作；能将自己的体力维持在一个很高的水准；能在合适的范围内参加一些有价值的休闲消遣；能有效地将自己的孩子培养为一个健全的男人或女人；此外，能用一种令人愉快又有效的方法经营好自己与同伴们的关系。教育就是要有意识地为这些事做准备。

这场争论几乎牵涉到了训练的每一个领域。例如，文化的拥护者 4
会将科学纳入授课的范畴，因为这是人类思想丰富而极具活力的一个领域。他们会让学生充分沉浸在化学、生物或者物理的广阔领域中，而不会在那个时候刻意强调他们所接触到的这些事实在实际生活中有用还是没用。只要这种经验生机勃勃，能够满足人对智慧的需求，那么这当中就能够找到充分的理由。从一种纯粹功利主义（utilitarian）的视角出发，他们宣称，获得足够多的科学知识、科学定律和心智习惯，日后终将派上用场，从而为这种教学提供合理性论证。他们断言，当学习就是“为科学而科学”，而不是出于工作的考虑而局限于实用科学时，对这些东西事实上反而能掌握得更好。

另一方面，功利主义者让学生们学习科学，则是希望农夫在耕种的时候，技工在自己的车间的时候，或是在手工制造、采矿、烹调、卫生等各类领域中，这些科学事实都能派上用场。他们可能会对每个社会阶层进行一次非常精确的调查，从而确定每个阶层的科学需求有哪些。对每个阶层，他们只教那些需要的东西，只教那些能应用于工作的东西。在一个追求效率和经济的年代，他们肯定会想方设法除去那些没用的、带来浪费的东西。想要涵盖广阔的科学领域，而不考虑某些特定科学事实的实用价值，就像是在一个要求来复枪般精准的年代，还使用老式大口径短枪。时间、能源、金钱，这些东西在别的地方尚有需求，但在这里却被白白浪费了。这就是在将一些没有任何实用基础可言的东西强行加诸不乐意的学生之上。

文化的拥护者则相信，历史和文学这类的社会学科（social study），是掀起盖在各个地域和时代的人类经验之上的大幕的主要手段。它提
5 供了一次机会，小学生们得以间接地概览和融入世界范围内人类生活久远而丰富的盛会。学生们要做的，只是像在剧场看戏一样，游览这番盛会。这种经验本身就是一种令人满意的生活方式，丰富他的知觉，拓展他想象的疆域，增进他鉴赏的能力。在他阅读的过程中，他会看到“希腊的荣光、罗马的庄严”，他会看到《荷马史诗》或者莎士比亚的戏剧，他全然不必让自己忧心于怎么将这些经验应用于完成自己的现实任务。但另一方面，功利主义者告诫我们，最好还是删掉古代的历史和古旧的文学。那是在跟一个死了的世界、一个衰亡了的文明、一些今天早已废止了的政府，以及一些在现代已经没有任何实际用处的礼仪

习俗和古老语言纠缠不清。从他们的判断来看，即便我们需要历史，我们需要的也是现代历史，其宗旨是要给当下工业、商业和公民领域的实际问题指出明路。搜集起来的事实一定要跟某些问题有切实的联系，而不仅仅是一种漫无边界、没有任何特定指向的陈年历史。至于文学，他们认为，最好是反映当今世界的，反映今天男人与女人的本性，今天的社会问题和人们的反应，现在的思想模式，商业、工业、公共卫生事业、人际关系和娱乐生活等领域的现实情形，抛掉古典文学，只要现代文学。

在外语教学的问题上，这个争论尤为显著。功利主义者说，古代的语言不会在人们的生活中起到任何作用，因此就该被抛到一边。对绝大多数人而言，甚至当代的语言也都没有什么功用。人们日常生活中不会出现的东西，也没有理由要在人们的教育中出现。这个论点似乎是合理的，也能说服人。当然，那些主张学习外语的人，远没有被说 6
服。主张学习外语的人宣称，前者忽视了一些重要的东西；人类生活中有一些东西比实际行为来得更重要，不管这种实际行为多么有效；生活本身就有价值，那就是教育的目的；林林总总的现实效用仅仅提供了手段。他会更看重一种自我的实现（self-realization）、一种人文主义（humanism），以及一个超越于手段之上的称心如意的世界，而手段只是用来达到这些高贵目的罢了。他谴责我们这个讲求实用的年代，只追求一种对人而言太过狭隘、单调、机械化和物质化的生活。

现在，哪一方才是对的呢？毫无疑问，双方都是对的。这就像是问："树应该开花，还是应该结果？"它当然既该开花，也该结果，否则那棵树就不能算是完整呈现了自身的生理机能。在这里，我们只是接触到功能的两个阶段、教育经验的两个阶段（level）罢了，这两者对于我们的充分成长，对于我们高效的行动，对于我们人格的完善都是至关重要的。两者都是好的，两者都是必需的，不过是一个在前、一个在后。一个是游戏阶段（play-level）上的经验，另一个是工作阶段（work-level）上的经验。一个是在自发兴趣驱动下的行为，另一个则是由派生兴趣驱动的。一个是主体生活的愉悦，而这种愉悦对客观经验也具有价值，虽然人们很难在当时就认识到这层价值。另一个则看重人对客观世界有意识的塑造与控制，但是，它也要求前者所提供的主体生活的背景发挥最大效能的影响。

文化的拥护者要求教育拓宽视野，加深普遍认识，激发潜在能量，全面发展个性，并维系好个性，充分调动天生的兴趣，培养一种乐观精神和理想主义；或者简而言之，让个体得到充分的教化。这没有错。但他们不能坚持得太过。

7 关心实践的人们断言，人的生活主要就在于完成自己所负责的种种任务，而且必须如此。这些任务要漂亮地完成，这些责任要有效地承担起来。因此，技术的精确性与可靠性、勤勉、坚毅、好的习惯、技巧、实用知识、身体和道德素质，以及对工作不挑肥拣瘦的精神都是必不可少的。倘若没有了实践的工作型的教育，这些目标也是不可能有效达成的。从这一点来讲，他们也没有错。但同样地，在这些事情上，他们不能坚持得太过。

第二章　游戏阶段的教育经验 8

近代的心理学告诉我们，人类有一个相当漫长的童年和青年时期，就是为了让他能够玩耍。不是因为他年纪小，才让他玩，而是他之所以会享有一个漫长的青年时期，就是为了能让他玩，并通过鲜活的经验巩固他的教育。游戏就是大自然活生生的教育模式。

一个男孩该不该提升自己的体能，从而能够既有速度又有耐力地奔跑，或者能精确地投掷，或是富有力量与技巧地搏击，或者长时间劳动却不会出现过度疲劳呢？大自然所能提供的就是，在游戏之中，他会奔跑、投掷、搏击或者投身于别的什么事，这就能激发他潜在的能量。体育游戏就是大自然的体育教育。一个男孩该不该培养自己与其社会团体中的成员们充分协作时所必需的社交能力呢？大自然也赋予了一种天然的想要加入集体游戏、社交游戏、对话等等的倾向，这会发展他的社会属性（social nature），形成他的社会习惯，巩固社会团结。社会游戏就是大自然进行社会教育的活生生的方法。一个男孩需不需要掌握一种能普遍应用，而不局限于某一门类的机械技能呢？这种技能在今天的重要性已经远远胜于人类的天性刚刚形成之际了。幸运的是，我们在这里会又一次发现，本身就极具结构感和操作感的游戏天性会驱使孩子去组装和操作事物。给一个心智水平正常的男孩丰富的机会，让他组装东西，“让东西动起来”——然后人们就放手让他一个人去做。接下来的事，大自然的教育方法会完成。他应该对身边的人和事保持敏感吗？他
应该将那些与他的终生密切关联的事物装进自己的头脑吗？他应该依照 9
自己探究的天性，获取并记住大量的知识吗？大自然又一次赋予了我们

一种深层次的、强烈的好奇心，理智上的探索欲和求知的欲望。孩子生来就会用眼睛捕捉到任何与他擦身而过的东西，尤其是人们的举止动作。由此，他学习，并且一生都在持续地学习。智力游戏（mental play）就是大自然给头脑填充信息的活生生的方法。

既然教育很大程度上就是学习东西，那就让我们从智力游戏这个话题开始，作为智育（intellectual education）的基础吧。一个人观察他身边的人和人们的事，观察他所处的环境和围绕在他身边的各类自然现象，仅仅只是一种生活模式罢了。通过这种观察，他会在自己所有醒着的时刻源源不断地搜集事实，而不会问这些信息有用还是没用。他不可能只关注那些对他的个人事务有实用价值的东西。一个人，只有当他对自己眼前的一切都保持关注，并且能以一种恰当的关联和协调的比重来看待这一切，哪怕这当中绝大多数和自己的实际事务还没有明显的关联，他才算是最充分地活着。

他不光是直接观察，他还会抱着极大的好奇心聆听那些自己未曾见过的东西的故事。报纸上的蜚短流长绝大多数都跟他没有什么即刻的关联。但他依旧会去读，会去学，并且感觉如果不这么做的话就不算是充分地活着。对新闻的高度关注和对邻里之间家长里短的热衷，都说明我们对知识有一种普遍而强烈的渴望，哪怕这种知识是无用的。一个人会源源不断地从这口源泉里汲水痛饮，根本不会思量一个问题，即这些获取的知识能否有朝一日派上用场。就像呼吸，人会觉得这就
10 是生活中很自然的一部分，不需要论证。

因为好奇而学习知识，不考虑其用处，这是人类最正常的行为之一。因为好奇而探求知识与因为饥饿而寻觅食物是类似的。一个人饥饿的时候就需要吃饭，那时候他才不会考虑吃饭是否有什么功用价值呢。饥饿本身，就是大自然给人们所需要的东西赋予价值的一种方式。同样地，心智健全的人想要知道一些和自己智力兴趣正相匹配的事，也根本不必考虑这些事是否还能跟日后的现实应用挂上钩。在他尚未发育成熟或者还很愚笨，以至于都不知道自己需要什么的时候，这种对知识的渴求，就是大自然将价值赋予那些人类所需求的东西的方法。这

样一种强烈而持久的天性驱使人们追求的东西只可能是整体的有用和必不可少①。

这是游戏，但游戏也有游戏的价值。尽管大多数观察到的东西与当下的事物没有明显的联系，但在整体之下，每一件事物都是以一种微妙的、无形的，甚至不为人知的方式与其他事物产生着联系的。每一个个体都是影响汇聚成的旋涡的中心。他需要知道社会生活的全部，这样才可能调整自己的行为，以适应全盘情景下的各个因素。现在这些看似只关乎无用之事的信息，事实上给他提供了一个社会生活的全貌，他自己就是这当中的一分子。这种全景视野无论对他理解社会，对他的价值判断，还是对他正确社会态度的形成都是必要的。

好些年前，当我旅行着去亚洲赴任的时候，我有机会观察到两个十二岁左右的小男孩的一部分教育经验。我们搭乘的轮船每隔一两天就会在一个港口停靠：香港、上海、长崎、神户、横滨，等等。每次轮船刚一下锚的时候，这两个小孩都会飞奔出去，开始一趟探险之旅。对他 11
们而言，那是一片完全新奇的领地。他们不会有任何要学的任务；他们也不是被要求下船的；他们不用上岸去记些什么信息，作为晚上的背诵；也没有人说晚些时候要用什么来考他们。就是一片丰富的经验世界在他们眼前敞开了，他们热切地抓住这个机会，冲上前去，把什么都体验了个遍。这仅仅是一种其智力需求所催生的游戏经验而已。在这一天里，他们会在时间和交通方式允许的范围内尽可能地逛遍这个城市的不同片区。他们考察了富人和穷人的住所、商店、娱乐场所、宗教寺庙、军营、大街小巷、小康之家和穷苦人家的生活境遇，等等。到了晚上，他们回到船里的时候，脑子里装着大量的经验，信息量大得都要溢出来了。跟这两个小孩聚在一块儿的大人们毫不费力就能听到他们又长又富有激情的口头汇报。这两个小孩精力旺盛。他们绝不是在死记硬背那些事实。这都是基于游戏阶段的；而且，他们获得的就是可能

① 意即不可能将知识拆解为哪一部分有用，哪一部分无用，哪一部分必不可少，哪一部分无关紧要。

的教育类型中最好的一种。假设他们被指派了一项有明确规划和时间安排的工作任务，必须用某些特定的形式做报告，还会有一场考试，看他们是不是遗漏了些什么——他们还会愿意离开这艘船吗？即便下了船，又该是怀着什么样的心情呢？

这两个小孩的经验似乎已经表明了我们整个教育领域所需要的智力游戏经验（intellectual play-experience）的类型。如其所示，同样地，仅仅由好奇心和游戏的动机驱使，随着兴趣的指引，孩子和青年会在一切人类知识和经验领域中重要的部分流连徘徊。不需要刻意意识到学
12 习的重要价值和目的，他们就能对现实世界各个重要方面的认识打下一个宽广而坚实的基础。只要有可能，就要通过观察锻炼他们。但是，一个人的视野是狭小的，而这个世界的绝大部分超出了视野之外，并且会通过历史往前回溯。因此，大部分经验只能在他人留下的记录的基础上，在想象中进行替代性的探索。因此，孩子们需要能生动重构他人经验的书籍。

有大量的地理读物，尤其是游记，可以帮助孩子们活灵活现地重构其他大陆上的生活。比如，当孩子们在阅读中随着皮尔里（Peary）①穿行到北极，或者随着阿蒙森（Amundsen）和斯科特（Scott）②穿行到南极时，他们的经验就会带领他们仿佛身临其境般地欣赏极地风光。让他们在精神上随着利文斯敦（Livingstone）和斯坦利（Stanley）以及罗斯福（Roosevelt）③去往非洲的中心，他们就能感受到非洲中部的自然环

---

① 罗伯特 · 皮尔里（Robert Peary，1856—1919），美国极地探险家。他穷尽毕生精力以求征服北极点。1909 年 4 月 6 日，皮尔里终于了却夙愿，成为第一个到达北极点的人。

② 1911 年 12 月 14 日，挪威著名极地探险家罗阿德 · 阿蒙森（Roald Amundsen，1872—1928）历尽艰辛，闯过难关，终于成为人类第一个登上南极点的人。他的竞争对手，英国探险家罗伯特 · 福尔肯 · 斯科特（Robert Falcon Scott，1868—1912）在一个月后到达南极。在回程的时候，斯科特以及他的同伴四人全部由于饥饿和极度的寒冷而死亡。

③ 戴维 · 利文斯敦（David Livingston，1813—1873），英国探险家、传教士，维多利亚瀑布和马拉维湖的发现者，非洲探险的最伟大人物之一，改变世界的六大探险家之一。亨利 · 莫顿 · 斯坦利（Henry Morton Stanley，1841—1904），英裔美国记者、探险家。他曾深入非洲内陆，寻找一度渺无音讯的利文斯敦。西奥多 · 罗斯福（Theodore Roosevelt，1858— 1919），美国第 26 任总统。完成第二个总统任期后不久，罗斯福曾于 1909 年 3 月前往非洲探险。

境，这是通过别的任何方法都无法获得的。让他们跟着库克船长（Captain Cook）和达尔文（Darwin）以及史蒂文森（Stevenson）[①]穿越南太平洋吧，让他们跟着丹纳（Dana）来一趟合恩角（Horn）[②]之旅，跟着廷德尔（Tyndall）和乔丹（Jordan）[③]游览阿尔卑斯山，跟着约翰·缪尔（John Muir）和伊诺丝·米尔斯（Enos Mills）[④]穿越落基山脉，跟着乔治·凯南（George Kennan）[⑤]驶向西伯利亚，等等——让他们以这种替代的方式游遍地球的大陆和各个地区吧，这样他们就能完整地欣赏到全世界。读那些有地理背景的文学作品，比如《怒海余生》（*Captains Courageous*）[⑥]、《海蒂》（*Heidi*）[⑦]、《金》（*Kim*）[⑧]、《钢铁之路》（*The Iron Trail*）[⑨]、《伐木工》（*The Lumberman*）[⑩]等作品的时候，孩子们甚至可以将各个大陆上以及各种生活境遇中的人们的生活重新过一遍，通过生活来获得对那些地方的了解。这类地理阅读的目的，远不止于信息，而是经验。就像这两个把跑遍各大城市视为一种生活方式的

---

① 库克船长（Captain Cook，1728 —1779），英国著名的航海家和探险家，曾经三度奉命出海前往太平洋，带领船员成为首批登陆澳大利亚东岸和夏威夷群岛的欧洲人，也创下首次有欧洲船只环绕新西兰航行的纪录。查尔斯·罗伯特·达尔文（Charles Robert Darwin，1809—1882），英国生物学家、博物学家，《物种起源》的作者，曾参与贝格尔号的五年航行。罗伯特·路易斯·史蒂文森（Robert Louis Stevenson，1850—1894），小说家、诗人与旅游作家。他曾驱船于东太平洋与中太平洋一带，拜访过一连串的岛群。

② 理查德·亨利·丹纳（Richard Henry Dana，1815—1882），律师和航海家。1834 年，19 岁的丹纳搭乘一艘商船从波士顿出发，经过南美的合恩角，最终抵达加利福尼亚州。

③ 约翰·廷德尔（John Tyndall，1820—1893），英国科学家，曾登上阿尔卑斯山，并著有《阿尔卑斯山的冰川》（*The Glaciers of the Alps*）。雷顿·乔丹（W. Leighton Jordan，生卒年未详），探险家，曾于 1867 年 10 月 1 日至 3 日攀登阿尔卑斯山，并登顶马特洪峰。

④ 约翰·缪尔（John Muir，1838—1914），苏格兰人，后移民美国，早期环保运动的领袖。他的大自然探险文学，包括随笔、专著，特别是关于加利福尼亚的内华达山脉的作品，广为流传。伊诺丝·米尔斯（Enos Mills，1870—1922），美国自然导游先锋。

⑤ 乔治·凯南（George Kennan，1845—1924），第一个向美国人介绍俄国的探险家和美联社记者。他曾先后两次用近四年时间穿越俄国西伯利亚并深入当时刚被俄国吞并的北高加索地区。值得一提的是，他是后来著名的外交官、历史学家和苏联学家凯南（George Frost Kennan）的堂祖父。

⑥ 诺贝尔文学奖得主拉迪亚德·吉卜林（Rudyard Kipling，1865—1936）的小说。

⑦ 瑞士作家约翰娜·斯比丽（Johanna Spyri，1827—1901）创作的儿童文学作品。

⑧ 同为吉卜林的作品。

⑨ 美国作家雷克斯·比奇（Rex Beach，1877—1949）的文学作品。

⑩ 关于这部小说，作者在本书第十章还有详述。

小男孩，我们学校里的孩子们也应该在他们所阅读的纸张上游遍广阔的世界，并且将其视为一种令人满意的生活方式。他们越是懵懂无知，
13 越是意识不到这当中严肃的价值，越是简单地跟着自己的兴趣走，得到的经验也就越是适宜于他们的教育。

历史代表了游戏阶段里另一块富饶而无垠的探索领域。孩子们应该从自己的兴趣出发，读读那些人物故事、奇闻异事、传记、奋斗史、历险记，以及所有别的吸引他们的东西。他们应当通过这种方式熟悉世界大家庭中的所有国家。他们应该兴高采烈地参与到所有重要国家的历史经验中去，就像那两个每次探索外国城市就兴奋不已的小男孩。他们在这个年纪根本不用知道这种经验对于将来培养大团体意识（large-group consciousness）、增进对国家与全球的同情与了解、夯实公民判断的基础，或者为任何一种我们可能会创造出来的“世界联盟”（Federation of the World）打下坚实基础有多大的价值。

教师必须看到这些严肃的目的，以便调整学习条件，控制他们的动机，引导他们前行。但是孩子们大可不必太在意游戏经验背后还有一个成长的目的。游戏精神（play-spirit）很容易夭折，当它发现自己被羁绊住了，被设定成向着单调的生产工作时，这种精神就容易溜走。在这个阶段上，只要孩子们对历史的重现是真实的、生动的、有趣的、丰富的，而且很快就能读懂的，只要这种经验是一种令人满意的生活方式，好比是看一场戏，或是读一个引人入胜的故事，那就足够了。在这个阶段上，不应该有意识地学习事实——因为，我们所想要的学习，远不是那种死记硬背的方式就能达成的；而许多同等重要的东西，全然不可能通过简单的事实性学习就获得。

人都会有一种天然的兴趣。这种兴趣不仅投向人际的事务，还会投向所有围绕在他身边的必须与之打交道的事物和力量（force）：自然
14 现象、科学领域。给一个头脑健全的孩子充分的机会，让他尽情摆弄玩具、工具、机器、设备，还有那些与机械原理有关的材料；电路的设计和组装；能发声的仪器和乐器；透镜；投影仪；照相器材；备有各种化学元素的实验室；探索地层；养宠物；去动物园、鸟舍、水族馆或者是

植物园里参观；去植物和动物的原生地和栖息地一探究竟——把接触这类东西的好机会给这样一个好奇心尚未泯灭的孩子吧，他会觉得这就是最大的乐趣。他在接触这些东西的时候会带着一种强烈的想要一探究竟的对知识的欲望，这种欲望也同样激励着那些训练有素的“为科学而科学”的科学家们。因此，让孩子在条件允许的范围内，尽可能广泛而深入地探索这个真实的世界，当他做到现实条件所能达到的极限时，就让他读读那些与昆虫、花卉、鸟类、蜜蜂、岩石、星球、野生和家养动物、电力及其相关应用、化学及其美妙之处、机械与发明、光、声、热等等相关的书。他自然会随着他的天性开始探索。这件工作大部分可以在小学完成——比学校里的人常常认为的要早。当然，进入高中之后要做的更多。很有可能，高中生的科学兴趣还不如小学生那么强烈；坦率地说，小孩子往往能看得更远，并且看到一些更深的关系。应该说，小学阶段的科学经验应该涵盖一个非常广的范围。随后，在高中阶段，他们只是会关注到更多的细节，并且在一个更高的层面进行归纳。一个人对具体的细节熟悉之后，对普遍联系的跟进追踪以及对这一领域大自然组织结构的探索发现，就会有一种智慧上的愉悦。

在这个阶段上，无论是实验，还是阅读的经验，都不需要在孩子们 15
的意识里起到多大的作用，就像平时读报或者看看车窗外的景色就行了。这种经验不能太过系统化（systematized），以至于使这种本能的游戏精神遭到破坏。**教导（teaching）**也无需太多。孩子们所渴望和需要的是**经验**。学校的主要任务是提供种类丰富、富有吸引力的机会，这样，孩子们就会想要投入其中，享受这些摆在他们面前的机会，就像那两个小男孩在轮船抵达码头时一样。

一般来讲，无论是地理的、历史的、文学的，还是科学的，所有这些基础的学习或者经验，都和孩子们的游戏一样，需要丰富的细节来支撑，得充满人情味儿，要丰富多彩，可以随便碰一碰就罢手，完全由兴趣而不是逻辑引导推进，可以肤浅，可以反复重来，组织要松散。这当中需要有活动，有意料之外的情形发生，可以反复无常、五花八门，源源不断地调动起所有那些人类精神的构成因子。这就是童年的样子，即便年青人或者成年人，他们自由自在的时候也是这个样子。

我们已经花了很多功夫来说明在游戏阶段上的、包含大量智力元素的教育经验的本质，然而，还有其他类型的游戏。常见的手工训练车间是游戏训练车间（play-shop），常见的厨房是游戏厨房（play-kitchen）。这种经验基本上就是对我们建设和操作方面的游戏天性（play-instincts）的解放。在一个人的早期或预备教育中，这些东西就该是这个样子。在现在的条件下，机械设备已经可以使我们利用工具、机器、原材料以及加工工序获得各式各样的经验，再没有什么东西能像游戏经验那样，为我们日后在工业方面的学习奠定坚实的基础。

16 现在，人们已经普遍认识到，体育锻炼的最好方式就是解放孩子们在体育方面游戏的冲动。系统化的体操与健美操正日益褪去光彩，取而代之的是我们正在推介的户内户外的各种游戏、运动、韵律舞蹈、民间舞、旅行探险等等。通过这些方式，受过良好训练的孩子和年青人可以尽情享受好几个小时的自由。我们正在做着这样的改变，不是因为这便于管理，或者开销更少，或者在时间上更为经济，和这些统统没有关系；而是因为建立在游戏阶段的体育经验，较诸那种生气全无，只是听教官毫无游戏精神的指令，做着机械化体操动作的方式，更能成为一种有效的体育方式。

现在我们正引进学校的社会训练，同样基于游戏的阶段。这种训练是结合着表演、游戏、社交俱乐部、舞蹈、公民联盟（the civic leagues）、童子军（the Boy Scouts）、营火少女团（the Camp-Fire Girls）这类的运动，以及学校中的日常社会生活而完成的。越是自然，越有价值，其他事情也是这个道理。

将大部分正规教育建立在游戏的秩序之上，这一提法在今天已经不会再像过去那样让那些讲求实际的人们感到惊诧了。我们的生物学、心理学和社会学最近已经向我们展示了游戏的重要性，以及它历来在人们的生活中起到的重要作用，它也必须在人类生活中扮演这样的角色。无论在人类活动的哪个领域，都是游戏为日后那些更严格、更专业化的事项奠定了基础。这是人类的基础训练，在现在这个日趋复杂、要求全球视野和同理心的世界，这种训练正需要得到充实、丰满和扩充。

同时，我们也逐渐认识到，当我们想要奋发努力时，激发我们的游戏动机是何等重要。这并不意味着少付出努力；相反，它意味着更大强度的努力。一个男孩往往玩到体力耗尽才肯罢休，这完全是出于一种自发的热爱。但在**工作**之中，他不会这样自愿地投入，因为它忽略了游戏精神。那些抱着最大的热情，将自己代入重构的历史人物的一举一动，在冲突中支持某一方，同时以自己的同理心和代入感在这些历史行为中受到感染的男孩和女孩们，往往拥有最充沛的历史经验，并且从他们的历史中获益最多。一个想要赢得拼字比赛的男孩，肯定会将整本的拼写书读到烂熟，并且将其作为游戏的一部分。一个将数学视为一系列有趣的谜题和游戏的孩子，肯定也会排除困难，解决每一道能展现他头脑的难题。一个人享受的事情，就是他会竭尽全力做好的事情。健全的游戏动机，以及适当的机会，就像是一台大功率的发动机和一条正前方笔直的轨道。

在这里，我们可以就一项争论给出部分答案了，这个争论就是基于兴趣的教育是否会导致柔弱和意志薄弱。事实上，那些觉得自己接受的教育是一件又一件苦差事的人最会尝试着逃避教育，无论有意还是无意；这样的孩子才会因此变得柔弱、意志薄弱。那些最享受奔驰于竞技场的机会的男孩，往往身体过分强壮，日后反为所累。兴趣驱使下的锻炼，不仅在强身健体上效率颇高，而且反而唯恐它在条件适宜的情况下发达得过头，以致不得不加以节制。在智力领域，这一道理同样适用。找出那些对数学、物理，或者拉丁文等学科最有通盘掌握能力，能最清楚地看到其内部联系，在智力上最没有柔弱之相的学生——这样的学生往往就是对相关领域有真切热爱的学生，而且是“为热爱而热爱”。对这样的孩子而言，学习经验从不会是苦差事。

18

第三章　工作阶段的教育经验

虽然游戏在教育的整个过程里有它的一席之地，但教育的目标始终还是为生活的重任做准备：一个人的职业，照顾自己的健康，公民间的协作与纪律，养育孩子，言语得体，等等。工作阶段的教育经验旨在有意识地让人们为在这些领域以及所有其他重要事务中的出色表现做好准备。但是，这一章里的**工作（work）**不仅仅指一个人的职业，还包括了一个人要负责的各项活动。

虽说一个人的游戏目的与工作目的同样严肃，因为二者都是为了相同的目的，但是它们之间的关系还是有所不同。哪怕一个人在当时可能没有意识到自己游戏的重要价值，大自然也肯定会促使他的身体发展，扩展他的智力，增进他的社交能力。无论是游戏的本能，还是游戏给予人的愉悦之感，都不会是无的放矢的享受。愉悦不是目的，它是一个引子。当智力水平尚不足以指导我们工作时，本能就是驱使孩子从事那些有助身心发育的活动的最主要办法。游戏是受本能驱使的严肃活动；然而，工作是受意识（ideas）驱使的严肃活动。游戏是短视的，甚至对现代社会的种种情形茫然无知。发展成熟的工作则有着长远而透彻的眼光，其目的与方法是充分自觉的。下面这个图（见图1——译注）会帮助我们明白游戏与工作相同的目的，以及它们在关系上的不同。

图中列出 A、B、C、D 四项，显然包含了对人生所要负责的活动的
19 准备与完成。游戏只会对第一项有意识；但它事实上和第二项紧密相连；第二项则又包含在第三项之中；第三项产生了第四项。

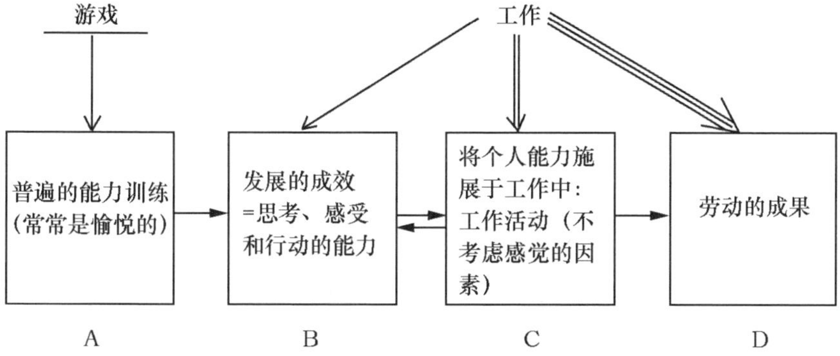

图 1　游戏活动和工作活动与教育的关系，以及它们之间的关系

正如这些箭头所示，游戏会引导人在自己都不知情的情况下走向严肃劳动的成果。但也正是因为他对自己的目的茫然不知，所以他并不会意识到自己的责任所在。

工作活动（work-activity）的不同点在于，它会考虑到所有的因素。它首要考虑的是劳动的成果，这是它最基本的兴趣所在。同时，鉴于其他一些因素是成果的先决条件，所以也会对这些因素产生一种衍生的兴趣。工作者在训练阶段会对工作活动产生两重兴趣：首要的兴趣在于一个事实，即他能生产出自己所追求的成果；第二重兴趣在于他进一步锻炼自己行动的能力，将其效率提升到更高的水平。那个时候，他才会对游戏阶段的普通训练感到有兴趣，不是因为从其中能获得乐趣，而是因为这一阶段在培养他思考和行为能力方面的价值。

这幅图也表明了教育经验的两个阶段在整个规划中的位置。A 代表游戏阶段的经验，C 代表工作阶段的经验。两者都是增强个体工作能力的要素。A 来得更早，奠定了基础，并且有可能持续终生，或者与 20
工作紧密结合起来，以巩固这一基础。当一个人切实感觉到自己对其严肃后果负有责任后，C 才会出现。**它不是什么像工作一样的东西，而就是切切实实的工作。**

必须注意的是，工作阶段事实上分为两个不同的部分，因为工作经验所要得到的是两种类型的成果。一种是通过完成工作活动（C）来获得最终的成果（D），而没有意识到其中的教育影响（B）。另一种情况则是，一个人觉得自己对最终的成果负有责任，并且意识到自己能力的局限，因此完成工作活动单单是为了获得发展性的成效（B）。劳动的成果有多少，最后客观上的成果也就有多少。然而，如果仅仅是为了获得发展的成效，是不会有责任感的，除非我们还有一种要确保最终成果的责任感。

因此，无论我们的工作经验是瞩目于客观上的还是主观上的成果，我们的兴趣和责任感仍旧集中于客观方面；主观方面只是一种衍生的形式。衍生性的兴趣和责任感有多强，取决于首要的兴趣和责任感有多强。对教师而言，虽然学生的发展成效是教师们想要通过教育达成的首要目的，但学生们仍旧应该首先追求客观的效果，其次，在先决条件具备的前提下追求发展的成效。

清醒的教育始终会认识到，在这个世界上，工作活动就是为工作做准备的唯一可能的正规方式。在特殊教育学校、继续教育学校，以及普通高中里，我们针对职业领域，创办了许多关于贸易、商业、房产、农
21 业、采矿等方面的专门学校和课程。为了它们更大的进步，各地都在尝试把实打实地完成这个世界上一部分真实的工作作为训练的方式。如果真的将社会中的一部分职业活动转移进学校，并且就在学校里将工作做好，那么这种转型就算是完成了；或者将学生们分配到社会中去，让他们在成人世界的工作活动中能找到自己的工作经验。

这两种方案都在使用。一方面，职业活动正在转向学校，而且学校里的工作是在和工厂车间里一样的条件下完成的，同时会承担实际的责任。从此，那些孩子们就是置身于车间之中，而非旧式的手工训练，他们要为学校生产各种设备、家具、农具、游戏器材、红十字会和扶贫团体所需的器物、实验室的仪器、家庭用的电器，等等。他们的工作范围还包括实际的社区印务、牛奶检测、种子检测、家具、工具、机器和汽车的维修、水泥建筑的修葺、修建活动房屋、车库、体育馆、游乐场馆，等等。那些女孩，现在已经越来越多地投身到学校午餐和家庭罐头的制作中去了，有时候做做家庭烘焙，甚至用于出售，她们所接受的也

不再是烹饪训练而已。她们的针线活儿直接就造出来真正的衣服。

当然，想要将实际的工作活动完全转移进学校常常还是比较困难
的，有鉴于此，另一种方式就是让学生们走进由成人世界经营工作的社
会，让他们参与到劳动中去，从而达到培训的目的。尽管非常难于安排
和管理，这种方式在两者中还是更容易一些，因为将实际的责任转向学
校在操作上常常是不可能的。意识到这一点之后，我们正在用家庭园
艺取代学校里低效的园艺培训，以达成训练的目的；用家庭农业计划取 22
代学校农场；用在工厂车间、商店、办公室等地方的兼职工作，取代学
校车间或小商铺仅能提供的零星锻炼。

实践活动的引入也是为了培育公民精神。孩子们在帮着保持城市的清洁、卫生、美丽；照看好城市里的树木和灌木丛；驱赶苍蝇、蚊子；保护鸟类，消灭害虫。他们正忙于制造供学校或者社会使用的东西。童子军有时会在早晨和黄昏时分去那些危险的街道巡逻，以保护上学、放学的幼童。学校的市民组织正对本地的社情民意进行调研，形成责任报告，上交给当权者或者是成人的市民组织。

为了实施切合实际的卫生训练，孩子们常常负责学校的一部分通风设施、清洁工作，或者是调控温度、湿度、光线。通过学校内的医务部，通过将家庭劳动也算作学分，孩子们会被动员起来从事校外的卫生实践活动：家中的通风、卫生，牙齿的清洁，食物的合理选择，睡眠条件和小时数的调整，将运动调节到身体所需的程度，对眼睛的保护，等等。

在学生们的语言方面，我们正在引进责任下的工作动机（work-
motive）。学生们要意识到，想要获得他们所追求的社会成果，就需要
掌握正确而有效的语言类型。这会驱使他们将自己的语言视为一种为
达成目标而必须从事的工作活动。最后，这种以目标为指向的责任感
会促使他们在思想组织、段落和句子架构、词汇的取舍、发音、拼写、
书法等等方面更为慎重，更为用功。他们会获得很多解决问题、口头报
告、书面报告、书信、新闻、与公民组织的交流、入门申请、辩论、社团 23
活动等等的机会。

但是，在列举了所有这些事例后，我们必须得承认，专业的展望远远走在了专业实践的前头。因为说实在话，除了语言领域，举国上下所有的学校里，真正工作模式的训练经验和严格为成果负责的标准还非常匮乏。即便在商业学校，这种经验也常常是一种隔绝于现实世界之外的练习。更多的情形里，我们不过是给一个普通学校冠上了职业学校的名字罢了，培训的都是公民精神、卫生学、公共卫生学。我们国内某些地方正做着的事可以开出好长一张单子；但是还极少见学校系统找到一种方法，能分担社会的工作责任，从而确保获取一定程度的有效的实际工作经验，实现训练目的。

现在，对于将工作经验纳入公共教育的必要性和合法性，我们还没有充分的认识。当人们评价一所学校时，“**schole**”这个古希腊语单词，也即**悠闲**的意思，似乎还是个不错的评语。从主流上看，在文法学校（grammar grades）、高中（high school）、文理学院（college of liberal arts）的教育之中——我们排除了小学阶段要掌握的学校技艺和专业技术学校里的训练——悠闲的生活一如往常。老师们常常是能够防止学生悠然享乐的，但是这并不能使学生的活动成为世界工作中的一个有机组成部分，在工作的进程中对青年加以训练的方法被搁置到了一边。

在工艺（technological）学校和职业（professional）学校，我们早已认识到工作活动的必要性。年青的尚在培训阶段的内科医生已经成为医院中的助手；工程学专业的学生已经开始了实地工作和车间工作；农学系的学生就在学校的试验田里工作；但即便在这样的学校里，工作经验的总量有时依旧让人感到不足。这一点在辛辛那提大学（University
24 of Cincinnati）最近掀起的一场运动中就有鲜明的体现。机械工程专业的学生有机会在城市里的手工业机构里半工半读，既承担实际的生产任务，又通过工作获得工资。这是为了提供既真实又足量的工作经验。

工作之于训练的必要性，早已在那些技术化的职业中得到认可。“学徒制”（the apprenticeship system）就是通过工作式的经验进行培训。最近公立学校对职业训练的提倡，不是因为有什么新的需求，而是因为有了新的条件。学徒制因其效率始终不高，在当下复杂的环境中已经日薄西山。公共教育要来力挽狂澜。但即便我们是为了这样的目的组织我们的学校，也依旧要像过去那样将实践的经验纳入进来。事实上，因为如今的工作更趋复杂，效率的要求也更高，我们今天的学校所提供的责任制工作，一定要比过去学徒制所能提供的更多。其真实感较之于旧有的学徒制也不能低。

在学徒制度下，找到训练所需的工作经验并不存在什么困难。除此之外它就提供不出什么东西了。但是这却是公共教育最为缺失的。学校已经成为安逸工作的场所，而不是完成世界上种种工作的地方。它们能够提供任意数量游戏阶段的经验。但是它们不能指挥世界上的工作活动，无论是生产、分配，还是社会管理、集体事务，统统没有。在传统的学校形式里，当然不能提供许多工作阶段的训练。因此，教育始终是需要深度改革的，直到它能够为工作提供足够的工作经验的训练。学校一定要在可能的范围内找到最好的训练机会，从而成为这个世界各种工作中的一部分。

即便在幼儿园和小学，工作经验也可以以一些细微的方式开始。孩子们对于其中蕴藏的目的与方法，自然会随着年级的升高而逐渐领会。等到日后的高中阶段，这种领会应当会比较充分地发展起来——虽然现下常见的做法往往与之相反。同样，到大学阶段再突显出来也不见得就不合理了——同样的，这也和现下常见的做法截然相反。学术的取向一直以来都耽误了工作式的教育活动。对大学生而言，在进入职业学校之前，这种活动都是被压抑的；对大多数高中生而言，在进入技术学校或者进入工作活动的学校之前，这些东西也是被压抑的。这种方法确实便于操作，也更经济；但是整个世界都渐渐意识到这是一个错误。 25

26

第四章　思想在工作经验中的地位

即便是过去那些简陋的活动，也是由思想（idea）指导的。农民在他的田地上，机械师在他的车床边上，家庭主妇在烹饪时，公民想要在公共事务中做到公平公正，或者抗击疾病的袭击时——所有这些都需要考虑眼前的状况，并采取对他们而言最合理的措施和程序。但是，他们对种种牵涉其中的影响因素还缺乏精确而科学的认识。他们付诸工作实践的思想还非常粗糙；这也是他们的工作简陋而低效的原因所在。思想，或者说工作中人的主观部分，是核心意义上的**工作**。想要使工作有效率，一件不可或缺的事，就是大量掌握涉及所有影响因素的、准确的科学信息。其次，就是正确地执行我们对现实工作的设想。让我们先从后者开始讲起，并且将其命名为——

"预演"（the antecedent performance）

在现实中执行任何任务，都要分两步走。首先，需要给工作设定一个计划：确定要达成的确切目标，要使用的特殊材料和进程。这一任务需要我们在头脑中以想象的方式将整个劳动从起步到最后的成品全部过一遍。这就需要我们将一个人的全部科学知识和目标以及工作流程达成整合，并在科学的指导下设定计划。我们还必须在想象中检查这个过程中的每一步，以确保它们相互吻合，中间不会有矛盾、障碍，或者别的什么绊脚石。

27 任何一套完整的任务都可以用来作为分析的案例。让我们以机械厂里一个打算造出一台燃气发动机的男孩为例。他首先会在想象中将这台机器造出来。这个预演的制造过程会涉及所有的零件、尺寸、设计，以及它们相互间的关系。这样，在既没有风险，又不会浪费任何原材料的情况下，他能在想象中一遍又一遍地制造发动机，从而确保没有任何错误，没有哪个零件运转不良，也没有任何解决不了的难题。他能够用很多方法造发动机，采用不同的设计、不同的零件、不同的型号；他会检视每一种设计，从而决定出一种似乎是最好的工作方案。在这种预演的工作中，他必须动用他所有的科学知识，将其付诸设计和检验。他的思想可能会集中于几个小时，也可能分散到几个月里。但是一旦这种预演的制造和检验工作圆满完成，他也决定了最后的方案，这项工作相对基础的部分就已经做好了。现在仅仅需要他将自己的设计付诸现实。这绝不仅仅是对他的所有决策进行一种机械式的登记。在他双手的背后，他的思想依旧在忙碌地驱动、指引、监督。他的双手是他智力的工具。这种手工劳动，在它完全变为机械化的、习以为常的工作之前——那是下一步流程——从本质上讲，是一种智力劳动。

这一点必须得到强调，因为现在的训练往往会犯下两种根本性错误中的一种。其一就是省略了大量构思的元素，只给学生留下那些已经做好的设计，他们只需要照着做就行：车间指南、食谱、规划蓝图、设定好的流程、细致的指导手册。在这种情况下，孩子们实际上没有获悉背后控制这一切的科学知识，甚至没能将一些二手的思想付诸工作。他们所知道的可能就止于机械操作的知识，却不会洞察整个流程背后的道理。就培训经验而言，这是无益而低效的。

与其相对的一种错误是，只教和工作情形毫不相干的科学知识。28
就思想在工作上的应用而言，这种错误并不比前者更好，或者算不上什么智力上的工作经验。这到最后就变成了智力游戏。实际经验证实，这种做法会为日后的工作训练奠定一个良好的基础——因为这些人已经具备了“纯粹”的科学知识，他们走入工厂之后，就会逐渐得到下一阶段的训练。我们并不否认，游戏阶段的经验会为工作型的培训奠定一个良好的基础；我们无论如何都承认这一点。但是，它并不是工作阶段的培训。事实上后者非常急缺，但是相关的经验又是如此之稀少、低效而且没有得到足够的重视，由此没有能够提供工作的价值观、工作的习惯、态度以及责任感。作为一种培养学生承担严肃责任的方法，它也是低效的。

我们必须要指出，对任务进行预演，或者说在头脑中执行，和之后客观的完成，是有一点重要差异的。就前者来说，一个人会动用自己所有的思想，只要和自己接手的任务有任何方式的关联。如果他能有大量的想法和丰富的想象力，他可能会考虑到这个领域中的所有重要事项。当他选择那些能为自己的目的服务的东西，并且抛弃那些没有用处的东西时，他会知道其中的科学道理，并且恰当地评估它。从教育学的观点来看，这种规划，这种对任务的预演是最为重要的一环。但是，除非它最终产生了预期的行为，或者成为整个行为中的一个有机组成部分，其外在的操作只是最后的终点，否则，它对教育也没有任何意义可言。

另一方面，一旦做出了决定，形成了方案，那么就只剩下执行了，由此，一个人的精神生活会被严重地窄化。他会有意识地只关注他所
29 决定采纳的一种设计，只关注一套材料及其方法。这一最后的行动有很多教育的价值：它为整个过程赋予动机（motive）和实体（substantiality）；它会使一个人的理解力与鉴赏力更为深刻；它会形成操作技巧。但是，就智力视野宽度的拓展而言，它与预演工作是不可相提并论的。

因此，学生们一定不能被剥夺了预演的权利，而代之以老师或班级手册中已然给定的方案。

预演还有另一重重要价值。如果不要求新手为他们自己做些新东西，或者拟定新的计划方案，由此承担责任，确保计划方案的成功，他们就不会产生责任感。但是对新手而言，这意味着难免犯些错误，浪费不少原材料，还有可能失败。因为仅仅惩罚本身就能催生责任感，失败是犯错误后正常的惩罚，严重的浪费似乎也是换取他们主动精神和责任感的必然代价——如果他们是实心实意想要把工作做好，而不是敷衍了事。

既然我们已经认识到了预演和最后工作的区别，并且发展了与之贴合的教育技术，那么我们就找到了解决困难的方法。**可以将充分而完整的预演行动的自主权交给学生**。然后，在这些步骤正式实施之前，他们还可以逐步检视一遍，只要有需要，就可以常常加以检视，以确保没有任何问题。规划都可以在班上讨论，并在老师和学生们的想象中进行批评、检验。这样，严重的缺陷就会被发现，种种错误得以在变为现实之前被我们看到。通过这种方法，失误之处可以被意识到，在想象中执行的惩罚足以阻止那些错误的行为。事实上，对那些成功者而言，这就是大自然执行惩罚的方式。那些成功者，一定是能够预料到可能 30
出现的错误，并事先改正的人。而那些失败者，往往目光短浅，想象滞涩，在吃到苦头前，往往不能看到自己犯下的错误。“经验是最好的老师。”但是，那些预见到错误，并在错误发生前予以改正的经验，较之于那些带给我们失败和损害的经验，更是好老师。做规划，就需要充分培养这种预演的技能。

技术知识

在工作阶段，要完成的任务是核心；科学是围绕着它加以组织的。比如，一个男孩，想要在学校车间里造出并且操作一台电报机。我们对他的科学训练都要围绕着这个目标来做。他会被调动起来搜集关于电池、接线、电磁、电路的开闭等方面的知识。他只会学习那些对手头上这件任务有用的知识；这个时候，别的东西就可以搁置。当他将自己的思想应用于规划和操作的过程中，他会认识到各种事实的重要性。这种被激发起来的派生兴趣，其实比对那些抽象的科学事实和原理的自发兴趣更有效。因为这个原因，这些知识能更有效地被人理解和记忆。

最近，公共教育中利用这种任务式方法组织教学的趋势非常之强。比如学校的谷物研究俱乐部，就需要搜集关于谷物生长的知识，并将其运用到之后的实践操作中去。那些投身驱蚊活动的孩子们也只需要知道那些昆虫学、细菌学等方面需要的知识，别的无关的科学知识就可以 31

暂时搁置。再如那些保护树木的社团，要搜集所有可能的关于受昆虫和菌类等生物侵蚀的树种的事实知识，以及保护树木免遭这些破坏所需的科学知识。他们在这个时候拒绝了整个植物学和昆虫学里与这一手头问题并不相关的知识。为了矫正孩子们在讲话中的语法错误，我们只需要去发现他们犯下的具体的错误，并找到相关的语法信息；所有别的语法知识，如果不相关，就会放在一边。简而言之，一个人学习的是指导自己行为所需的东西，而且必须与这一行为要发生的环境息息相关，并且要在制定规划之前。唯有如此，知识才能凸显出它的重要性，才能正确地将焦点瞄准人类事务，才能正常地为人所吸收。“知”（knowing）与“行”（doing），应当共同成长。

尽管这种任务式方法有如此重大的优势，但它作为一种科学教学的模式，并未一直享有好的声誉。并不是因为这一方法有任何内在的缺陷——如果它能被完全贯彻的话。到目前为止，这是最为复杂的一种方法，与大家熟悉的传统方法大不相同。因此，老师们往往将其发展为一种不那么完整、不那么有效的方法就不足为奇了。一旦一项训练任务涉及实际动手环节，人们往往就将动手的那一部分看作教学的全部，这一现象是如此司空见惯，实际发生着，而且如此顽固。老师往往想要孩子们用最经济、最方便的方法完成任务，只要确保得到结果就行。这样一来，老师们就包办了思想的工作，设定计划，为学生制定流程。在学校的缝纫室、厨房和车间中，这种现象相当常见。如此一来，就学生
32
们的经验所能关注到的而言，智力的成分大打折扣。在这种情形下，他们所做的，便不是整个工作中最有价值的那部分。交给他们的那部分工作并不要求他们掌握在制定规划和自我指导方面所需的科学知识。

任务式方法需要我们在教学中将大部分精力投入到我们所谓的“预演”中去，而不是客观的操作或者最后的执行。它还要求让学生来完成预先的活动。

在使用这一方法时，有三个地方能提供我们必不可少的理念。为了说明白这个道理，让我们回到燃气机的例子上：

1. 首先，一个想要造出燃气机的孩子，一定会尽可能地观察已有

的各类机器。为了充分了解，他应当操作一下它们，看其中各个部分的运转。他会将它拆卸开，又组装一遍。这一经验会让他直接接触所有与之相关的科学事实——这是学习科学至关重要的第一步。在体会到所有的科学事实后，他才能够将其抽象出来、加以阐述，并且看到这当中的一些数量关系。这种情形不可能满足他实现后面这些目的的全部需求，当然也不足以使他进行充分的科学归纳，但是却囊括了他所需要的在整个过程中必不可少的一部分。

2. 第二步，对于那些他没有见过的燃气机，他可以通过阅读相关的描述、照片、绘画以及图解来尽可能拓宽自己的视野。如果他能直接接触到其中两三种真的机器，那么他就能建立起一套统觉序列表（apperception-alphabet），使他可以通过阅读，轻易而快速地检视其余十种或二十种燃气机。就这一点来讲，他最好先考察历史上最早、最简易的型号，记录它的结构和其中蕴含的科学道理；然后开始追踪，看后人通过改进和对一些特殊需求的适应，对它做了怎样的改变，要明了这些改变的原因。一旦有了这样的经验，他就能为自己的综合归纳奠定一个更好的基础。但可能即便如此还是不够的。

3. 为了说明第三步，让我们将点火系统（ignition system）单拎出来讲。他肯定不会没完没了地考察不同类型的机型，仅仅为了拓宽自己对相关电学知识的了解——总有一个限度，超此限度，新发现便极少，或者没有了——他很可能会将注意力转向普遍意义上广阔的电学领域及其应用。我们说，此刻他仍旧受着自己的任务的驱使，那任务就是要发明一种改良的点火系统。他大量阅读电学及其应用方面的著述。当他的统觉有所不足的时候，他可以在实验室里加以验证。但是，尽管此刻他对“纯科学”进行了详尽的调查，他所做的也无非是整理分类（sort over）这一领域所有的可能性而已，其目的还是落脚于找到能派上用场的思想。这种纯科学的总览，是任务式的科学经验中最高的阶段。

虽然从某种意义上讲，这是“纯”科学，但是这和那种常见的没有任何效用的纯科学还是大不相同的。最主要的一点就在于学生的意识始终落脚在自己的计划上，关注于自己要完成的工作，而不是为了满足智力方面的兴趣。他会检查与自己践行的问题相关的各类事实与原理，而不仅仅是出于兴趣走马观花地看看。这两种经验截然不同，就像游戏与工作截然不同一样。

第五章　教育在什么地方可以实现 34

教育经验，一定要在一种正常（normal）状态之下发生。一般而言，不是在学校。

这个问题的本质，可以通过特点各异的例子呈现得更清晰。让我们首先举女孩学习缝纫的例子。这项工作很容易转移到学校中来。家里对衣物和别的一些家居必需的针线活儿持续不断的需求，可以激起一种正常的责任心。当然，这种活动也完全可以在各家各户完成，老师挨家挨户加以检查，但是这种办法执行起来极不经济。相反，学校很容易提供需要的器材。那些原材料能像书一样，很容易地就带到学校。当一项工作可以在不失去正常的责任心的前提下转移进学校的时候，在操作上就是可行的。

而家里的烹饪训练就不是那么容易转移进学校。食材往往非常笨重，带进学校极不方便，带回家里也同样麻烦。它们还容易变质，往返转移容易滋生病菌，而且一顿饭做好之后常常就得立刻享用。因此，这类实践活动中的大部分必须得在家里的厨房完成，而不是在学校的厨房完成。为了监督这类活动，老师就得与学生家庭保持密切的联系。只有极少数烹调可以转移进学校完成，比如一些特殊的烘焙、一些罐头食物、腌制食物、果酱等等。女孩子们可以偶尔在学校里做出来，再将成品带回家。

一些学校采用了替代措施，因为想要既激起学生正常的责任感，又 35
给他们提供正常的训练环境，往往比较困难。比如说，准备校园午餐就是为了给他们提供一种有责任感的训练条件。女孩们要轮流每天烹制一到两个菜，以供午餐。在别的情况下，她们还要为老师准备午餐。有些地方，这是定例，有些地方则是偶尔为之。在少数学校，她们甚至每天都做出全部的午饭，其中菜色往往多至一打，甚至更多，以餐厅的规格供数百学生享用。有时候，当一件需要的工作不太容易转移进学校时，找到一些充分的替代之法，而非简单做做样子，是可行的。

意识到责任感作为教育机构一大要素的必要性，是近些年来的一个进步。比如，就在几年前，我们还以为，在学校的小花园里，就能培养学生的园艺技能。直到最近，我们才发现，如果学校的花园没有用一些严肃的方法让孩子们形成一种责任感，以确保一些客观的成效，那么，花园对于孩子们而言不过是游乐场所罢了。就其价值而言，最多不过是游戏阶段的预演罢了。学校里的教学只能对这门学科聊作介绍，提供一些基本的园艺理念；或者稍稍做一些示范，演示操作的过程；但对于一项严肃的训练而言，这些都是不够的。研究表明，想要将园艺方面的责任感转移进校园是非常困难的，因此，这种训练还是适宜在家里进行，老师则挨家挨户地去监督他们的工作。**只有在一个工作能正常展开，而不是给教师提供最大便利的条件下，训练才能得以实施。**

以前，我们以为我们能在高中的手工训练车间中培养出机械师或者木工。现在，我们才发现，我们常见的训练车间只能提供游戏的条
36 件，还远不能提供工作的条件。男孩子们创造的本能是极强的，无论是在校内还是在校外，他们的游戏总是让他们倾向于一些具有创造性的活动。一般的学校车间给他们的这种本能提供了很好的出路。这有极大的价值。从幼儿园到高中，创造性的游戏始终都是非常有益的初步训练。它引领新手进入到正规的机械行业中来。但是，这也只能带他们走完整条道路上的一小截而已。在这样的引领之后，他们所需要的就是切实负责的工作了。在工作中，他们能够在真实的工作条件下参与严肃的机械活动。就目前而言，想要将真实工作中切实负责的一面转移进学校，还非常困难。在我们的学校里组织起货真价实的机械生产，或者房屋建造，无论用什么方法都不太可能。学校所能承担的，只能是最基础的实验室和演示的部分。而这个教育过程更高的阶段，只

能在现实世界的工厂里才能得到实现。有鉴于此，为了使学生机械方面的训练达到更高的水平，他们必须被派到真实的工厂中去。

我们的学校也曾经尝试普及健康知识，但是它们用的手段无非是讲授书本知识，或者是开一些关于生理、卫生和解剖学的讲座。孩子们如果牢牢记住了这些东西，并通过考试，那么就会被认为是所谓的好学生。至于如何应用这些知识，很多人觉得那是考试证明他们已经完成了教育**之后**才要考虑的事。知识的应用，一直都不被看作训练过程的一部分，当然也不是学校的责任之一。现在，我们懂得更多了。我们发现，应用这些知识才是教育的最后阶段；如果这些知识没能派上用场， 37
那么教育只完成了一半。我们发现，如果只是让孩子们在学校知道了相关的专业知识，那么教育远未完成，而是要让他们**在控制自己的行为时，在形成健康习惯时，能切实用上这些知识**，卫生教育才完成了。只有当一个人将理论与实践相结合的时候，我们才能说我们的教育完成了，比如说室内通风、食物的选择、牙齿保健、骨骼和肌肉的强健、劳逸结合、避免滋生细菌，以及别的很多需要他有所**行动**的场合。

这类卫生训练活动，大部分也无法转移进学校。只有当这些活动在日常生活中也得到贯彻，成为一种常态的时候，训练的过程才算是结束。学校可以提供必需的先行信息；也可以辅助学生判断应该做什么；还可以通过老师、学校护士与家长间的协作，激励和监督学生的行为；但是在大多数情况下，那些学生自我指导的，能圆满完成训练并起到巩固效果的活动还不能转移进学校。因此，伴随有家访的、与孩子生活于其中的家庭状况时时刻刻发生着关联的健康护理活动，是用来监督他们的训练完成情况的最理想方式。

在后面几章，我们还会探讨一些需要承担责任的活动，这当中包括公民训练、休闲活动、养育子女、宗教、社会交往等等。我们会发现，在大部分的活动中，有一些很容易将最后的活动环节转移进学校；有一些转移起来比较困难；还有一些根本就不可能转移。我们还会发现，训
练中某些方面的价值与这些训练在哪里开展没有丝毫的联系。还有许 38
多活动是当下急需的，但是想要转移进学校又极为困难，甚至根本不可

能。但是，教育并不可能仅仅因为它在转移上的困难或不可能就减退其重要性。我们这项工作必须要给那些不能转移进学校的工作找到向外的出路。现在，一些兼职活动正在承担这方面的责任，让孩子们在家做事，或者在各种各样的学校俱乐部里从事工作，并能得到相应的学分。

艾奥瓦州在这方面有一个很好的例子。艾奥瓦州"家庭工作换取学校学分"（Home-Work School-Credit）俱乐部认定三百三十项种类各异的家庭工作可以获得学分。很遗憾，我们的篇幅不能呈现出整张列表；但是下面会展示出，在每个类别中有多少种工作可以换来学分：

	活动种数
农业活动：	
植物	45
动物	18
农业基础设施建设和农场经济	21
家庭经济：	
缝纫	23
烹饪	29
洗衣	17
整理家务	18
一般的手工业、修理及其他的工具劳动	59
男女青年的家庭职责	9
卫生活动	20
自我教育（家中阅读、音乐等等）	16
帮助老弱病残	11
商业练习	6
勤工俭学	4
公民活动	10
俱乐部项目	24
总计	330

很自然，这类不能转移进学校的活动需要指导和监督。这些活动
中绝大多数可以在校园里通过事先规划得到解决。这就需要提前掌握 39
必要的信息。如此一来，孩子们可以尽可能地进行自己的规划，并且知道这些规划包含哪些内容。如果活动的这一预先准备工作做足了，那么后续的个人监督就大为缩减。但是孩子们还是需要领导和鼓励的。虽然家长需要完成部分工作，但主要的责任都在老师肩上。这需要老师融入社会生活，在学生获取教育经验的时候与他们相接触。既然老师是为了将孩子们教得更能应对日后的生活事务，那么他们进行的活动就应当是这个活生生的世界的一部分。这些经验在多大程度上不能搬进教室，那么老师对学生工作的指导就在多大程度上不能仅仅位于教室之中。

当正常的经验不能被转移进学校，而孩子们必须被送到一个能提供正常经验的地方时，半工半读的学校或课程也是另一种现实的选择。这当中为人熟知的例子是辛辛那提（Cincinnati）或菲奇堡（Fitchburg）的学校，在那里，学习车间课程的男孩们在一学年中有一半的时间在教室、实验室和学校的小车间里度过，另一半的时间在城市的车间里度过，受工头的监管，领着工资，做着货真价实的工作。这个计划的执行方式是将两个孩子指派向车间里的一份工作。每个孩子在车间待一周，在学校待一周，相互轮换。当一个人在车间时，另一个就在学校；周六那天，两人都在。

这种半工半读的活动完全可以无限地推广开去；而且，它现在确实
得到了快速的推广。在高中和工业学校的车间里的年青人们正在被一 40
些城市的教育当局派去，在工头的指导下，负责修理学校建筑和设备。在我最近参观的一所技术高中里，农业班的学生已经与当地的果农签订合同，为他们打理果园，每年获得一笔报酬。这些学生在周六、节日、假期都会走出学校，承担起正式的责任，为果园浇水、修剪、培土、收割等等。其他地方也有学生受雇于商业机构，从事打字、记账、销售、广告、装饰橱窗等行业，每周工作几个小时，或者一年工作几周。

在这里，我们更能清楚地看到，为何要在预演的部分和实际执行的部分之间画出一条界线。在学校里，能以最经济、最有效的方式完成各项规划和所有相应的准备。只有当这些条件具备的时候，才能在责任制的背景下将想法付诸实际的工作。但是就操作而言，想要完全实现我们的想法总是会遇到困难的。当然，如果预演的部分做得足够充分，问题可以减轻。当这些新人走出校门时，会发现自己已经准备好了将正确的思想付诸工作实践，能满怀信心地做事，并且正确地完成，基本不需要监督。整个世界都知道如何运用这种能力。

第六章　课程编制中的科学方法 41

以科学方式编制课程（curriculum-making）的专门学问，眼下只有一点点发展。教育中起支配作用的目标还没有经过充分地细化。我们目前所能设定的是模模糊糊的文化、没有界定清楚的学科、朦朦胧胧的所谓个体的和谐发展、极不明确的所谓道德培养，没有细化的社会效率，或者，常常只是对工作生活的逃避。很多时候，没有占支配地位的目标；教育机器只是按部就班地运转。教育目标往往是瞎猜的，甚至连瞎猜还不如，这就使得我们对教育方法和过程不可能还有什么指望，无非也就是瞎猜。但是，一个充满这类大而无当、得不到明确界定的目标的时代很快就要过去了。一个科学的时代，要求的是精确化和专业化。

如今，教育领域的每一个重要方面都在发展科学方法的技术。实验室与学校正在探寻测量和评价不同类型的教育过程的准确方法。教育当局也正在寻找一些科学方法，以分析教育结果，对特定情形进行诊断，并推介一些改善之法。科学方法已经应用到了预算编制、学生统计、年级和升学制度等多个领域。

然而，课程才是最核心的要素。倘若课程是在瞎猜和个人意见的基础之上错误规划出来的，那么，应用于前述所有要素的科学都不会让我们的工作变得高效。比其他都来得重要的科学任务就是课程的设 42
定。因此，我们需要一种科学技术。现在，这一技术与不同领域的训练结合在一起，正得到极快的发展。

核心的理论是很简单的。人类生活，无论种类多么复杂，其组成部分都是各项专门活动的完成。教育为未来生活做准备，实则就是明确而充分地为这些专门活动做准备。对任何一个社会阶层而言，无论其活动数量和种类多么庞杂，这类专门活动都是能找到的。只需要走到世界的事务中去，并且找到这些事务都由什么样的专门活动组成。这就会显现出一个人所需的能力、态度、习惯、鉴赏力和知识。那就是课程的目的。这些目标数量颇大，每一个都会精确化、专业化。课程就是这样一套孩子们和年青人必须通过完成目标而具备的经验。

“**课程**”（curriculum）一词，在拉丁语中是“**跑道**”（race-course）的意思，或者就是“**赛跑**”（race）本身——拼搏的地方，或者是运动员拼搏的事迹。应用到教育中，这个词意味着**孩子和年青人都必须完成和经历的一系列事情**，而完成的方式则在于提升自己的能力，漂亮地完成成人生活的事务，以及在各个方面成为一个成人应有的样子。

这套发展的经验有两个阶段。第一阶段，是一种社会生活的普遍经验，并不注重训练的价值。在这当中，通过参与，一个人就能获得许多参加社会生活所需的教育。在许多方面，这种活动提供了大多数的训练，而且那些核心的训练，大多数就是从这里得到的。但是在所有的领域里，这套随意而缺乏指导的经验使得训练还称不上完备。因此，它对于之后有意识的、有指导的系统化的教育训练而言，只是必要的补充而已。我们可以将第一个阶段称为“无指导的训练”，而将第二阶段称为“有指导的训练”。

43 因此，“课程”这个词可以在两种意义上加以界定：(1)它是整个的经验，既包括无指导的，也包括有指导的，都旨在拓展个体的能力；(2)它是一整套有意识的指导下展开的训练经验，学校使用这套经验，来使得个体能力的施展变得充分而完美。我们这一行业所谓的课程，往往取的是第二个含义。但是，随着教育越来越多地被视作经验，在普通的社会生活中，工作经验和游戏经验都在被越来越多地使用，无指导和有指导的训练经验之间的界限也在迅速消失。教育对两者都必须予以关注，虽然并不一定对两者都有所指引。

一旦课程这个词将无指导和有指导的两种经验都囊括进来了，那么它的目标就会是人类能力、习惯、知识结构等等的全部范围，也即一个人必须具备的一切。这些东西会通过调查分析为人们所发现。发现课程[①]的人（curriculum-discoverer），首先要成为一个人类本质和人类事务的分析者。就这一点而言，他的工作并不完全瞩目于“学科”——他会在之后规划出合适的学科，作为教育的**手段（means）**，但是，当他要寻找的是工作的目标时，分析用来工作的工具是无济于事的。为了确保教育适用于任何一个特殊的阶层，他的首要任务是要找到一个社会成员想要高效完成其职业劳动所需的整套习惯、技能、能力、思维方式、价值观、进取心等等；同样地，要找到公民活动所需要的整套东西；以及找到他们的健康活动、娱乐、语言、家庭、宗教，普通的社会活动所需要的整套东西。这一分析计划不能太过狭窄。它需要像生活本身那样宽广。只要它找到一切能使人类生活更加圆满的东西，那么它就找到了全部的教育目标。

尽管事实上这些目标中有一些是无需刻意努力就能达成的，但是发现课程的人仍然应该先将这些东西都摆在自己面前，以备工作所需。尽管学校里的课程不会觉得这些目标有必要全部实现，但教育的功能就在于目睹这些目标全部达成。唯有当一个人能概览全部的一系列目标之后，他才能发现哪些地方需要有意识的努力。他也会愿意通过无指导的经验，尽可能地达成教育目标。事实上，他会努力争取可以最大限度达成训练量的条件。 44

学校课程所瞩目的对象，是那些通过普遍的、无指导的经验无法充分达成的目标。这表示我们认识到全部特定的教育目标可以分为两套：其一，通过一个人的普通经验，而无需将思考投入训练就能达成的目标；其二，通过这种普通经验无法充分达成，或者完全无法达成的目标。后者之所以有别于前者，便在于它是不完备的，还存在种种错误和缺陷。就好比一些疾病呈现出来的征兆，这些缺陷就准确无误地意味

① “发现课程”，这一说法现在看来似乎颇为不辞。但是，从博比特的学术理论来看，其实是可以理解的。成人世界有种种需要完成的工作，通过对这些工作的考察，我们确实是在客观地“发现”我们的教育需要将哪些东西传递给下一辈人。

着系统化的、有指导的训练要达成的目标。缺陷所在，就是有意识的教育的目的所在。既然教育活动要瞩目的具体目标已经被指出来了，那么我们就看到了有指导的训练的课程要朝向什么地方发展。

让我们举一些例子。一个人要接受训练的最重要的诸多事宜中，高效地使用母语是其中之一。分析一个人的语言活动，并且找出一个人为了高效而正确地使用母语所必须做到的所有事项是可行的。每一件这样的事项随后都会成为我们训练的目标。但是没有必要将每一项
45 都挑出来有意识地训练。让一个个体在文明的语言环境中成长，他自然就能学着使用这样的语言，并且在无指导的训练之下，充分完成大多数训练。当然，他还是会犯这样那样的错误。**每一个错误都意味着需要有指导的训练。**

当无指导的训练能给一个人提供的东西全部穷尽之后，针对他尚存的缺陷，我们就会发现有指导的训练课程。

这一项原理是在许多语法课程的研究者最近的工作中被意识到的。最早的研究之一就是查特尔斯（Charters）[①]教授。在他的指导下，堪萨斯城（Kansas City）的教师们开始寻找孩子们在口头和书面语言中犯下的错误。针对口头语言方面的错误，教师们每周有五天时间，带上笔记本，记下他们一天里所听到的孩子们犯下的每一个语法错误。针对书面表达方面的错误，他们一连三周仔细检查孩子们的书面作业。他们已经找出了二十一种口语错误和二十七种书面语言错误。在口语方面，按其犯错的频率，列表如下：

	百分比
1. 混淆过去式与过去分词	24
2. 动词与主语在数量和人称上不匹配	14
3. 用错动词	12
4. 双重否定	11

① Charters, W. W., and Miller, Edith. *A Course of Study in Grammar based upon the Grammatical Errors of School Children in Kansas City, Missouri.* University of Missouri, Education Bulletin, no. 9. ——原注

	百分比
5. 句法冗长	10
6. 句式错误	5
7. 混淆形容词与副词	4
8. 动词的主语没有使用主格	4
9. 混淆指示代词与人称代词	3
10. 谓语主格没有使用主格	2
11. 第一人称代词放到了最前	2
12. 名词或代词形式错误	2
13. 过去时和现在时混淆	2
14. 动词或介词的宾语没有使用宾格	1
15. 对话中因为读音相近而犯错的部分	1
16. 写错形容词的比较级	1
17. 代词与所指代的事物不相符合	0.3
18. 语气不当	0.3
19. 放错修饰语	0.3
20. 混淆介词与连词	0.2
21. 混淆比较级与最高级	0.1

46

每一种被发现的错误，都是一个表征（symptom），意味着语法上的无知，或者错误的语言习惯，或者对句法判断不当，或者对语言的态度不认真。这些缺陷的本质，直接指向我们需要用正确的语言使用方式在孩子身上培养起来的能力和态度。因此，每一个被发现的语法缺陷，都指明了教育需要达成的目标。它也指出了在知识和态度上，通过普遍的、无指导的语言经验无法充分实现的发展；因此，这是必须通过学校有意识地完成的。

科学的方法必须兼顾语法课程的两个阶段。第一个任务是在学校尽可能地提供一种有教养的语言环境，从而让孩子们耳濡目染，无意识中接受训练。事实上，这是最重要的任务，构成了我们培育工作中比重日趋加大的主体部分。另一个任务是让孩子们意识到自己的错误，并教给他们有效的矫正或者预防的方法，通过减少错误，让他们的语法知识实际地用于工作中。随着前面的语言经验得到越来越多的充实，后面这种有意识的教育会扮演一个越发次要的角色。

47 在拼写这方面，艾尔斯（Ayres）、琼斯（Jones）、库克（Cook）和奥谢（O'Shea）等人已经将孩子和成人在书信、报告、作文等体裁中使用的词汇列成了表格。他们一直在用这样的方式发现拼写训练的特定目标。但是，每个单词的拼写难度并不一致。大部分单词都是学生通过阅读课和写作经验学会的，没有有意识地关注拼写。但是，总是会有一些词不是这样学会的。因此，各项调查会格外注意那些被写错的单词。每一个被拼错的单词都指明了一个有指导的课程的任务。和语法一样，在拼写这一领域，错误就是需要训练的表征；那么，一套完整的常见错误表就准确地指明了有意识的训练课程的内容。

在职业领域，仅仅从技术的一面看，印第安纳波利斯已经提供了一个关于找到训练目标的方法的极好的例子。调查者对职业课程的内容不抱任何成见，找出该市最主要的职业、每种职业所需的流程，以及高效工作所需的知识、习惯和技能。他们与工厂里的行家里手交流，观察工作的流程。在他们的报告中，针对每一种职业，都要介绍以下内容：(1)工人必须熟练掌握的工具和机器的列表；(2)工人必须熟悉的工作所需的原材料的列表；(3)与工作和流程相关的普通知识的列表；(4)工作中实际用到的数学运算；(5)控制工作流程所需的科学知识的条目；(6)工作中实际用到的规划和设计的要素；(7)在语言对一个人的工作至关重要的领域，比如商贸行业，使用的英语有怎样的特征；(8)卫生方面的要求，以确保一个人达到工作所需的身体标准；(9)经济学方面所需的知识。

48 以上所列的事项中，有不少是从偶然的经验中学得的。但还有一些就不能通过这样的方式充分地学得了。只有让一个工人，无论他成年与否，投身到工作中去，观察他出现的种种短板和错误，将训练所缺失或不足的部分呈现给他们看，我们才能找到有指导的职业教育的课程目标。

不可能在人类活动的各个种类和各层质量中都找到教育的目标。职业领域、公民领域、卫生领域，以及别的领域的活动可能完成得不太理想，也只产出了贫乏的果实。但在天平的另一头，则有一些活动能完成得很好，而且结出了丰硕的果实，仿佛人天生就能做好这些工作。教育就基于这样一个假设，即人类活动存在着各个层次的质量和效率；完成质量低的就不能算好；但这可以通过训练来弥补；只有做到最好，或者至少就我们能够实现的范围内做到最好，才是我们的止境。无论在农业、建筑业、家政业、商业、公共事务、卫生事业，还是在别的领域，教育总是假设，只要可行，那么至善至美就是我们追求的目标。教育固然应当有一个脚踏实地的基础，但这并不意味着我们在可行的范围内，要把目标降到最高线以下。

让我们举一个具体的例子。比如，课程的发现者想要编制一套农业方面的训练课程。他会深入实际的农业世界，将其视为唯一一个能呈现出农业教育目标所在的地方。就详尽的目标而言，他在一开始的时候不能带有任何先入为主的判断。针对这份工作，他所需要的就是一支笔、一个笔记本与一份辨识的智慧。他会观察农民的劳作，会和他们聊聊工作的各个方面，还会阅读一些可靠的文献，从而对他们的活动有深刻的认识。通过这些渠道，他能了解到农民在完成每一道工序时所做的特定的事；农民在筹划和完成每一项特定劳动时所用到的专业知识；他们必须达成的各种判断力；他们必须解决的各种问题；做好这项任务所需要的习惯和技巧；心态、鉴别力、价值判断、理想与野心，正是这些东西，驱使和锻炼着农民控制各个要素的普遍能力。

针对任何农业产区，无论是多么原始或者落后，这种调查方法总是能够让我们获得各类事实性知识。但是，原始农业不带有任何教育的成分。相反，原始农业是教育要淘汰的东西。因此，课程的发现者不会随意在一块农地上开始调研。他会找到一种从各种评判角度来看都最高产、最成功的耕作模式。这类农地往往是试验田或者模范田，它们代表着对整个社会而言什么是可行的，但这未必是社会实际情况的代表。

当社会上普遍的实践还处于低级状态时，农业教育的目标就是实践理应达成的样子，而不是它现在的样子。

当农业实践已经达到高水平后，教育就只有一种功用：设法将这种实践原封不动地传递给下一辈人。

如果一个地区的实践还非常原始或者落后，教育就要发挥双重功用。它不光是要让下一辈人交接好与父辈相等同的工作熟练程度，更是要提升年青一辈的工作熟练程度，使之远远超过父辈。因此，在这样的一个地区里，农业教育还有另一重功用，就是作为农业发展过程中的一个基础的社会力量。

关于农业，我们谈到的这些内容，在整个职业领域都是普遍适用
50 的。比如砌墙这个行业，想要找到相关训练的目标，就不能分析最普遍的砌墙行为，而必须分析在可行范围内达到了最高效率的砌墙方法——因为效率是所有合理标准的基础。教育所要设定的目标，也不会是普通的砌墙工人，而是砌墙工人里最出色的类型。

宽泛地讲，普遍的原则是显而易见的。但是应用于实践的时候，总会带来问题。具有什么样特点的工作才是最值得追求的，关于这个问题，人们不会得出完全一致的答案。就砌墙而言，雇主总是倾向于将最大量的产出视为监督工作的标准；而且要毫无疑问地遵从指示，对什么样的工作时长、工资、工作条件都能满意，这才是恰当的工作心态。但雇工对这些因素肯定另有一番评判。雇主肯定会希望课程的发现者设计一套产出与投入的比值最大化的方案，但雇工则会觉得工人的总体福祉应当与生产要素放到一块儿考虑。双方都会同意，教育应当旨在达成最好，科学调查的目标也都是找到最好方案的特点。但是，究竟何为最好，他们之间理解有所不同，因而调查的指向也会有所不同。

找到学校课程中孩子们的短板，这一普遍原则是非常明显的，教师们对其在拼写、语法或是别的有客观表现的成果的科目，例如发音、绘画、音乐、计算等等上的应用是非常熟悉的。但是如历史、文学、地理等高度复杂的学科，这一原则就不是那么明显了。通过这些社会科目
51 的学习，要消除的社会缺陷是什么呢？我们的想法还非常模糊，在大多

数情况下，我们甚至很难说真的有什么目标。科学的课程编制者的第一项任务，就是要找到，如果缺少历史、文学、地理这类经验，会导致什么样的不足。每一项被发现的不足，都意味着对有指导的训练的需求，它指明了有意识的训练所要针对的目标。目标的性质会决定围绕这一目标选择出来的课程教材的内容。现在一个最大的障碍就是，对于究竟是什么东西造成了这些不足，人们还没有达成共识。然而，现在对学校训练而言，我们还没有提供任何形式的合理性证明，除了一点，即普遍经验的训练和应当完成的训练之间还存在着落差。

许多社会缺陷，是社会充分认同的。教育应当尽可能用一种精确而详尽的方式将其收集起来。这样，它们就能被用作社会表征，指向历史、文学、地理、经济学和别的社会学科的目标。当然，社会对许多已被指出的不足还没能达成一致。一项规划即便尚不完备，也依旧称得上是科学的规划。艾尔斯先生创设的“一千个单词拼写表”，虽然事实上还不及我们所需的单词表的四分之一，但依旧是一个非常好的表单。它是一个可靠的开端，未来进一步的研究能使之完善。我们的社会训练也是同样的道理，我们如果能设立好理想的目标中的四分之一，就已然算是做得很好了。相较于零起点，这会是一个巨大的进步，并且提供了基点、技术，以及各种可能性的远景。日后渐渐完善这一表单，这些东西都是必要的。

我们在将这一原则应用于民政、道德、职业、卫生、娱乐以及家庭教育等许多领域时，都会面临相似的困难。在各个领域中，它都同样成立。只有当我们就“每个领域**应当成为什么样**”这一问题达成一致意见之后，我们才能知道训练应当针对什么。只有当我们列出人们在各个 52
领域的表现中常常出现的错误和不足之后，我们才能知道，学校中有指导的课程应当包括什么、强调什么。

第二部分

针对职业效率的训练

第七章　职业训练的目的 55

美国公立学校中现有两千万孩子，除了一些偶然的例外，这些孩子中的每一个人将来都必须自己养活自己。因此，学校在与每一个普通的孩子和青年打交道的时候都应当基于一条原则，那就是他们在成人之后，都得自力更生。每个人在多大程度上是一个消费者，就要在多大程度上是一个生产者。

在针对文明社会的任何一项调研中，最显而易见的一点就是，无论男女，都必须投入工作，他们必须将自己绝大部分的时间和精力都投入到自己的工作之中。他们发现，大自然是非常吝啬于给我们提供食物、衣服、燃料和居所的，更不用说图书、钢琴、剧院、铁路、蒸汽船票、教堂长凳、大学课程之类的东西了。大自然只能提供最粗糙的原材料。其余的一切都必须由人类的劳动来创造。

如果人类满足于大自然所提供的一切，那么人就不成其为人了，只是一种特别聪明的动物罢了。但人类从没有满足过。他勇敢地将大自然提供给我们的天然材料拿到自己的手中，通过艰辛的劳动控制住它，并按照人类自己的主要目的对其进行塑造。人类就是这样奠定了文明的基石；在满足了严苛的生理必需后，赢得了自己自由的尺度；仅此一点，就使他能够保有自己获得的成果。经过这一番创造性的艰苦劳动，他为自己赢得了闲暇的时间和多余的精力，以及从事艺术、文学、体育、游历、科学和宗教的途径。

职业劳动代表着人类最基本的服务，代表着最基本的社会服务。
56 如今，人文主义信仰也以“社会服务”为自己的口号。在这样的一个时代，值得注意的是，这些服务当中，最稳固、最不可或缺的部分就是由农民、商人、管道工、木工、家庭主妇、织工、矿工、工程师、医生、教师、记者以及别的由男男女女构成的劳动大军所提供的。

有些人反对将职业教育纳入到公立学校中来，因为他们觉得这些劳动卑贱又肮脏。他们应该注意到，这些劳动常常不那么惹人喜欢的根源，不在于人们从事劳动这一事实，而在于他们劳动的环境。不卫生的车间、工厂、矿厂，腐蚀了工人们身体的活力。他们的惰性、愚昧和低效，源于每天太长的工作时间，以及太过机械的极度单调。他们常常活在非常狭窄的精神和社会的世界里。人文关怀、友谊、情感联络，这些东西都非常欠缺；正是因为缺乏这类积极向上的影响和机遇，他们常常趋向于罪恶和破坏性的动物般的乐趣。他们常常被迫生活在人满为患、极不卫生的屋子里；食不果腹，衣不蔽体，带着很多肮脏的生活习惯；即便他们想要，并且尝试努力改善自己的生活，那点微薄的工资能实现的改善也只是微乎其微。劳动环境常常是如此之可怖，这一点是显而易见的。

这种不良的环境会磨损人，甚至是毁灭性的。它的不良影响年复一年地损害着劳工，甚至会毁了他们。长期暴露在这些影响之下，他们的品性自然不能发展成社会所期许的那种类型。然而，人们应当擦亮自己的眼睛，看到这些不良的影响往往与劳工们如影随形，但它们却不是必然的。每一种不良影响都是正直的劳工的敌人，也显然是效率的敌人。

57 **职业教育的目的，就是通过普遍启蒙，消除这类戕害人，甚至毁灭人的工作环境**。承认大部分劳工受到过损害，并且正在蒙受损害并不是我们在职业教育的任务前畏畏缩缩的借口。恰恰相反，这正是我们鼎力完成这一任务的核心原因所在。正是劳动领域存在着的种种缺陷，证明了改进劳动教育的必要性。就像语言领域一样，什么缺陷都没有的地方，就没有理由进行训练。错误越多的地方，就越是有教育的理由。劳动领域也是同样的道理，缺陷的数量越大，就越是需要强有力的职业教育。

有人为了反对劳动有社会服务属性的学说，可能会争辩说，劳动是，而且应当是个人的。然而必须承认的是，有一些职业阶层，确实承担着社会服务的道德义务。比如，某个社区供养一名医生，自然是希望他能尽他所能，为社区提供服务。在任何情况下，在任何时间，只要有人求医，他都应当义不容辞地予以回应。这时候应当得到照顾的，不是他自己的便利，而是他人的便利。对那些付不起钱的穷人，他也应当一视同仁，就像他对那些有钱人一样，做到迅捷而善良。他必须确保所有那些病人倾诉给他的专业信息不受侵犯。在这些事情上，医疗职业的伦理显然就是社会性的。这份工作会被认作社会服务。医生所享有的美誉更高，正是因为这一点。

大多数专业服务都是与之类似的类型。正是这类社会服务的职业被我们视为最高尚的。那些最聪明、最希望建功立业的人往往将它们视为最值得加入的行业。针对一项工作，发展出一种社会服务的伦理，并不意味着要剥夺它所获得的荣誉和赞赏。相反，它们应当随之变得崇高。

公共意见正在建构起来的社会伦理体系已经不仅仅局限于这类专
业劳动了。现如今，我们听到了太多提供“公共服务”的公司。这个词 58
也是最近的新词。直到前些年，大家对公司的期待依旧还是为股东和董事们牟利。但现在，我们已经在用另一种方式看待它们了。它们要为公众服务。比如，一家铁路公司，就不能仅仅从谋取私利的角度出发，来决定自己的服务质量、价格和服务条件，应当从有效为大众服务的角度出发，决定这些要素。同样地，食品厂、服装厂在原材料选购、给产品贴标签、工人进行生产的工作环境等方面，甚至包括定价的高低，倘若它们的一己之利与社会福祉相冲突的话，就不能完全放任自流，以一己的利润为追求。当公私两方的利益发生冲突的时候，公共利益自然更为重要。过去我们的计划是“只要顾客还能宰，价钱就要往上抬”（charge all that the traffic would bear），换言之，从社会那里强行榨取的尽量最多，但提供的社会服务尽量最少。新的情形已经整个都反过来了。现在的目标是以最小化的社会消耗，提供最大化的社会服务。

关于职业团体的这套社会伦理，其建构速度之快，超乎想象。许多人发现，重新调整自己的理念体系，以跟上社会革新的步伐是如此之难。但是这场运动近乎是一场势不可当的文明运动。许多以前都是以自我为中心、追逐实利的职业，现在都更加人性化、社会化，迈向更为高尚的境界。例如，银行家、生产商、铁路职员，在察觉并且完成了自己新近才被意识到的社会责任之后，也获得了过去只有那些“有学问”的专门职业才可能获得的尊重。

59 只是，目前对农民、小零售商、家庭主妇、工匠、工人以及那些没有一技之长的劳工，公众的意识还没有很明显的改观。显而易见的是，这些阶层与前面提及的各个阶层一样，充分地为社会提供了基本的福利，但是他们的工作还远没有被充分视为公共服务的一部分。他们的工作只是被简单地视为个人自谋生路。他们在社会服务状态中的差异并不是一种事实上的差别，而是一种社会了解和认识上的差别。比如，农民给人类提供了最基本的衣食的原材料，这就是他们所完成的必不可少的社会服务。绝不是因为农民的服务只能及于我们的身体，所以他的工作就不如医生那么高尚。医生同样是养护我们的身体，甚至可以说，他的工作未必有农民那么基础，那么不可或缺。在绝大多数情况下，没有医生的劳动，我们还能活着；但是农民的劳动牵涉到我们生活的每一天。他的工作非常艰辛，工作时间尤为漫长，还需要他们忽视耕作过程给身体带来的诸多不适。

世人对于农民在社会服务中的地位，虽然还没有完全充分的认识，但毕竟在显著增强，而且速度颇快。普通公众正在逐步认识到，这些在田间劳动的人所能接受到的社会服务是如此的匮乏，才是现有种种弊病的根源。公众已经开始仔细分析农民的工作，并通过公共舆论和立法的方式，提出使农民能够更好地服务于公共福祉的方法，比如对牛奶的加工、对牛群结核病的防治等等。但是，只有少数的此类法规覆盖到了农民的工作。普遍看来，他们的社会责任还是没有为公众所认可。

社会交付给他照料的土地一英亩[1]是应该产出二十蒲式耳[2]，还是应该产出一百蒲式耳，仿佛是他自己的事，和其余那些要靠这片土地来养活的男男女女都绝不相关。他所处的地位，就像是发不发车全看自己兴 60
致，不用在意社会福祉的有轨电车公司；或者就像依照自己的欲求来决定是否应诊的医生。现如今，银行家、商人、罐头工厂、董事、粮商，还有最终的消费者等等，提出了无数的建议，要求将“教育”普及向农民，从而让各类谷物都有更好、更多的出产，以确保他们自己和家人能健康、快乐、高效地生活，而且建议使农民这门职业代代承传。这些建议意味着农民的工作中，社会服务这一不可或缺的方面已经得到了越来越多的认识。无论农民站在自己的角度有什么样的欲求，公众意识中已经在建构一种有关农民工作的社会伦理了。

但是，责任并不只在一方。在为所有别的群体提供高效服务的同时，农民也需要其他群体承担起为他服务的责任，作为平等的交换。他自己和家人必须有机会实现自我价值，一如他所服务的那些群体一样。近来关于乡村教育、教堂、社会机会、乡村调研之类问题的讨论意味着这种交换的社会责任在很快地被越来越多的人意识到。培养起这种交互的责任意识之后，农民不会失去任何东西，相反，他会收获很多。这意味着改善的物质条件、大为拓宽的精神世界和社交领域、大量增加的社会接触和机遇、更高的社会地位。他所享有的荣誉与回报，与公众普遍意识到的由他提供的服务是对等的。

在这里值得一提的是，关于任何一门职业，其社会伦理的发展都常常是**由接受这一服务的人来完成，而不是由其从业者来完成的**。不是食品制造者自己指出其劳动服务于社会的一面，比如要保障清洁、标签
属实、足斤足两等义务。是那些他们必须对之负责的消费者迫使他们 61
认识到自己工作的责任所在。其他如铁路公司、市政服务公司、记者、议员、教师、牧师、法官、医生，在这一点上也完全相同。一个职业阶

① 一英亩等于 0.405 公顷。

② 蒲式耳，谷物计量单位。在美国，一蒲式耳相当于 35.238 升。

层不可能自己给自己建构社会伦理。这件事只能由普通公众来做，而且恐怕往往要面对那个正在被社会同化（socially assimilated）的阶层的反对。一座大城市的督学最近曾经说过，他已经在这座城市干这一行五十年了，从教师、校长一直做到督学，他从来不知道哪一次进步的教育运动在提出之际没有遭到过大部分教师的反对。如果说，在教师这样一个不乏明理之人，也充满着服务精神和传统的职业群体里的情况尚且如此，那么在别的那些较不开明，并且没有什么推动社会进步的传统的群体里，只怕会招致更多的阻挠。

社会服务并不意味着自我放弃（self-renunciation）。自我利益不可能消除。那是推动整部机器的蒸汽。它从来就是，而且必须常常是人类行动的源泉。但值得一提的是，一方面，有一种狭隘、无知、物质主义的自我利益；但另一方面，也有一种开明的、人道主义的、带着广阔社会视野的自我利益。后者认为，最大限度的个人福祉只能通过最大限度的公共福祉来实现。

有一些极有远见的人，其首要关切的就是普通大众的福祉，他们显示出了对各个阶层进行职业教育的热忱。这种热忱与对所有有用职业的态度转变是紧密相连的。他们看到，每一种有用的职业，不仅其本质
62 就是一种社会服务，而且正在渐渐被人们如此看待，它们也越来越多地被给予对等的回报与荣誉。

这将会解决一个始终没能得到解决的问题，虽然我们的学校曾试图采取错误的方法来解决它。某些少数的专门职业和管理行业，较之于商业、机械工业、农业或者家政行业，从来都被看作拥有伦理上的优越性。总有一种感觉，投身这类职业，人才活得高贵，有社会价值，而别的行业的人必然头脑呆板，汲汲于一己之私，多多少少有些堕落。人们总觉得教育不能向任何一个孩子关闭充分的机会的大门。然而所谓充分的机会，都只是朝向这些职业罢了。也就是这些职业向每一个孩子开放而已——其他职业并不在内。将孩子们导入任何一种别的人生轨迹都是不可更改地永久剥夺了他充分发展的机会和受社会尊重的人格。如此的结果就是，我们将职业预备训练施加给了所有孩子。我们

也禁止向孩子们推荐所谓“低人一等”的职业。老师们对此倒确实是真心实意的，也非常上心。他们觉得，唯有这些最好的职业，对他们的学生而言才算得上好。他们感觉，自己服务的最高标杆，就是将学生们扶上最高的地位。

这套方案固然是真诚的，其目的也非常善良，但是却令人难以置信地短视。这样的机会之门不可能如此轻而易举地向我们两千万的孩子和青年们全部敞开。如果他们所有人都抓住机会，让自己适合进入专业领域或者管理行业，那么，一旦他们真的接触到现实世界，就会发现他们所设想的工作类型只占不到百分之十的比重。超过百分之九十的
人，在所有的准备都落空之后，将被迫加入店铺老板、批发商、矿工、 63
农民、工人等行列。基本上，所有人都得重新回到这些“低端”的行业中来。那些能看到这套方案荒谬之处的人应当获得赞扬。青春期的孩子常出现退学，我们听说后每每引以为憾，但其实这当中也不乏常理可循。人们看到，这套方案只是试图给所有人都提供好的机会，但事实上是做不到的。即便每个男女学生都是大学毕业生，这个世界上实用的劳动还是需要有人来做。不可能通过将每个人都分流到专业领域，就逃避了生产性的劳动。

只要这些同等有用的职业不能得到平等的荣誉与回报，只要劳动环境所能提供给工人们自我实现的机会是不平等的，那么这个教育问题就始终得不到解决。解决这个问题的方法，不是靠一个不可能实现的、让所有人都进入专业领域的方案，而是要靠使所有的职业都上升到和专业领域同等的社会地位。这个过程是使朝向**任何**一种有用的职业的大门都成为一扇机会之门。

职业训练的目标

在工作世界的缺陷当中，我们会找到对有指导的职业训练的需求。

如果所有的工作事务都能高效而和谐地交由现在的成年一辈来完成的话，那么教育就会成为一件再简单不过的事。教育只需要将现在

这一辈人已经充分发展起来的工作传统直接转手，交给年青一辈的成员就行了。教育者会先调查现实的工作情形，找到要让年青人通过训练达成的目标。想要找到一个显而易见的、能为所有人接受的目标是非常容易的，因为它们已经存在于现实的事务中了。

64 不幸的是，现在的职业世界不是我们所描绘的那个样子。一般来说，各项事务运转得既不高效，也不和谐。事实上，那些职业训练的倡导者基本只注重提升农业、机械行业、商业的劳动效率。然而相对于提升现实世界的工作而言，他们对青年一辈的教育还没有这么关心。对工人的教育有所改进，也仅仅是为了促成这一结果的手段而已。

在这种情形下，教育有双重任务要完成：(1)扮演社会进步的主要力量，将职业世界提升到一个更高的、更理想的水平；(2)为了做到这一点，就要教育新的一代，这样，他们才能在行使自己的工作职能时大大超过他们的父辈。这一任务是要在新的一辈人那里实现发展，而不仅仅是固守已经在这个世界上实现了的效率，是要将这个效率向前推进；这一任务不仅仅是关注现实的行为，更应该关注它理应成为的样子。通过这种训练，在他们父辈的工作状态中大量出现的一些错误、缺陷、不完美的地方、处置不当等问题，在他们将要打造和维系的一个更加和谐、更加高效的工作制度中将会尽可能地被消除掉。

既然训练是为了消除各种各样不理想的缺陷，那么显然，教育的一个首要任务就是发现那些缺陷。就当前而言，这是一个不小的障碍，甚至在某些领域里是一个不可能完成的任务，因为我们现有的知识对**“它理应达成的状态是什么样子”**这一问题还非常含糊。职业领域中的大部分都没有经过科学研究者的充分探索。这些未曾研究过的领域就招
65 来了利益出发点各异的不同团体的大量争执。针对工作缺陷，雇主联盟给出的清单与劳工组织提供的清单就其本质而言大不相同。一个社会或者市政工作者团体也会给出一份在重大问题上和以上双方都不尽相同的清单。

在这里，教育者就面临一个严峻的困难了。比如，纠正语法或者拼写错误，不会产生什么重要的经济后果。财富分配不会因此受到影

响。因此，人们不会太关心我们的学校训练将要予以纠正的一连串语法和拼写错误会是什么样子。不论我们给出一个多么详备的清单，他们都不会太关心。但是在职业领域，财产就会受此影响了。一个不良的工作状态常常给一个集体带来额外收益，而使另一个集体受到损害。因此，一方认为有益之事，另一方往往认为糟糕透了。每一方都建构了一套自己的经济理论。一方论证其合法，一方予以谴责。然而，公共教育必须给双方的个体都提供训练，以达成工作和经济上理应成为的样子。我们不可能在规划一项训练时，同时采用两种体系的思想，而且每一方都禁止使用对方的观点。面对这种两难的局面，双方都会要求学校做一点事。

似乎，眼下唯一可行之事就是汇合出一个相当长的、可以得到各方充分认可的工作缺陷清单，从而推动进程前行。这只是局部的进程，但它可以提供一种了解的共同基础，这种共识或许可以渐渐地延伸，直到最后覆盖到整个领域。

美国工业关系调查团（United States Commission on Industrial Relations）曾经提供过一份报告，我们可以从中看到一份关于职业缺陷的详 66
尽表单。这个调查团参观了国内的所有地区，从作为代表的八十二个劳工组织、三十六个雇主联盟、一百一十三家公司与商店、三十八个民众团体和五十个公共机构那里得到了可靠的数据。自然，不同类型的见证人对于职业领域里到底存在什么缺陷、应当采取什么疗救之法并不能达成完全一致的看法。但教育不能坐等全世界消弭了所有分歧的那一天。我们必须要列出一个至少能得到大多数公民认同的缺陷清单。在下面这个简单的表单里，我们呈现的是一份混合的关于职业领域的缺陷和不当措施的清单样例，它是雇主、劳工和社会工作者向调查团报告的，或者是他们在自己的证词中暗示了的。[①]

---

① 主要取自调查团报告的概要，发表于《调查》（*The Survey*），1914 年 12 月 12 日。——原注

工作缺陷

1. 工人效率低下。

2. 管理者在组织、操作和指导工作方面效率低下。

3. 缺乏高尚的理想和技艺标准。

4. 劳资双方互不了解，相互贬低；缺乏相互的信任；阶级偏见。

5. 在解决社会和经济问题时，工人们不能看到智慧的力量，而是诉诸强力。

6. 在各种各样的职业领域，许多或者大多数利益相关的群体没有接触事实的渠道。

7. 发生劳动纠纷时的暴力：罢工、游行、黑名单、抵制、煽动闹事、间谍、动用武力、怠工、“磨洋工”等等。

8. 缺乏产业民主（industrial democracy）；产业封建思想（industrial feudalism）犹存。

67 9. 有对立的特殊利益，这造成了对立的组织和不可避免的阶层福祉。

10. 雇主和劳工都缺乏社会服务的观念和意识。

11. 随着分工的精细化，工人长期从事单调机械劳动而导致的倦怠。

12. 许多工厂不卫生和危险的环境。职业病的盛行。

13. 靠工资为生的人始终缺乏安定感。失业。

14. 工人们在规定劳动环境时没有发言权。

15. 人们为大工厂或者别的公司组织所吞噬，个人责任感缺失。

16. 在考察工人境遇、工资、雇主与雇工之间关系、专业团体与普通公众的关系等问题的时候，缺乏科学的态度。

17. 在为各阶层规定工资或者公平的收入时，缺乏准则或者公认的判断标准。

18. 职业团体普遍忽视了自己与其所雇用的工人之间的关系：他们的权利与责任。

19. 普通大众对工人的工作状况只有一些非常碎片化和残缺的认识。

20. 大众对职业团体的福祉与普遍成功非常淡漠。

21. 普通大众还没有认识到用事实（facts）解决专业难题的方法。

22. 在大众的意识中，同等有用的职业却被分成不同的道德伦理层次。

23. 诚实节俭的旧思想的衰微。

24. 缺乏标准来判断个人的经济权利边界何在，人们甚至懒于探求这类的限制标准。

25. 不适宜担任某一职务的人尸位素餐，反之亦然。

26. 极低的生活标准，工资微薄以至于劳工的生活境遇极差。

27. 惰性、懈怠、偷懒——常见的病征。

28. 对新的劳动条件不能有效适应。 68

29. 人长年累月干着机械的工作，而导致的机械化。随后又因为能力的普遍减退，以及不能适应新型的工作而像垃圾一样被抛弃。

当我们检视这些职业调查报告之际，我们会看到，他们已经发现了严峻的工作难题，亟待更好的职业教育予以改良。我们失望地发现，这些问题中的绝大多数只不过是发现了工人在技术效率上的不足，基本没有超出这个范畴。因此，他们所推荐的训练课程常常只是机械效率方面的训练。这不应该被强调得过头。而且，技术上的低效只不过是种种缺陷之一，从教育的观点来看，它只代表了相对更简单的问题。那些在更广阔的社会层面的问题，在教育学上才更加棘手，需要更广泛而且更精细的教育对策。

在这样一张列有种种工作缺陷的表单上，我们能找到职业教育目标。其目的就是通过对人们的训练，使得这些缺陷不复存在。职业教育会尝试发展一些能力、品性、知识、不同类型的技能、社会态度和价值判断等东西，有了它们，就能消除或阻止技术和社会层面这样那样的缺陷。

学校越来越被认作社会进步的主要力量。社会生活的任何领域里，一旦发现了某种缺陷，学校都会被号召去克服或者阻止这类缺陷。例如，如果农产品产量下滑，不能满足需求，或者少于某个试验站表明可以轻松达到的产量，那么，商人、议员以及所有其他对此非常关切之
69 人，就会大声疾呼农业教育的重要性。成千上万的钱会投入其中，农业课程也会被引入赠地学院（land-grant colleges）①、高中、继续教育学校以及一些相应的附属机构等。会准备有许多长期课程、短期课程，或者短期学习机构的机会。各个地区的代理人会被派作领导和督学。这些长期跟实践打交道的人尤为坚信，教育就是促成社会进步的道路。如果工厂生产效率低下，商人会毫不犹豫地呼唤工业教育。如果商贸事务运转不良，肯定也会有呼唤商业教育的声音。一旦数据显示体质孱弱、疾病、夭折的情形增加，那么肯定有人要求在学校增强有效率的健康训练。如果我们的年青人被大量发现体质已不能适应兵役，那么，在我们的高中开展军训、不打无准备之仗的吁请肯定又会赢得许多拥护者。一旦交通事故在我们拥挤的街道上变得越发频繁，那么这种呼吁就会变成在我们的学校开展“安全第一”的训练。如果年青一辈人不能充分地认识金钱的价值，倾向于随意浪费，那么在学校中厉行节俭教育一定会被很多人所提倡。这类情形，不一而足。从事实践的人总是第一个呼吁来自学校一方的援助，因此将其视为社会进步力量中最基础的一环。

作为社会进步的动力，学校应当提供高效的服务。而正如我们今天所知道的，所谓高效的服务，就是直接靠科学来服务，而不是靠凭空猜测或者以一己私利为导向。为了真正达到高效，学校不能坐等别人

① 在美国，赠地大学，或赠地学院，是指由国会指定，得益于《莫雷尔法案》（*Morrill Land-Grant Act*）的高等教育机构。美国在十九世纪上半叶及以前以农业为主，生产力相对英国等国仍有差距。为了适应工业革命给社会经济发展带来的冲击，提高生产力，美国国会于 1862 年通过了《莫雷尔法案》，目的在于使得联邦政府能够通过土地赠与，使用出售联邦政府所属土地而获得的资产或是直接拨款等形式资助每个州至少创建一所以农业和机械工程教育为主的高等院校。受益于该法案而发展建立起来的院校被称为赠地大学或赠地学院。这些院校后来都发展成为各个州的州立大学。

来猜度当下社会所想要的进步类型是什么，或者看最大多数的个人利益所赞成的方案是什么，或者为了规避代价极高的损失。科学的管理，需要**前瞻性——精准的前瞻性**。这需要洞悉所有因素间真实而均衡的关系，不能因为任何特殊利益而导致任何扭曲。这意味着，针对人们的需求进行的科学调研和分析必须成为我们给训练寻找目标的方法，不依赖于个人，而依赖于整个社会的状况。这样的调查，只需要讲求实际。但是，他们不会仅仅从一个狭隘的角度出发，考察人类的状况。在一个民主社会，他们会公正地考察所有能提升总体人类福祉的事情。他们不会偏颇地关注于某一个特定阶层，无论这个阶层高还是低，富裕还是贫穷，文明还是愚昧；不会存在偏见或者偏袒，而是会一视同仁。 70

71

第八章　专业技术的训练

专业技术的训练旨在达到一种远远胜过前科学时代的生产能力。比如，就公认的标准而言，高效的农民，在每一英亩土地上，不应当只收获平均水平的一百蒲式耳土豆，而应当达到两百甚或五百蒲式耳。高效的棉花种植户，也不应当是一英亩八分之三包的平均水平，而应当达到足足一包。高效的砌墙者，应该达到每小时三百五十块，而不是一般的一百五十块的水平。高效的机械师，也不应当是过去那样，每天锻钢十单位，而应该达到四十、六十甚或一百单位的量。

这样推动标准往上涨，不是荒诞的。科学工业已经证明了它全部的可行性。现在，只需要将科学运用到工作中来。这就是我们增进产能的下一步。节省人力的机器，已经能够增产两倍、四倍，甚至有时候百倍，却丝毫不用增加人力劳动。我们现在被告知，将科学应用于工业，我们能够有同样巨大的收获。

每一门职业都会被分解为组成它的若干项小任务，每一种任务再分解为若干项需要控制的因素。需要用来规划好每一项因素的科学届时会被整合起来，置于一个能够确保控制每一项工作情形的位置。当科学是由工作者的意识在操纵的时候，科学就是可控的。他需要以科
72 学的观点来思考每一种因素。他的规划，就是将他的科学思想运用到工作中来。因此，他在整个工作完成之前就已经能预定和预知成果的最大限度了。

紧随这种最重要的技术智慧（technical intelligence）而来的，是居于第二位的操作技能（operative skill）。在一些职业里，比如速记、电报，

这种技能需要大量的实践；相较于技术智慧而言，它需要更多的时间和心血。但是，普遍看来，与教育的任务相关的，是培养理解力，而不仅是培养操作技能。

农民的工作能给我们提供一个最好的例子。就以种植谷物为例，这要牵涉到对许多独立而又不稳定的因素的控制：土质、石灰、硝酸盐、磷酸盐、沙、泥、湿气、土中氧气含量、杂草、种子质量、气候、光照、寄生植物，还有很多别的。每一种因素，在某个给定的情况下，都有一个适当的影响强度；倘若其影响过弱或者过强，耕作都会受到损害。因此，农民必须考虑到每一种因素独立的运行，以便控制好它们。这些东西绝大多数是用肉眼无法看见或者无法分辨的，唯有通过农业技术科学内在的眼睛才能看见。一个训练有素的农民就有这样一种内在的烛照和视野。他能看见并控制好各个因素，从而确保每英亩六十甚至一百蒲式耳的产量，与此同时，他的那些看不见其中规律的邻居，大概只能保证一英亩地二十五或者四十蒲式耳的产量。这当中的差距主要不是因为人力劳动的总量或者操作技能有什么差异，而是因为他们洞察需要加以控制的情形并且予以调整的知识有天壤之别。

一个训练有素的农民在检视了某个给定情形中的所有因素，并且拟定了自己的方案之后，很自然地，他也必须具备完成这一进程的操作技能：犁地、耙地、播种、收获、仓储等等。这是需要一些练习的，但这不是太大的问题。

我们还没有充分习惯将科学视为实现工作产能最大化的源头。比如，对机械师和管道工的高效，我们往往认为是普通智慧和技术纯熟的结果。是的，如我们所说过的那样，眼和手的技能是必需的。必须要有操作技能。但我们还没有给予智力的因素足够的重视。

外科医生的技术效率在我们的理解中就是不一样的。外科医生同样需要掌握大量的操作技巧。他的手和眼睛都经过专门训练，这一点与机械师无异——甚至更深。但是，在他的双手背后，指导着他的，在他的眼睛背后，为之提供视野的，一定是大量的专业知识。对外科医生而言，双手和眼睛的技巧主要源于智慧的洞察力。

外科医生的例子向我们展示了达成技术效率的两个因素，它们处在一种均势而又相互联系的状态中。机械工，正如一般人所认为的那样，代表着技术效率的发展上一个不完整的阶段。在操纵的强度和灵敏度上，他得到了训练，但他只获得了他所需要的训练中的一个方面而已，而且是比较不基本的那个方面。他还缺少一种思想的东西，来考虑自己的工作环境中的种种因素。缺乏了这一点，除了靠经验的摸索之外，他再没有别的能力来看待自己的工作了，也不知道自己的工作还能达到什么样的水准。他所急需的，是在他的双手背后予以指导，在他的双眼背后提供视野的技术科学的知识。工匠也好，外科医生也好，高效的操作最后都主要与科学的洞察力有关。

在今天所有的职业世界中，急速的变化是一条法则。各地的工人
74 都在面临着新的任务和新的条件。在一个新的、陌生的工作条件下，没有经过技术训练的工人往往会做以下三件事中的一件：(1)将他的摸索经验盲目应用，自信这样就能工作得足够好。一般来讲，这是非常低效的，有时候是完全无效的。(2)他猜想出一种调整的方法，可能会适应新的条件。科学研究表明，这当中错误的道路远远多于正确的道路。他常常会猜错，从而工作低效，甚至面临失败。(3)完全为新条件所困。甚至连一个看似合理的猜想都给不出。

这三种他能做的事，没有哪一种是对的。对他这样的在智慧上的盲人，也没有别的什么可能了。他会发现自己陷入了一种绝望的、毫无准备的境遇中。如此一来，他只能受别人的支使，常常效率低下。他自己缺乏知识，陷入这样一种封建制度下奴隶般的境遇是他的无知导致的必然结果。至于回报，他所能收获的，仍将是无知与低效带来的苦果。在他的工作里，他永远不能获得一次合宜的人之所以为人的机会，也永远不可能有一种完全成熟起来的人的独立视角与能力。更有甚者，在他的工作之外，因为他的低效，他将永远不能获得任何完整的人的机会。一般而言——而且，这一观念正在逐年得到日益精确的定义——一个人所能拥有的，全看他价值多少。如果不能产出一个正常的人的生活水准所要求的财富，他就永远不能获得相应的财富。他的

无知在很大程度上将他排除在生活与工作之外。

另一方面，在技术上训练有素的人，往往不会受新的职业条件所困。他不需要去猜。他不需要机械而盲目地搬用过去那些习惯。其中理由再简单不过了。他所遇见的是新条件，但构成这种条件的要素却不是新的。他能洞悉这一切，并找到熟悉的要素，只是均衡和排列的方式有所不同，而这些东西他是长期打交道的。他只需要看一看在新的形式下组织起来的这些要素，并继续将科学应用于其中就行了。在他的工作中，他能感到自己是一个完整的人；有了高效劳动的成果，他自然能够给自己和家人提供完整的人的机会。

还有一件与之联系颇为紧密的事。年青时代所接受的教育必须要考虑到终其一生所必需的技术智慧。但是在大部分领域，我们所需要的科学知识还没有被揭示出来。当然，这些东西现在还没法教授。但是，现在已经投身工作的人所需要的知识，有一大部分在几年之后都会被发现。他们倘若不想落于人后，过早地被当作废物抛弃，那么就需要紧跟自己专业领域的最新发现和发明。对那些没有经过技术训练的人而言，这样一个过程是不可能的。没有科学知识的主干，就不可能具有捕捉最新发展的领悟基础，甚至对这些东西都没有什么浓厚的兴趣。对前沿问题较差的把握，是这类人不可避免的一个特点。技术上训练有素的人，时时刻刻准备补充、修正，甚至与科学携手进步。他自己就能珍视其中的价值。当这些东西在他的专业学术期刊上出现的时候，他会紧紧跟上，不费太大力气就能将其吸收，并且将其付诸实际用途。虽然学校不能教授那些还没有被发现的东西，但是学校能提供条件，使学生日后自动地处理好这类事情。

在这里，对技术训练的问题处理得很简略，因为它的许多方面在第三章到第五章中介绍过了。

76

第九章　集体工作者的专门训练

独立商户以及其他的不与他人产生任何联系的工人的时代已经过去了，或者正在急速地过去。取代其地位的是大工厂、百货商店、公共服务公司、铁路系统、学校系统、医院、教会组织、建筑公司、采矿公司等等。专业化的个体，在一个协作的劳动集体下的生产能力，远远胜过同样的个体在独立工作的状态下达到的生产能力。他们会使得产量提升，质量提升，成本减省。因为这么高的效率，这场运动很可能还将持续下去，直到覆盖绝大多数职业领域。因此，教育在职业训练方面更大的问题，不是训练出独立的专家，而是专门训练出协作的工人。

我们可以用一两个例子来说明这个教育问题。在过去，一个鞋匠需要掌握的是他的整套工艺。他最开始接受一个订单，然后准备皮料，设计鞋样，设计其中的每一个部分，剪裁，缝合，完工，最后销售。为了高效，他必须对所有的工艺要素都了如指掌。然而现在，一个人裁出鞋底；第二个人裁出鞋的前端；第三个人负责内层；第四个人缝合前端与鞋面；第五个人缝合趾帽；第六个人在鞋垫上打孔以方便与鞋面缝合。如此这般，循序渐进，这双鞋会经过好几十位工人的手，直到最后一位，将制作好的皮鞋放进准备出货的鞋盒里。

77 在这样的工厂条件下，是经理来控制一切。就像过去的鞋匠一样，他要以这样的方式掌握所有的工艺信息、负责所有必要的判断、操纵好人力和物力，从而完成这套程序。有一点不同的是，他用上了一套更为精巧的工具，并且设计出了更趋复杂的机器，在同一时间操纵着整套工具。生产线上的工人就像是一套巨大的制鞋机器里的指针、轮盘与杠杆。就他们的功能而言，他们已经不再是人。假如一个经理有了他想要的所有设想，他就能拥有一台机械，在这一端，他只需要将皮料送进去，而在另一端，他就能收到成品的皮鞋，装好箱，随时待售——在大型报馆里，这样一套设施已经交付使用了。事实上，他已经拥有了那种类型的机器，只是还没有最后完善而已。今天，世界上的鞋匠还在用他们血肉之躯的灵活双手来做工，等到以后用钢铁铸成的、既便宜又能干的机械手将其取而代之，这套机器才算是最后成型。

有些人或许认为所有工人机械化的趋势只在物质生产的领域出现，那么让我们来看看一个专业的领域：那就是教师。人们可以发现，大城市打造出了一支高度专业化的教师队伍，每个人都只负责总任务下一个小的部分，跟工厂并无二致。最开始，就是幼儿园里的老师，接手这些“原材料”，开始第一道工序。然后由小学一年级B组的教师接手，花上半年的时间。随后是A组的教师，又付出半年的辛劳。这样，在一条漫长的各段专家协作的工作线上，这个“产品”会日趋完善。到了日后大学里分院系的教育，这一任务会更加精细地专业化，而“原材料”经过了许多人之手。

现在，就跟制鞋厂一样，一切都是为了最终的成品，从头到尾所有 78
的工作都是为了同样的产品。但是因为每个老师只负责整套程序中的一个片段，其产出的结果常常不能完全符合最初的目标，因此，就需要一些只关注于最终成品并且看着每一步实施的人，他们必须思考整个的组织，并指导每一个步骤。因此，督学和校长才需要设定学习的课程，选择教材、教具、设备，并指导方法。就好比说，督学的头脑是在为整套组织进行思考，教师就是这头脑操作下的手和发出的声音。

现如今，封建思想似乎在任何组织的发展里都颇为强势——无论是工厂还是学校，铁路还是医院，百货商店还是教会组织。似乎只有那些占百分之五或者百分之十的比例的制订规划的人需要得到专门的技术训练；而剩下的大多数人只需要一点点训练，足以完成他们的工作流程就够了。他们因为思考或者坚持自己的发言权利而给监督者造成的麻烦越少，对大家来说就越好。

这种封建思想眼下正在被一种民主理论所迅速取代。让我们再举两个例子，来解释一些基本的概念。并不是由制鞋厂的经理取代了原先各自独立的工匠们，而应当是由**整个工作的集体**取而代之。在学校领域，不是由督学或者校长取代一百多年来的教师这一职业，而应当是**整个的教学集体**。不是由经理、督学或者组织中的任何一个领导来完成工作所需的思考，而应当是整个的协作集体。经理和督学只是专长
79 于领导。他们是通才（generalist），而各个工人是专才（specialist）。所有人都对集体的劳动贡献了智慧，专才和通才的知识总量相加，远比通才单方面的知识量更大；这样一种联合才是一种更有效的直接的力量。工人们从工业的奴隶变为拥有思考的头脑和权利的自由人，肩负着思想和建议的责任，他们充满了一种新的精神。他们被认作人，他们成为人，像人一样行动，他们工作效率的曲线自然会急速上攀。

下面的附图展现出学校组织中的关系，而且是所有组织中正确关系的典型。

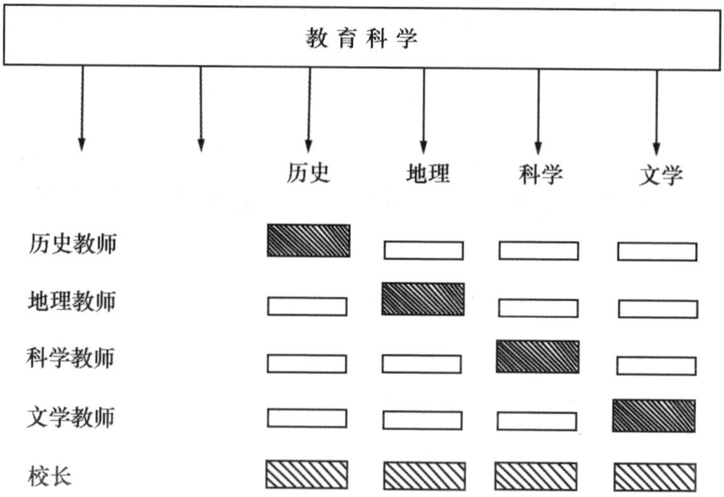

图 2　专才与通才的关系，以及集体工作的管理中起到控制作用的科学

在所有的集体里，专才、通才在从事每步工作时都需要科学的方法
80 加以管理。他们都需要读一读这个。当然，不是让他们去读抽象的书本，无论书本能提供多么宝贵的帮助。而应当是在他们工作的实际状

况中加以阅读，以及通过一些与他们的工作细节相关的事实来阅读。有些事情，通才往往能看得更清楚；而有些事情，专才洞若观火。如图中长方形的宽度所示，通才能在一种均衡的关系中平等看待各个因素，他的功能是整个机体的解说员和调度员。但是工作中的每一部分都与别的部分紧密相连。专才如果不能将自己的职责放到整个组织的劳动中来看待，就不能看清自己的职责。唯有将自己的职责视为集体任务中的一个部分，他才能正确地看待它。正如图中所示，专才在自己的专业领域里比校长懂得更多；但是他同时也需要像校长那样对全局有一个了解，当然不一定像他那样全面。每一位教师，都应当尽可能地成为自己的调度员。否则组织工作就难以有效展开。校长也不可能随时在每个老师的旁边，负责每一项教学指导，做好每一次调度。应当由教育科学陪伴在每一个教师的案头，负责指导工作。因此，教师往往是一门领域里的专才，也同时是一个通才。在自己的领域里有一技之长，而在别的领域当中，他所需要的也只是通才所具备的知识就足够了。他需要从全局去**思考**，却不是什么都要去**做**。**就他的思考而言，他需要在整个组织的工作中得到训练；就操作技能而言，他只需要在自己负责的专项任务中游刃有余就足够了**。

管弦乐队就是我们最完美的例子。指挥是一位通才；但是每一位独立的乐手也必须成为一位通才，**否则他不可能成为一位完美的专才**。他必须思考整首乐曲，他的意识要跟随着音乐整体的律动，这是为了正确地知道自己专门负责的章节。举个例子，定音鼓鼓手一定要严格地 81
踩准节拍击鼓，声音强度拿捏准确，自己的乐器能恰当地融合。指挥与乐谱固然是他思考的必要助手，但是仅仅靠这些，是做不到以上列举的三项精确要求中的任何一项的。**在意识上**，他必须从音乐整体出发接受训练，这样才能正确地演奏好自己的部分。但是，**单就操作而言**，他只需要精通一种乐器就足够了。

这两个例子都取自大家早有公论的领域，即专业的工作者在思想层面也需要成为通才，从而在他们的专业领域高效协作。但是在工厂、铁路、百货商店，这种要求似乎并不那么凸显。然而最近，在所有这类组织里，他们已经自发创办了学校，让专才不仅仅在自己的领域里得到锻炼，同时对整个流程有所了解，从而正确地理解其他专业。这项运动呈现出良好的发展态势。工业和商业组织对这一点也有了越发清晰的认识，知道所有部分相互协作的必要性，也知道一旦一个部分效率低下或者处置不当，其余部分也会遭到影响。他们已经意识到了，随之而来的是需要各个部分都能看到整体，并继而从整体出发去思考，从而正确地思考自己的那一部分。鉴于科学在所有需要思考的地方都得到了发展，今天在学校和管弦乐队的例子中得到彰显的东西，日后在所有集体劳动的例子中都会得到同样的彰显。

我们已经谈了不少，以表明课程的解决之道。在思想层面，工作者应当接受一种仿佛他们要在组织中各个部分都参与工作的教育。这不光意味着与工作各方面相关的、充分的智力学习，以及对各个部分系统
82 的观察；还意味着有机会到各个部门去**工作**。去工作，就意味着承担某种参与者的责任，根据工作的性质，这种责任会有所不同。有时候，他会干一些在操作层面很容易学习的事，或者不需要什么专业技能的事；这种情况下，他就可以全权负责。在别的情况下，会涉及一些专业技能，这就需要长期的准备，一开始他可能只是那些熟练技工的帮手，这样他才能承担起充分的责任，以获得一个通才所必备的洞察力和评判力。

只要公共教育注重这方面的训练，就可能让狭窄的专业层面的个体，成为一个广阔职业领域的通才。能做到这样的程度，他的训练就算是完成了。通常来讲，最后的专业化直到该个体受雇于这个行业之后才完成。对工作有了整体的了解后，他很快就能掌握自己的专业。但是，这在任何一家学校都不可能完成。常常只有在他受着专业技术工人的指导，为了这一目的而从事工作的职业条件下，才可能完成。

职业教育应当在很大程度上用心的，是使这些未来的工人和管理者准备好对待工作的**正确心态**。通常所指的普通技术智慧必须建立在正确心态的基础之上。在众多训练有素的专才之中，作为一个通才的经理，事实上所**做**的不过是整个集体任务中的一小部分。但是他在完

成自己的那一小部分时，会看到整体，考虑到整体，从而**感觉**自己做着所有的工作。那些充分开化的专业工人也会有同样的感受。他在完成自己的一小部分任务的时候，对整个集体的任务都有一个清晰的、智慧的视野。他能洞察各部分间相互的依赖，他的劳动如何与其他人的劳动相关联，如何支持别人的劳动，他会强烈地感觉自己的能力和责任要一直延伸，直到覆盖整个集体劳动的最大边界。在他的意识里，专才也会感觉自己像一个通才般的**掌控者**一样。那些像奴隶一般迟钝的专家 83
和像掌控者一般精力充沛的专家之间，最大的区别就在于是否对整个工作有一种智慧的观照。有些人觉得自己的人格与责任感就跟自己负责的那点小任务一样渺小。但另一些人，则以集体劳动的视野为自己的视野，顿觉自己的人格和责任感都得到了拓展。

在马萨诸塞州的贝弗利（Beverly），有一所半工半读的学校，专门为联合制鞋机械公司（United Shoe Machinery Company）培养机械工，他们就配备有一个小车间，里头有大工厂所使用的全套设备。当男孩们接受训练的时候，他们从这个机器到那个机器，一一经手，这样就能对大工厂里的整个生产流程都了如指掌。学校和工厂，都在努力让每一个工人对车间里完成的每一项劳动都有充分的了解。那些发展较好的工业学校也在尝试采纳一套同等规模的工业训练。他们与学徒签订的合同中往往标明，这些学徒需要从一种工作到另一种工作流动，从而有机会掌握全部的流程。

在被称作科学管理的“泰罗体系”（Taylor System）中，所有的思考环节都由那些专门人士在“规划室”（planning-room）里完成。工厂里的每一天、每个小时、每个人需要做什么，这类决定都是在那里制定的。各种指示都打印了出来，分发给工人。之后就不再需要任何思考、判断或者决定，这都由他们做好，工人只需要遵守就行。

这个体系被许多工厂经理视为有史以来所发明的最完美的方案。它将科学派上了用场。然而，这套体系并没有流行开来。凡尝试这套体系的地方，大多都放弃了。我们获悉，这套体系往往失败，因为大多 84
数工作都非常复杂，规划室不可能预见到所有的情况；因此它无法提供所有必需的协助。它除去了人们思考和随机应变的责任。因此，一旦指示有缺欠或者遇到障碍，工作就得中辍，直到更进一步的指示下达。给不同工人下达的指令相互矛盾时，这套方案也没有给他们调整的权力。 泰罗体系的相对失败，似乎是由于未能努力采纳人们的智慧和主动性。 这套体系宣称经理和工人都是在科学的指导下行事，但是，事实上，所谓的科学只是管理层的科学，普通人很难看见，或者说一点也看不见。 他们只能看见指令。这套体系在达到真正的、势在必行的科学管理的路上，只走了一半。科学在规划室里发挥了作用，它也必须在工人的意识里发挥作用。

人的要素

近来，越来越多的人认识到，**人的要素**在组织化的工厂的领导中意义重大。独立经营的工匠不需要管理人，他没有这方面的问题。唯有在组织当中，也即人们集体劳动时，需要由通才在一定程度上负责指导，或者至少领导专才的组织当中，这个问题才会凸显。犹如管弦乐队里的指挥一样，他必须在他们之上，并通过他们才能演奏出音乐。

在大规模的职业组织中，唯有教育组织最能充分认识到人的要素之必要，并将它纳入考虑。比如，在学校体系中，学生们就是最基本的工作者。如果用工厂里的术语，教师就好比工头。他们的工作不是事
85 事亲力亲为地做教育，而是让孩子们来完成教育。为了做到这一点，**他们必须了解孩子**：知道不同孩子的心智水平、兴趣爱好、态度和能力、健康状况，以及他们的社会**环境**。他们必须要知道如何激发兴趣，如何刺激学生的内在动机；如何使工作环境与孩子们的天性相匹配；如何使孩子们保持较好的身体状态；以及如何使用社会影响来激励孩子们。

现在，工商业界有些科学管理的领导宣称，认识到人的要素是一个伟大的、革命性的发现。工厂中的监工和工头必须要了解在他们手下做事的工人，他们的心理、态度、兴趣、动机影响等等，从而使他们发挥最大的生产能力。大家已经发现，强迫行事对孩子不管用，对成人也

不管用。**工人的驱动力必须出于他们自己的意愿**。工头必须调整工作的条件、工资、工厂的卫生和舒适程度、升职空间、社会认识等等，这样，工人的内驱力会自然地被唤醒。工头必须要能够充分了解他手下工人的个性与需求，就像教师了解他的学生们一样。他还必须擅长于应用心理学、应用社会学、工业卫生学以及别的**针对人**的研究，这些东西对他而言同时也是技术学习。

在工头和经理等人与他们手下众人的关系中，达成协作最重要的独立来源是认识相通、思想交汇、相互信任、彼此激励这样的坚实基础。在一个所有人都能对控制科学（controlling science）有所了解的地方，所有人都有渠道了解与集体的经济及其他重要事务相关的所有事实，他们在其他地方是专门化的，但这种相互信任和理解的基础已经夯 86
实。当下劳资双方正处于激烈的交锋之中，双方都在呼吁各自的需求。据报道，最近有一位工业界闻名的资本家曾说：

> 如果劳资双方不能在正确的精神上保持一致，那么美国的未来危矣。如果他们不能看到，他们之间的利益不是相互孤立的，双方都必须得到对方的理解与尊重，那么，资本家的资产会岌岌可危，劳动者的福祉也将岌岌可危。
>
> 劳资双方，离开了对方的协作，谁都生存不了。让双方都意识到这一惊人的事实，让双方都知道，两者对对方都是一种互补性的力量，而非对抗性的力量，是现在美国所面对的最主要的问题。
>
> 让公司的职员都明白这一点，日后公司里永不再发生罢工，每一个人都被当作伙伴来对待，而非敌人，或者奴隶……

现在，想要成为伙伴，想要智慧而高效地合作，想要相互间认识并尊重各自独立的利益，等等，这就意味着，所有人都必须有渠道接触同等的事实，所有人的头脑都经过充分训练，以解读和判断那些事实。但是纵观今日的工业世界，还没有提供这些东西。只要这种情形不改变，工业上时不时就会酿成敌对风潮，这种状况就会一直持续下去，而且势必如此。今天的工业领袖既然呼吁学校要弥补劳动流程方面专业技术上的缺陷，那么他们同样应当依赖于学校针对人的因素方面的缺陷提供充分的训练。**现在，双方都没有为相互的理解而接受有意识的训练。双方都同样需要相应的一系列训练，在思想、观念、价值和追求等方面达成共识。**

第十章　职业训练的社会层面 87

现在，人们常常会听到许多和“职业效率”（occupational efficiency）相关的说法。但是这个词可能代指的是两个在很大程度上不同的概念。一个是从短而窄的视角来看，认为这个词只意味着“较高的物质生产力”，其高效的程度，是用经济产出的量来衡量的。超出了这个定义，就没意义了。也就是生产者最后拿到产品，再没有别的探求了。

从另一个角度来看，这个词还可能意味着“普遍人类福祉的高效提升”。其高效的程度，就看人类所获得的服务的数量。前述狭窄的视角将物质的产出视为最后的产出，而这一种人文主义的视角则将最终的成果限定在人类通过对经济产出的使用所能获得的福祉当中。经济只是手段，而非目的。很自然地，这才是会在更大程度上受到全世界青睐的视角。即便因为科技知识和技术的引入，劳动能给我们带来丰硕的产品，但如果这些产品最终只落入极少数人之手，被这极少数人自私地滥用，从而造成或者助长人类的痛苦，而非福祉，那么，这种职业从任何一个我们所追求的方面来看都不可以被视为高效。从为人服务的角度来看，它是低效的。

对**社会因素**的高效管理，与技术上的高效同等重要。经济机制应当受整个社会的操控，从而谋求为人提供最大化的服务。这个任务比操控一部车床或者一台机车或者种点谷物要复杂得多。如果对后者而 88
言，专业的技术训练是需要的，那么毫无疑问，针对所有人的、为了使我们巨大的经济机制高效运转而必备的专业训练就更是需要的了。

劳动分工造成了这一问题。为了看清楚这一点，让我们首先设想我们的国家，就跟现在一样文明，具备一样的生产消费品的能力——但是没有劳动分工。在这种情况下，职业教育将会非常需要。但是它只能针对技术和工艺。没有社会层面的训练可言，因为根本就没有社会层面。生产完全是个体经济，分配根本就不存在。每个人生产什么就获得什么——不多也不少。人人都是如此。这样就没有需要社会来调节的经济运转，同样也没有进行这方面运转工作的社会训练的必要。

但是劳动的专业化促进了社会上的协作。每一个人只生产一种东西，但这不光是供他自己使用，还要供整个集体使用。作为回报，每个人都从别人那里获得一点东西，这和他为别人创造的东西是等价的。分工的好处就是使得整个集体达成了有机团结（organic interdependence）。分工推进多少，个人主义的情形就消亡多少。当集体分化为各项专业劳动之后，为了高效地分配他人的劳动成果，团结就势在必行。 倘若没有后者，则分工劳动的目的是很容易遭到挫败的。

专家间要达成通力合作，就要求对工作的全部有普遍的了解，比如共同的目标、达成这些目标的方法，以及遵从社会指令的意向。社会中
89 的每一个成员似乎都需要知道整体的职业状况：给各个阶层的专业工作者提供的工作条件；它们和理应达到的标准的关系；不同行业的产能；产品的分配；为了达成所有的社会目的所必需的经济机制，其本质和模式是什么样的。除了这些信息之外，他还需要社会态度和价值判断。我们学校里的社会科目，历史、地理、文学、经济等等，有一个重大任务，就是既提供信息，也培养态度。但这一点还没有被充分认识到。这些目的的达成需要一套课程，而其大部分还没有被认识到，也没有被尝试过。

一个工厂中的劳动应当受到它所服务的对象的监督，这一理念事实上和工厂本身一样古老了。以前，这一监督是通过顾客对产品的接受或拒绝来完成的。如果这家工厂的产品不适合他，他就转投他家。这一方法沿用至今。但是工厂已经变得庞大而复杂。竞争已经通过价格联盟或区域划分消除了。现在，一个人还真没法再去别的地方满足自己的需求。流程和产品也变得日益复杂，以至于消费者没法再判断

商品质量的好坏，也没法再判定价钱定得合理与否。他都不知道自己还该不该去别家看看。即便去了，因为分不出优劣，也无从得知自己是否真的把事情办得更好了。人们现在认识到了，在过去更为简单的经济时代能很好地发挥作用的监督智慧和方法，即货比三家的办法，已经不能为我们今天的目的服务了。新的状况要求新的方法。

服务公众的工作正渐渐通过社会服务机构、城市政务委员会、美国州际商务委员会（United States Interstate Commerce Commission）等方式
受到公众的监督。这些公众的代表，会持续不断地监督服务的质和量、 90
服务的成本等等。年复一年，这种社会监督正越来越广、越来越强，而依照一己私利来决定要不要提供服务的自由已经没有了。每一年这一监督的范围都在扩大，延伸至那些原本不受监督的职业领域。一段时间内，它作为一个流程，被铁路、运输公司、电报局和电话局、城市交通部门、煤气公司、供电公司等机构接受了下来。管道工的工作要遵循卫生制度，木工和电工的工作要注意防火等等。最近，监督还延伸到了食品和药品的生产与运输、牛奶的供给、包装工厂、易腐食品的处理等等。

但是，所有有用的专业工作都是为大众服务的。现在，想要在那些受社会监督的工厂和那些只受着私利控制的工厂之间画出一道明确的区分线，是越来越难了。这一过程的逻辑终点在于，将社会监督的范畴扩展向所有服务的行业，而不为社会提供服务的，都受到抑制。所有的社会运动，都明确指向这个方向。只要经营有方、持之有道，其影响所及，既对自己的工厂有利，也对普通社会有利。

这种监督对于这个行业及社会本身，究竟有利还是有弊，取决于大众在监督工作中能够在多大程度上采取一种同情性的职业指导（sympathetic occupational enlightenment）。如果其程度充分，社会就能持续供应高质量的服务，同时让成本维持在对所有相关者都比较公平的水准上。反之，愚蠢或者唯利是图的监督会挫败甚至摧毁工厂服务的能力，
这样对工业和社会都是损害。例如，要求铁路提供高质量的服务，但同 91
时让车票保持低价，以至于必要的开支都没法满足，这只会挫伤或者摧

毁服务，而这本来是监督工作想要着力提升的。

实际上，监督必须由普通的社会人士来完成。在必要之时，他们可以将立法和执行的处事权力授权给他人。但是，他们在指派负责人之前，必须首先知道他们想要负责人达成的效果是什么；或者检查一下工作，看一下这些工作是不是已经完成了。必须要有见识广博的公共舆论，以及正确的社会态度和价值判断。虽然说社会心理能在一定程度上通过政府机制施加控制，但主要说来，它毫无疑问必须首先对专业人员的行为产生影响。当一座工厂的所有员工都知道自己背负着什么样的期待，并且知道公众对此也非常了解，公众也能很快知晓他们可能犯下的任何错误的时候——这种情形就是凝结“社会良知”（social conscience）。正是社会良知在开展监督并实施社会控制。看一看与之相类似的“语法良知”（grammar conscience），就能欣赏到这种人际关系的妙处。并不需要专门聘请任何法律组织来推行语法准则。知道什么是正确的用法，而且知道一旦有任何偏离正确语法的地方，都会立刻被同伴所察觉，并且遭到同伴沉默的谴责，这就足以使一个有见识的个体严格地遵守那条笔直而狭窄的语法之道。同样地，公众对一种职业的知识，必须通过公共舆论，直接或者间接地对这一职业实施监督。此外，教育必须传授必不可少的启蒙知识、社会态度和职业良知。

要么接受，要么拒绝，这种早期的监督方法，也是民主的一种。每个知道商品、生产流程和相应社会关系的人都能充分地从事监督工作；
92 在这一知识的基础上，每个人都通过对产品的接受或者拒绝，不断地实施监督。当然，每个人做这件事都是为他自己。不需要专业训练。也不需要合作及传播必要智慧的系统方法。从根本上来说，这是一个工业民主的时代。除了劳动还纯粹由个人完成，每个人都为所有人服务，所有人也都监督他人。今天这个时代所要求的，也不过是如此。今天所要求的，只是能在今天的状况下高效使用的新方法，而旧方法只能适用于旧的时代。这当中一个主要的区别一定是传播启蒙内容的模式。就跟过去一样，我们今天所需的还是对产品、流程及其职业关系的了解。 但是这一知识不可能随随便便就掌握了。过去那些不需要学校帮忙就能做好的事，今天再以那种既不系统又随意的方法是不可能完成的了。当一种随意的方法在今天复杂的状况面前破产时，学校的任务往往就产生了。过去几十年的经济革命已经以这种形式创造出了一份沉甸甸的教育任务。

人们必须检视更新的学习课程和教材，以表明自己越来越多地意识到了这一任务。《美国工业研究》《商业地理》《工业史》《生产能手》《加拿大、美国和阿根廷的种植业》《世界上的人们如何吃、如何穿、如何住》《地里的掘金人》《农民和他的朋友们》《麦子》《棉花》《谷物》《糖史》《油的历史》《皮革制造》①——这类职业书籍正迅速地在各地的学校中找到一席之地。这场运动表明，大家已经认识到，启蒙作为民主社会中职业调整的基础是必需的。

93

我们可以在人口普查的报告中找到一份完整的职业列表。如下表所示，它们被划分为九个大类：

	男	女
1. 农林畜牧 ……………………………	10851702	1807501
2. 制造与机械工业 ………………	8837901	1820980
3. 贸易 …………………………………	3146582	468088
4. 运输 …………………………………	2531075	106596
5. 家政及私人服务 ………………	1241328	(25000000)
6. 书记员 ……………………………	1143829	593224
7. 采矿业 ……………………………	963730	1094
8. 专业服务 …………………………	929684	735885
9. 公共服务（不并入其他项） ……	445733	13558

地理学将世界分为几个大的区域；这些大的区域再细分为一些国家和地区；然后逐一介绍各个国家的情形。同样地，为了对职业世界有

① 这些书籍的英文书名依次为：*Industrial Studies of the United States*, *Commercial Geography*, *Industrial History*, *Makers of Many Things*, *Wheat-Growing in Canada*, *United States*, *and the Argentine*, *How the World is Fed*, *Clothed*, *and Housed*, *Diggers in the Earth*, *The Farmer and his Friends*, *The Book of Wheat*, *Book of Cotton*, *Book of Corn*, *The Story of Sugar*, *Story of Oil*, *Leather Manufacture*。

所了解，我们可以将它分为九个大的领域；这九大领域再细分为一些职业领域；然后择其重点，介绍现在相关的研究。在地理学中，是可以将一些相关联的区域归为一个整体的，那么，我们也可以同时研究许多有关联的职业。在类型研究（type-studies）的基础上，可以收获不少，某一个集中加以研究的职业可以用来呈现许多相关领域的情形。也可以通过逐一考察各个要素，对整个职业领域加以鸟瞰和研究；比如，工资、工作时长、季度间的波动、利润、从卫生角度所见不同职业的吸引度、社会对不同职业的希求程度等等。考虑到这些处理方法以后，问题
94 就不会像一开始那样显得困难。

如果想要对职业团体进行监督，人们需要知道哪些内容呢？让我们在这里列举七件事：

1. 他们需要明确知道，人们需要不同职业提供什么样的服务。

2. 他们必须明确地知道职业服务要达到的品质，从而既能满足人们的需要，也不会导致浪费。

3. 他们必须知道，任何一个职业团体在提供所要求的服务方面到底做到了什么程度。

4. 他们必须知道，这些职业团体为了完成好所要求的服务，需要哪些原材料和其他设施。

5. 他们需要知道，整个社会事实上在多大程度上提供了所需的设施。

6. 他们需要技术流程的知识，从而充分了解检查专家在职业服务的效率、经济、普遍社会影响方面的判定。

7. 他们需要对各团体间的依赖关系有充分的欣赏和了解。是这种相互依赖的视角以及在一个共同体中的共通的成员感，创造出了监督工作中所必需的同情的态度。

当然，这并不意味着，我们的大脑里要储满大量的与这些事情相关的事实，随时记得起来；或者说，教育的任务就是这样的记忆。人是不

具备这样的记忆容量的。教育领域里再也想不出比这更严重的错误做法了。

对每一门职业，公众所需要知道的事，与专业工作者为了进行监督工作而需要知道的事有诸多相似之处。这代表着专业化职业训练的一个重要组成部分，又因为这一部分与监督的问题有着密切的联系，故而对这一问题的处理可以延后再谈。 95

相较于普通民众，专业工作者还需要对自己的职业有一些更详尽的知识，以下即他们的标准：

1. 充分知道他们的职业所要服务的人类需求。

2. 对他们所要提供的服务的特征，有专门的知识。

3. 清楚地知道他们事实上在何种程度上提供了这样的服务。

4. 精确地知道，为了能够获得高效服务所需的设施，他们需要向普通大众提出什么样的要求。

5. 精确地知道，社会在多大程度上给他们提供了相应设施。

6. 他们需要对于技术流程以及由他们的团体生产的产品有充分的认识，从而能判断社会督查专家的判定是否正确；如果正确就接受，如果不正确，可以纠正专家的意见。

7. 从充分且专业的眼光认识到，他们的团体对整个社会的依赖性，以及整个社会对他们的团体的依赖性。这种共享共通、需要相互支持的意识是职业团体愿意接受社会调遣和监督的根基。这也能促使专业工作者意识到，自利的道路和服务大众的道路实则殊途同归。

当普通公众和职业领域的专家都能有这样的认识后，在这个困难的领域里，高效社会控制的智力基础就奠定下来了。每一方都有权利，每一方也都有义务。前面谈到的认识允许在利益相关的各方之间有一个清晰的权利与义务的界定。同时，它还能为相互理解奠定一个广泛的基础，在这个基础之上，大家可以调节相互冲突的主张。因为，我们需要牢牢记住的是，各个职业团体间相互倾轧，每一方在这当中都夸大 96

自己的服务和应得的权利，是不可避免的，这一点我们之后还会再谈。社会的压力与张力，要求持续的、不断革新的调节，而且这种压力和张力就是生活的本质所固有的。无论是生理的、生物的，还是社会的，概莫能外。智力不能消弭它，但可以控制它。控制力越强，生命和力量的迹象就越是强大。但同时，社会教育的需求也就越大。

唯有启蒙，才能带来真正意义上的工业民主。对众多因素检视一番，我们便能发现，对于所谓最好的经济体制的争论，大部分是无益的。在一些职业领域里，我们有公共的所有权和合作的管理，比如公共教育、邮政、防火、道路修筑与维护等等。而大部分的工业，我们都交付给了私有制和自发的管理模式，因为我们相信，整体而言，这种体制是最佳的。但就事实而言，无论是哪一种模式，**服务**都是核心需求。两种模式的社会监督所需要的启蒙是一样的。如果是社会在引进和发展高效的监督，那么其监督的方法与这一工业属于公有还是私有并无太大的关系——换句话讲，无论是一两个股东持有股份的制度，还是全社
97 会多数股东持有的制度，全都一样。其方案的好与坏，完全取决于其管理的方法。如果是具备了启蒙的社会监督，那么在任何一种方案下都能确保高效的监督。但是，如果是没有启蒙的监督，无论哪一种计划都不能产出高效的服务。**最重要的东西是智慧，而不是体制。**

必须先掌握各行各业的真实信息，才能开展教育。目前，许多必要的真实情形仍不可知。暗中以个人利益为目的，而非公开推进公众的福祉，这是一条规则，而非孤例。作为一个国家，我们还没有将启蒙视为民主的基础。但是现在，这种光亮正在向全国各地播散。职业调查正在展开。正规的公共服务团体，正在为这一目的搜集事实，许多已经对外公布。一家企业在多大程度上为公众提供服务，就在多大程度上欢迎公众知道自己；而且鉴于企业总量逐年增长，自愿向公众开放的企业总量也随之增长。如果哪家工业集团特别焦虑地阻挠这一公开的进程，越来越多的民众就会认为它最需要开诚布公。

如今，开明的商人正逐渐认识到，公共性就意味着相互间的社会依赖。商界对此的健康态度，在美国钢铁公司董事长加里先生（Mr. E.

H. Gary）在最近一次商务会议前的致辞中得到了充分的表达。他引述了《圣经》中的话："我们没有一个人为自己活，也没有一个人为自己死。"（For none of us liveth to himself, and no man dieth to himself.）此外，他又说过："最近十年来，大商人的态度经历了一次显著的转变，其兴趣关注于将事实与数据向普通民众公开。现在，许多人并非迫于法律的要求，而是主动地撰写正式、完整的报告，让任何一个感兴趣的人都能知道这一行业的成果以及公司的普遍政策。"加里先生建议开展以公共性为准绳的仲裁，既服务于商界的利益，也造福于普通大众。"有充分的证据显示，"他接着说，"现在，只要考虑到影响公私利益的种种问题，绝大多数公众愿意与个人或者公司达成让步。"这项运动不会失败。越来越多的真实信息被披露出来。用这些事实来发展普遍启蒙教育正变得可能。 98

调查可以发现事实。但是倘若要将这些材料组织起来，以达到教育的目的，便牵涉到非常复杂的教育问题。直接学习事实性知识并背诵，这一套方法是我们的专业再熟悉不过的了，但它太过原始、太过低效，更无助于处理大的任务。让我们介绍一些进步主义学校系统正在引进的更好方法。

每一门职业，都被视为和理解为**一群工作着的人**：一个人学会这个集体的工作，要靠投身到他们的工作中去，实地操作；或者是在游戏中完成；或者是通过观察，以共情加入他们；或者通过精彩的历史、地理、文学、传记类作品在想象中参与这些重新构筑起来的活动；等等。人不是通过学习抽象的、关于这个集体的文字记录，而是通过这样或者那样的方式，像那个集体一样去做事，才能真正懂得这件事。去做，才能奠定兴趣基础，这对于事实搜集和随后的同化（assimilation）工作，以及正确的价值观和态度都必不可少。教育一定要在这样鲜活的路径中推进，不是因为我们今天在工作过程中需要关心的事实较之过去变少了，相反，是因为它增加了；因此，我们才必须采取高效的方法。

99

1. 具体的职业活动

詹姆斯（William James）教授在他颇受好评的论文《论人类一定程度上的盲目性》（*On a Certain Blindness in Human Beings*）中曾阐明，一个人想要真正了解他人生活的经验，唯有切切实实地，或是带着同情心地参与到这些经验中去。那些袖手旁观的人，对他人生活确切的意义始终是体会不到的。想要了解生活，就得那样活一遍。“了解他人工作的唯一正确方法”就要求我们带着同情心参与到他人鲜活的职业经验中去。第一步，就是做别人做的工作。

男孩子们在我们的学校里学习木工的课程，不是因为他们以后真的就去打造柜橱，或者做木匠，而是因为他们需要借此对木具行业中材质的软硬、柔韧等特性有所了解；并且体会到，从原材料到最后的成品，必须经过一番艰苦甚至单调的辛勤劳动。学校中的木工课，就是为了让他们对人类的一门行业有初步的经验。它的目的，是面向世界打开一扇经验的窗，让他通过这扇窗正确地了解世界上的工作。

同理，我们提供了许多实践活动：五金、皮革、打印、装订、艺术、烹饪、缝纫、刺绣、制帽、饰品工艺、校园园艺、纺织、地毯制造、染色、绘画、油漆、制造模具、陶瓷、家禽饲养、洗衣、银行、买卖、会计实践，以及别的许多项目。这些活动给学校里的少男少女们一种**现实感**，让他们直接感受到劳动的本质，以及劳动中用到的原材料的性质。这种现实感的培养是当前最急切的几件事之一，尤其对那些在城市里
100 长大的孩子而言。过去，当我们大多数人都以农业为生时，农场上的男孩子操起锄头、耙、犁就能耕地，用斧头和锯子还能为家里储备木头燃料，还能筑围墙、粮仓、牲口棚，或者给它们修修补补。他们还会拾捡干草、给谷子去糠、配置食料、挤牛奶，什么天气都无所谓，无论是冷是热，还是暴风来袭。借此，他就能获得一种不可或缺的现实感；他对原材料的软硬、柔韧等性质有了把握，这就为经济工业奠定了基础。女孩们从事缝纫、烹调、修修补补、擦拭餐具、洗涤衣物、打扫家务、食品

保鲜、饲养家禽、园艺修剪等等，她们也同样具备现实感。他们在大自然——这所伟大的学校（the Great School）——里接受了很好的训练。

但是现在，在我们的城镇里，男孩子们再也没有碰过锄头、斧子、锯子，没有烧过煤，也不可能干过这世上的大部分工作，因此极难获得一种现实感。除了体育运动之外，好像都没有什么能让他以一种奋发的方式全身心投入了。这个世界在他面前转动；但从职业方面看，大部分只不过是画面上的世界罢了，就像屏幕上跳动的影片。他见过有人在掘路，但除非他自己去抬一下那些沉重的劳动工具，感受一下那些工人负担的重荷，否则他不会对他眼前发生的工作产生任何经验或者赞叹。想要看到这当中更深的东西，不能靠眼睛，而要靠从类似经验中生发出来的同情的视野。缺乏了这类东西，他所能见的全是表象，而不能看见工作本身。他就像一个天生目盲而无法辨识颜色的人，注定会一直无法探知现实世界的本质。

既然实践活动的目的就是为他们开一扇面向各色职业领域的经验之窗，那么显然，活动的范围应当在条件允许的范围内尽可能宽。

学校里头应当有木工活动——松树、橡树、白杨、赤松、冷杉、铁 101
杉、桦树、枫树、核桃树、白蜡树、雪松、红木，无论干燥还是潮湿，直或者曲，质地坚硬或者柔软，是边材还是心材，适宜大而粗的加工，还是小而精的加工。与木工紧密相关的，自然还有一些工作，要用到涂料、油、油漆、染色、防蛀涂料、酒精、磨石、砂纸以及别的一些修饰材料。

学校里还应该有一些关于金属的工作——铁、钢、铜、黄铜、锡、铝、镍、银、合金、金属丝、金属片、锻造、熔铸。学生们应该熟识这些金属的矿物及其化合物。他们应该有机会在铸造车间对它们进行还原、提炼、模压，并将它们打造成各种实用的器物。

还应该有关于电力实际应用的工作——电铃、电线、烤面包机、电炉、电熨斗、电灯、电话、电报、电钟、电镀、电池、发电机、发动机，以及别的有这类构造的东西。

学校里还应该有印刷、编订、排版、制铜版、应用美术和设计、装订、封面整饰的工作，还要打印账单、账本、药方、设计图、请帖、各班辅导资料等等类似的东西。与之紧密相关的还有纸板、纸盒、记事簿垫、桌垫的制造等等。

还应该有皮革工艺方面的工作——如皮袋、钱包、公文包、账簿、装各类球的皮套、皮带、小皮包、西装套、大皮箱、皮把手、马具、家具等等的制作。所有重要类型的皮革都应当使用起来，也包括仿制皮革。各类装饰、加工和护理工艺也应该用上。

还应当有一些涉及黏土和相关土制产品的工作，石膏、水泥、陶
102 瓷、玻璃；用原材料实打实地制造砖瓦、石灰和水泥；陶器的制作，以及用水泥来修筑房屋，铺水泥路面、砌墙、造瓦等工作。让他们负责学校房屋的维护，就提供了一次绝好的机会，让他们得以从事这类实践劳动。

还有一个重大领域是纺织——羊毛、棉花、亚麻布、丝线、大麻纤维、黄麻、马尼拉纤维等等。只要有可能，学生们应当多与这些天然状态的纤维原料接触，并且通过将它们从原材料变为成品的劳动经验，认识这些纤维。关于羊毛，就应当包括最原始的清洗、梳理、纺线、染色、编织、缩绒、剪割、缩水处理、压制。亚麻可以在学校的花园里种植，可以让孩子们自己来分离纤维，再加以纺线、编织、漂白。别的工作就是缝合以及各类衣物的制作，这就涉及每一种常见的织物——衣物设计、缝制、刺绣、女帽、花边、窗帘、挂饰、地毯、毛毯等等。

与之紧密联系在一起的，是用稻草、酒椰叶、竹子、藤蔓等为原料编织物件的工艺。比如垫子、帽子、篮子、托盘、各种类型的容器、椅座、椅背、藤编家具。

还应当有与食品相关的工作。这项工作应当包括各类烹调，罐头制作、食物贮藏、淀粉制造、制糖、炼油、腌制、制造奶油、乳酪、炼乳。与之密切相关的是肥皂以及别的清洁剂的制造。

除了制造和运输的领域，一个人还应该对农场、花园中原材料的生产有一些经验的机会。他应该有机会去种植谷物、土豆、蔬菜、水果等
103 等。而且产量和品种要足够多，从而了解这项劳动的性质。他的工作

应该包括土壤开垦、施肥、检查种子、下种、栽培、防虫、排水、灌溉、适应季节状况、收割、储藏、销售。如果在操作上允许的话，他应当有机会同样从事一下与家禽、家畜、奶牛、蜜蜂以及别的类似农事相关的工作。

一个人的教育还会要求他参加一些商业界的活动，买卖、竞争、推销、记账、会计、理财、储蓄、保险等等。学校买了很多东西，但还应该多买一点，以经营好我们所指出的这些范围广泛的活动。现在，学校向外卖得太少，应当向外卖得更多。这些活动需要大量的记账和仔细的会计。它们还需要存钱和理财。在操作允许的范围内，应该设计出这样的条件，让学生们参与到严肃的商业活动中来。这种办法，已经有不少学校采用了。在这些学校里，家庭科学班的学生在经营午餐室和小卖店，或者在店里从事合同制工作。

“这些都得做到吗？”一些被吓到的教师会这么问。为了更倾向于肯定的态度，让我们指出一个事实，那就是，以上涉及的所有职业实际上都在我们的地理课上谈到过。那么，地理课上与职业和物产相关的书本知识又有什么意义呢？显然，是想要培养我们对各色的人类职业的了解。但是，如果孩子们还没有最基本的经验来给课本上的那些词汇赋予意义，那么，仅仅通过书本学习，他们的这种了解怎么可能得到培养呢？比如，如果他们从来没有见过或者亲手尝试过棉花种植，当他 104
们阅读地理课本的时候，怎么可能领略我国南方宏伟的棉花产业呢？如果他们从来没有过将纤维从种子中剥离的实际经验，他们怎么可能欣赏到轧棉的工序呢？如果他们从来没有与棉花籽有过经验上的联系，不知道这东西到底和芥末还是和核桃的种子相似，他们怎么可能欣赏棉花籽油和棉花籽蛋糕等东西的制作工艺呢？如果他们从来没有接触过棉麻的梳理、纺织、编织和染色，怎么可能欣赏伟大的棉纺织业呢？没有和工作原材料以及工序相关的具体经验，这些学生在阅读地理课上讲授的职业时，只是在和一个用含糊的语言搭建起来的、朦朦胧胧的领域打交道，偶尔在这里或者那里，会因为自己偶然的生活经验而懂得一点，但是普遍说来都是模糊的，看得也朦胧。

在小学中随处可见，在中学里也大量存在的手工训练，应当有一个主要的目标，不是为了技能，也不是为了生产出能售卖的商品，而是希望他们能对广泛的成人职业所涉及的原材料、工序和产品有一种欣赏的态度。这是本国职业地理中最具体的一部分。再结合对邻里的工作和成品加以观察，我们就掌握了全部的职业方面的国内地理。

各个阶段的、成熟的、具体的活动大多数近似于游戏——建设、操作、参与。然而，在持续训练的过程中，这当中似乎有一些需要上升到工作的层面去。假如学生没有在参与者心中活跃着工作精神的工作氛围中从事实际的工作，那么他们仍旧没有充分地投入到工作经验中来。他们的活动或许有着值得称赞的广泛性和多样性，但是缺乏深度。在
105 训练的后期，要求比在游戏车间的手工训练更多。既然训练的目的就是对工作世界有一种了解，那么就应当在一定程度上到达并且探索这个严肃的阶段。正是这一点使得一些技能是必需的，必须产出一些能售卖的产品，也必须营造一种真实的车间氛围。学生在自己专攻的事情上才能够最充分地达到工作水平；而通过兼职的协作安排，只能实现一般的水平。

2. 观　察

掌握了基础的经验之后，学生就有可能以更快的方式进入这个世界的经验之中。具体的经验，能提供想象和知觉的材料，以及兴趣。然后，学生就准备好了通过走访和观察去了解各类职业。在城市里，这些机会很多。年青人在个人经验的课程中可以拜访和参观很多地方。就算偶尔一两个人的参观不能实现，在大多数情况下，经理也会乐意为班级或团体组织系统的观察。

对各门职业的观察，必须成为阅读经验准备工作中的一部分。它必须提供一部分想象力、知觉和兴趣。在学校车间中，学生们可以确保获得关于材料、流程和产品的基本经验；但是在那里培养出来的经验终究狭小、初级、碎片化，有时候和真实的工业生产比起来，人为的痕迹

太明显，又颇为牵强。回到棉花研究的例子，学生们在纺织间里也能学到不少关于棉纱、染料、纺织机器原理的精确概念，也能知道一些简单的织物的性质。但是，作为一个整体而言，学校车间和大型纺织工厂还
是差异极大，后者那里有大功率发动机，有巨型染缸和烘干设备，还有 106
无数的纺织机和动力织布机，还有忙碌生产的喧嚣和嗡嗡声。对一个人的阅读而言，如果只有学校车间提供的那一点贫乏的印象，那他的准备工作还相当不足。在这里，我们发现，为了极大地拓宽人们对具体流程和状况的观察而越来越多地使用电影是合理的。

如果观察者能够参与其中，并且承担起一部分责任，那么，对这门职业的观察能大大加快。没有什么东西能像责任那样为一个人打开视野，尤其是让他洞察其中的价值与关系。如果一个男孩能在一家农场或者商店里工作一个季度，那么其价值一定远远大于在那些地方随意而懒散地走走。我们的观察，无论是通过个人走访，还是通过整个班或者整个团体参观，哪怕只是不长的一点时间，也能提供很多有价值的、知觉上的印象。但是它的局限必须被留意。并且这会为他参与实际的、职业团体的劳动提供尽可能的准备。认同这一要求的教学法是简单而明确的。但在管理一些新的、不是那么容易转移进学校的活动时，会产生困难。现在，兼职的安排只为专业化的训练而设置。但我们也可以清晰地看见，还有一些相似的安排，能适用于一些普通训练。现在时兴的运动是为家庭工作认定学分，从而促进开展课外活动，这类运动足以证明我的预言不虚。

有一种重要的观察，与对工业产品的研究有关。工业的社会监督之所以被设计出来，就是为了确保这些专业集团生产出来的东西能充分满足人们的需求。一般来讲，工厂可以自由选择使用什么样的原材
料和流程，只要最后的产品是好的。因此，就一般的职业而言，公众不 107
需要对这类生产的原材料和流程有详尽而专业的了解。**然而，作为消费者，他们需要成为工业产品合格的法官。**从我们的手工训练课程出来的少男少女们，不需要太精通于家具、工具、电子产品、衣服和窗帘等东西的生产，只需要精于判断市场上提供的这类产品的好坏就足够

了。他们在车间接受的训练的价值就在于培养这种判断力。但是，如果他们的思想仅仅局限于在学校车间里制造东西的所见，那么，想要充分评判市场上的产品时，他们的思想就会显得浅陋而贫乏。市场上的东西，在数不清的细微之处比学校里的东西复杂得多。

因此，一套完整的训练，应当是对工业最后成品系统而充分的研究。伴随着在学校车间里制造椅子的经验，男孩子需要检视并且讨论一下许多类型的椅子。这些椅子要在构造、实用、美观、成本经济等原则的指导下被检视。伴随着自己在实践活动中制造窗帘的经验，女孩子们也应该遵循这样的普遍原则检视和研究各种类型的窗帘，从而改进和完善自己判断的能力。

从逻辑上推导到极限，这意味着在许多领域，我们都需要一种持续的商品展示，从而展现出所有类型的优点与缺点。虽然乍一看，这个结论有些让人吃惊，但它却是一个必然的趋势。在这里，我们还发现了另一种需要，过去一些简单得不需要学校代劳的工作，今天已经变得十分复杂，用学校以外的方法都不足以充分地完成。对这一教育任务的认识远远晚于这一工作理应在学校展开的时候。我们的民众长期被一些
108 人所诓骗，他们正因为我们对材料、质量和价格茫然无知才从中牟利。**正如在生产领域中的职业低效应当被克服，消费者在判断上的低效也应当被克服。**

但是，学校怎么能够置办这样一种经济产品展示所需的所有昂贵物品呢？它们在哪里储藏？如何防止其变质？如何保存易腐的东西？何况产品样式不断更新，还有现下的种种改良，怎样应对这一问题呢？这些展示品的大部分会不会刚刚布置出来就过时了呢？而且，这些过时了但却价格昂贵的东西要如何安置呢？

这类问题其实是一种教育思想的产物，而这种思想，我们祈盼它能尽快消亡——这种思想假定教育中所需要的任何东西都必须在校园里找到。但事实上，经济产品一定要在能高效而经济地实施观察的地方被观察。一般而言，它们在哪里生产、在哪里贮藏、在哪里展销，哪里就是我们观察的地点；或者是，它们正用于家里、街道、田地、商店，或

者社区里别的什么地方，那里也可以成为我们观察的地点。这会构成一种循环不断的社会展览。它可以使这些东西在一种自然的环境和关系中被观察，而一旦把它们从这种环境和关系中孤立出来，那么一半的意义就丧失了。

3. 职业读本

各类职业要从它们在全国和全世界的广泛分布来观察。其方式必然以阅读为主。就其性质而言，主要是记叙文。当一个人阅读与某种职业相关的材料时，他的目标就是在一个读者的想象中重建这种职业经验的内在世界，在这当中忘却时间和空间的感觉，换言之，能够像是一个团体当中的影子成员一般，参与其中，带着一种同情心，在理智与 109
感情上都鲜活无比地投入那种经验里，与现实生活中客观的观察和参与没有什么太大的区别。比如，当一个人读着《怒海余生》（*Captains Courageous*）的时候，就他的意识所及，他在那一刻就是纽芬兰海岸上的一个渔夫，就好像他自己就亲身站在那里一般。当一个人读着《伐木工》（*The Lumberman*）的时候，他的住处就好像迁到了过去的密歇根荒原上，他也变成了河岸边伐木工业里一个积极而饶有兴趣的参与者。换个时候，让他再读一部我们国家自从殖民时代至今的蓬勃的交通史。他就会在那个时候变成一个早年的殖民者，用原始的方式旅行，运输他的货物。随后，当想尽办法将蒸汽技术运用于河运事业时，他又变身为罗伯特 · 富尔顿（Robert Fulton）[①]团队中的一个影子成员。不久之后，他又投身另一团队，参与实验，尝试将蒸汽技术用于地面运输。如此一来，只要足够地具体、有趣和丰富，历史就能重建一种经验，让他成为一个又一个团队中的成员，参加他们的事务，从早些时候一直到当

① 罗伯特 · 富尔顿（1765—1815），美国著名工程师。为研制当时美国水运交通迫切需要的轮船，在 1793—1807 年的十多年间，进行了艰苦的创制，建造了以蒸汽机为动力的“克莱蒙特”号新轮船，并于 1807 年 8 月 17 日在哈得逊河试航，并取得成功；次年又建造了两艘轮船，使轮船达到了实际应用水平，此外，他在运河闸口、纺麻机器等方面也有发明创造。

下。在这种激动人心的故事的建构中，一个人的经验的拓展就能大大超过观察所能提供的范围，正如观察所提供的经验远远胜过一个个体的劳动所能及的范围。

关于职业的阅读应当五花八门：历史、地理、文学、生物、游记、时事、发明故事等等。

就这一目的而言，历史阅读最为重要。诚然，现在的职业知识里最要紧的是实用的东西。但是，历史是呈现当下的本质的最好方法之一。
110 它可以揭示出此种情形是如何产生的，方法就是将造就这一切并持续发挥作用的影响因素呈现出来。比如，假如没有对前些年以来的，造成了今天这个局面的诸多影响因素有相当充分的了解，是不可能理解今天的铁路状况的。钢铁工业、伐木工业、劳资关系、工会的成长等等问题也是如此。历史所揭示的，不止是事实，如果人的因素始终发挥着主要影响，那么历史会以相同的方式将它呈现出来。当一个人阅读一些人类团体的故事时，就能带着同情心进入到他们的劳动中去。这样一种想象中的参与，包含有诸多实际参与的要素，而且更加接近后者的本质，超出一般人的料想。

公立教育还远没有意识到这一章所谈的目的的正当性。因此，毫不奇怪，我们的学校没有将历史作为一种手段，以呈现出各个职业的成长历程和现在的本质。我们的历史课本里仅有的那么一点点，是如此细碎、支离、笼统、含糊，绝非明了了上述目的的执笔者所想要的。比如，取十二本小学用的和八本中学用的美国史课本，不难发现，其中谈到职业问题的页数，平均下来如此之少，对于训练而言是可以忽略不计的。相关页数如下表所示：

	小学课本	中学课本
发明…………………………………	5.3	3.3
关税与自由贸易…………………	3.7	8.9
铁路…………………………………	2.7	5.2
漕运…………………………………	2.5	2.7

	小学课本	中学课本
制造业	2.5	2.0
外贸	2.3	1.6
采矿	2.3	0.5
银行与银行业	2.0	4.8
劳资关系	1.8	4.1
农业	1.4	1.6
道路与道路运输	1.2	0.7
电报	1.1	0.3
国内贸易	1.0	2.4
劳工组织	0.6	1.9
储蓄银行	0.6	0.2
报纸杂志	0.5	0.7
邮政服务	0.5	1.6
渔业	0.4	0.4
电话	0.4	0.2
工资	0.2	1.0
专利与版权	0.0	0.0
童工	0.0	0.3
工业中的女性	0.0	0.2
失业	0.0	0.3
生活开销	0.0	0.2

如果谁觉得谈及这些话题的平均频数已经足够了，他不妨做个简单的测验。让他把关于银行与银行业的五页送到一系列杰出的银行家那里，请他们来判断，这几页东西是否充分呈现了我们国家银行业的发展及其成果，是否为银行业当下的状况勾勒了清晰的图景。再让他把关于铁路发展的三五页送给铁路行业卓越的领导者，向他们提出相同的请求。再让他咨询工会，看看这两三页关于他们的部分是不是令人满意地描绘了他们当下状态的发展以及内在的关系。他们的答复会是什么样，不难预料。

上述每一个话题，显然都有必要进行一套完整的历史陈述，还有许多别的话题也是如此。比如，铁路的状况，如果没有两百或者五百页的篇幅，肯定做不到公允。应当是用一种详尽而生动的叙述，重构铁路发
112 展中所涉及的经验，从早年的发明和实验开始，一直追踪各条线路和铁路系统的拓展，一直到今天。这个故事还应该完整呈现铁路领袖们和铁路团体们的个人经验：只有当“人的要素”占据故事的核心地位时，读者们才能真正复原他们的经验。但是与此同时，它还应该揭示一些基本的流程和各类事物间的关系：那些使铁路变为现实的社会因素，不同地区提供服务的种类和量，组织、财政、制度、薪酬、工作环境等方面的模式。这个故事的写作，应该让读者能够看到并且欣赏铁路在拓展边界，将蛮荒地带带入文明方面，在将文明的生活方式带到我们这片土地的每一个角落方面，在打破孤立主义、地方主义和派系主义方面，以及在提高国内普遍福祉方面，为国家提供的英勇的服务。这个故事应该讲得足够生动，充满同情心，使读者能感同身受。这才能提供一种恰当的条件，通过生活而非背诵来过滤信息；也提供了素材和经验，使我们能从中提取出抽象的普遍原则。

每一种职业也需要在全国范围内和全世界范围内的地理分布下加以检视。一个人所关心的，一定是与他自己的事相关的部分；但是世界范围内的相互依赖已经使得全世界的工业成为一个整体。例如，小麦的价格，在任何一个社会都不是由当地小麦产量来决定的，而是依照整个世界的行情而定。想要正确地了解这一点，人们必须读一读与“小麦地理”相关的长长的章节——这个章节会逐年变化。同理，他也必须阅读类似的、关于所有重要职业的章节。最近的书籍为这一目的提供了极好的材料。

113 篇幅有限，使我们不能再详谈文学、游记、传记、时事、大众科技、发明故事等在职业方面的启示了。每一种都有要发挥的巨大作用，都应该在职业训练的课程中占据较大的一席之地。

4. 概括归纳

在以上几节中，我们已经强调了具体的经验。但是它们只提供了讨论、问题解决、要素分析、关系分析和概括归纳的素材。车间、缝纫室、厨房、花园等地方的工作可以提供最基本的材料，从而使我们对设计、物理科学、生物学、数学、经济关系等有概括的了解。历史、地理、游记、时事等等，并不局限于建构另一个时代和另一个地域的生活而已。这些经验都是我们进行概括归纳的准备。学生们会看到操纵人类事务的广泛的影响线索；会看到其中有一些如何提升人类福祉，还有一些会如何阻碍或者破坏人类福祉；也会看到这些因素一度是如何被控制的，或者可以被如何控制，以服从人类的利益。正是在这种联系中，了解大多数的经济和社会规则要求培养出高效的社会监督。

第三部分

公民教育

第十一章　好公民的本质

唯有明晰了好公民的特质（characteristics）之后，教育才可能展开公民训练的第一步。训练的任务，就是培养出这些特质。仅仅以一种含糊而普遍的方法指向所谓的“好公民”，是不够的。这就好比在医生的训练里笼统地指向“医药”。

公民是要发挥作用的。我们就是要培养发挥这些作用的能力。但是首先，我们必须准确地知道，它们是什么。人必须具备相应的社会态度、价值观和判断的尺度。除非我们精确地定义了它们，否则我们是不能对之进行有效训练的。一个人必须有知识；但是，我们必须首先知道如何运用知识，在哪里运用知识，然后才能知道运用什么知识，或者运用多少知识，或者如何集中焦点。

明确目标的需要是显而易见的。然而，我们这一职业想要有一张相当完整的表单，在其中奠定一套训练的系统，还需要很长的时间。其原因在于，公民内部尚未对好公民的特质，或者好公民的思想和行为模式达成充分的一致。只要是含糊地谈论所谓好公民，他们都会达成一致；然而一旦开始具化，就各持己见了。而教育，必须建立在具体之上。

原始的好公民

阐明好公民的核心本质，最好的方法就是还原到我们祖先规模尚

118 小的原始部落的情形，当时，复杂制度的膨胀还没有遮蔽人与人之间的关系。在那时候，人类散布于无数小部落。每一个部落和他们的邻居只有极少的联系，甚至完全没有。因为食物和其他一些必需品极端有限，以及部落自身的扩张趋势，每一个部落与它相邻的部落往往是敌对的，时常燃起战火，或是酝酿战争。

部落的延绵存续，要求相当程度的社会团结（social solidarity）。在与敌人和大自然中敌对力量的日常搏斗中，部落中的每一个成员都被期望与其他成员充分协作。他必须公平而诚实地对待自己人。他必须向那些需要帮助的人伸出援手。他必须忠于集体，并且服从已经形成的权威。他必须克服自己反社会的情绪，调整自己的努力，从而提高部落的福祉。一旦没有了这种团结，这个破裂的集体会被那些组织得更好的集体所摧毁。集体团结和社会道德是如此不可或缺，以至于人类生来就有强烈的社会本能。这一类型的社会服务是由天性所决定的。

另一方面，因为部落要在那原始斗争的残酷状况下生存下去，所以每一个人都必须准备好与其他部落搏斗。因此，个体对待其他部落成员的正确态度应是反社会的、仇视的、破坏的。面对其他部落，他应当动用狡诈、欺骗、阴谋诡计和暴力。他必须掳掠他们的财富，奴役他们或者杀死他们。对待异族采取反社会态度是必要的，和前述对待自己集体成员的社会态度是同等的美德。假如一个部落不能战斗，它就会被摧毁，彻头彻尾地摧毁。这种对仇敌的抗争是如此重要，故而大自然
119 赋予了人类一套完整的战斗天性。通过这种方式，大自然赞赏这种反社会的态度和行为。人类对自己的集体的这第二类社会服务，也是由天性所决定的。

在人与其他个体的关系上，自然条件给原始人强加了两种行为标准、两种态度和两种道德。一个部落中的好公民，是一个最能竭力地以社会美德对待自己部落内的成员，同时又最能勇猛地以反社会道德对待其他部落成员的人。坏公民，则是那些对部落同胞动用敌对道德，对其他部落却动用友善美德的人。

对内道德：	**对外道德：**
互助；社会服务	损人；破坏
公平相处	两面派；诡计
坦率；诚实	诓骗；狡诈
忠诚；服从	仇恨；对抗
谦逊；虚心	傲慢
服从集体意见	违抗；做反对派
礼貌	粗暴
自我克制	毫无约束的自由
绅士风度；慈悲	残忍

在列表中，相反的两套道德是互为针对地排列起来的。原始部落中的好公民必须积极地动用这两者。但是，他必须将其用向正确的目标，而不能弄颠倒了。一旦弄颠倒了，他就同时犯下了两套罪责。对自己集体中的成员动用反社会的态度，那就是选择了一个错误的对象，因此是犯罪。反过来，对其他部落的人却动用了社会的美德，那就错在给敌人施以援手，这是里通外族的死罪。一个行为，无论是对另一个人， 120
或是对另一个集体，它是道德的还是不道德的，并不取决于这一行为本身，而**取决于它所指向的对象**。比如，杀害妇女与儿童，在那个时代，倘若那些妇孺属于其他部落，那就是道德的行为；如果那是属于自己的部落，那就是犯罪的行为。对另一个人的任何一种行为都可能是善，也可以是恶，这完全取决于这一动作是针对谁展开的。道德或罪恶并不存在于行为之中，而存在于这一行为是否施于恰当的社会位置。道德与罪恶，是相对的东西，而非绝对的。

现代情形

作为远古时代长期斗争的结果，弱小的部落渐次消亡，强盛的部落在数量上渐渐减少，但是在人口和占有的领地上却渐渐增多。这种弱肉强食的情形延续到了今天，地球上只剩下四五十个独立的国家。群体变大了，但是两套社会道德之间的对立情形却没有改变。只要各个独立的、相互竞争的国家还存在，它就不会改变。在大国内部，依旧需要内部的团结与社会道德的运用，这一点并不比原始时代少。而对于异国，或者说，只要感觉对方是异国，个人依旧被期许动用那种反社会的态度。在那些大国之间，依旧是永恒的敌意，这一点和过去是一样的，只是在表面上并不经常显现。现今战争都极其耗费钱财，破坏力也非常可怕，因此，各国大多处于停战的状态——只是因为战争最终只能带来毁灭，而不能带来别的任何东西，绝不是因为整个世界已经为和平奠定了基础。

对待其他集体的敌意的幽灵虽然是安眠着的，但很容易就会因为
121 一些最小的刺激而重新暴怒，很容易就燃成战争的烈火，即便是我们习惯称之为文明的国度也是如此。独立的国家仍旧坚持两套行为标准，只要其运用的对象是正确的，那就可以将它们都视为合理、合法、合乎道德的。国际形势趋于紧张的时候，这种对内和对外的行为标准都被充分唤起的时候，那种正在成长，但还非常无力的全世界互为同胞的情感还处于争论中的时候，那种反社会的指令就会变得清晰而毫不含糊。那个时候，杀一个异国之人将是一项完全道德的行为，而不是犯罪。这种行为非但不会遭到谴责，反而会挂上荣誉的勋章。现如今，这是全世界规模最大，装备投入最多，组织得最为充分的一门职业。

国家已经将这种反社会的倾向制度化了。他们创设了法律、传统、公共舆论、军事技术、组织、训练、武器和别的设备来杀戮外人。通过报纸、学校、教堂和布告栏，他们使得所有人都充分意识到了他们反社会的义务、能力和可能性，并且在维系这种意识。

那么，涉及整个国外世界的时候，谁是一个好公民呢？当然是那些做好了准备，并且渴望一接到命令，就立刻与外人搏斗的人；当然是那些愿意为自己的同胞流尽最后一滴血的人；当然是那些思想、感受和行动都完全反社会化的人——这种反社会的态度都径直针对敌对的外人。

世界局势居然以杀戮和破坏为社会服务必不可少的一部分，为好

公民必须承担的职责，对于此，我们是反对的。局势固然是这样，然而，这并不是我们希望它成为的样子。世界还是太过年青，距离组织和 122
文明还很远。这样一种人们并不期望的社会服务形式，绝不是靠我们刻意视而不见就能逃避掉的；只能靠我们改变世界形势，使得这种有害的服务形式不再成为维系国家存在与福祉的必需。

我们常说，爱国心是好公民的特质之一。但是照我们目前划分世界的情形看，有两种截然相反的爱国心，但对国家的福祉而言，同样不可或缺。我们这里谈的只是其中一种，一种建立起排外关系的爱国心。它是一种通过压制、侵害，甚至在必要的情况下毁灭他国来为本国服务的欲望。它是被激起的反社会的精神。只要在这个自转着的地球上，人类还在划疆而治，这种心理状态本质上就会永远存在。

但是，也请大家看一下这幅画的另一面，更为可喜的一面。世界各国在面对他国的时候，不仅将划分疆界的心态制度化，而且在一种人类相互协作的内社会（intra-social）的冲动之上，建立起一套庞大而稳固的国家制度。为了提升集体内部的福祉，那些更为发达的国家——虽然他们的双手沾满了异国人的血——已经在提供和发展一套对文明国家而言必不可少的人道主义的制度。他们建起了学校与教堂；在本国范围内，推动理性与善良的传播。他们为病人提供医院，为弱者提供系统的护理，为老人和残疾人士提供补助金，为因公受伤者提供补偿，保护妇女儿童免于工业剥削之害，为工人制定八小时工作制，推广卫生的生活
和工作环境；还有一系列别的福利措施。此外，他们也以各种方法积极 123
改进社会制度，改善对内的基本服务：工业、商业、运输业、矿业、农业以及专业的服务行业等等。因此，在社会美德的基础上发展起来的国内制度丰富繁荣。但这些国家对于异国百姓施予的哪怕是最没有人性的野蛮行径，也不会流露出丝毫厌恶。如今，出版商、学校、教堂都在推动这种对内的社会化，唤醒社会良知，使人们敏锐地认识到自己对国内的责任。

这会使我们走向另一种爱国心——唤醒了的对内的服务精神。这是一种想要通过各种方式促进社会调节和行动，从而使国内普遍福祉

实现最大化，为本国服务的欲望。这不是前面那种仇视敌人的爱国心，而是一种热爱本国人民，热爱本国人民的一切的爱国心，这是一种积极的爱国心。这种类型的爱国心还需要得到更大的重视，因为它还没有得到清晰地认知。它与前一种是对等的。但是大多数人在谈到爱国心的时候，指的仅仅只是前一种反社会的类型。人们对自我牺牲有极大的自豪，为了提升自己人的利益，甚至可以舍弃生命，只要这是一种反对异国的社会服务类型。而当这种服务是社会型的，而非反社会型的时候，为什么就不能激起同样的自我牺牲意愿呢？这种对内的服务为什么得不到同等的荣誉呢？公民训练有必要使我们对爱国的理解完整起来，培养出两种类型的态度——只要这两种类型都是需要的。

功能的分化

当社会团体占有的领地变大时，势必要在功能上进行分化，又一次
124 分化为一些小团体：商业的、制造业的、农业的、宗教的、政治的、专
门职业的等等。这种划分划到更小的单位就是独立而专业化的个体。

随着小的功能团体大量出现，自然且不可避免地会产生两种社会行为的标准。人的天性，不假思索地就会对同一社会团体的成员采取社会的态度：我们自己的政党、我们自己的教会、商业组织、政治派别、兄弟会（fraternity）、俱乐部、贸易联盟、雇主联盟、学校、学院或者别的什么我们所隶属的组织。同样地，本着人的天性，我们对那些与我们不同或者有竞争关系的团体中的成员，总会不假思索地采取一种对外的态度：敌对政党，其他的经济、商业或者制造业组织，别的教会，对手院校，贪婪的雇主联盟，或者是老罢工的工人联盟。

人总是会隶属于许多相互重叠的团体，然而总体看来，也是隶属于能囊括这一切的一个城市、一个州和一个国家。对这些组织，他会有一种自己归属其中的概念。这种复杂的意识会使得他在各个小团体行为中的反社会倾向变得缓和，甚至得到一定程度的遏制。我们必须注意到，没有了这种限制，一个人对小团体的归属意识越为强烈，他就越会

对人采取两套行为标准，并且将两者都视为同等的道德。从世界诞生之初，人们就是这么看待它们的。这两种标准都受着天性的强烈支持，每一种背后都有强大的传统。结果，只要一个人能够在对待朋友时用一种，对待外人时用另一种，那么，这两者都被视为同等正确和必要。

工会就是最佳案例。只要是工会的成员，他们就会相互提供帮助。
他们协助确保工人被录用；帮他们保住职位；规范工作时间、工资、工 125
厂对工人的防护措施、卫生条件等等。一旦成员遇上疾病或者失业，工会会给予必要的物质救济。在排除掉一些披着羊皮掠杀无知者的狼之后，面对工会中的每一个人，从整体而言，都会有公平的对待、诚实、坦率、忠诚、服从，并且遵守任何对工会福祉而言必不可少的规定。不管这些人可能多么粗鲁、无知，这个团体中培养起来的内部相互间的社会道德与任何一个别的社会阶层相比，都是一样发达。另一方面，工会对待与之相对的雇主集团，其排外的程度与针对外人的反社会行为标准也是同等严格。工业是分化的。因此，敌对总是会有的。 虽然战火只是偶尔才点燃，但日常的情形只不过是休战罢了，而非和平。 工会准备着，只要有机会，立马就要压倒雇主。他们联合起来，限制每个工人的产量。他们变得像是“军人”，错误指挥，拖慢流程，从而延长工作。尤其，在遇到严重问题的时候，这种反社会的态度将他们暴露得最清楚。工会常常奋力捣毁或者摧毁敌对雇主的机器和原材料。劳工罢工常常变为真刀真枪的武装战斗。除非要求得到满足，否则他们绝不复工，别人也不许工作。劝说往往无效，一定要用上暴力。 工会会说这是一场阶级战争，以此为自己动用暴力寻找合法性。他们用战争这个词，真是就其字面意义来说的，绝非打比方。这是一场斗争，为的是在旧世界的排外标准中成长起来的群体。它对自己所做的合法性证明
和别的战争完全一样。除非我们承认，敌对态势的工会坚持双重行为 126
标准是完全正确的，否则我们对当今情形中公民因素的了解是不会有任何进展的。工会这些人现在的行为，和世界初始，人类分为各种对立和敌对小团体时的行为是一样的。只要工厂里存在分化，那么，想要消

除双重标准中的任意一种，都只会给他们的团体带来伤害与破坏。即便他们想要消除那种对外的态度，社会分化的状况也不会允许。

并不是因为人是道德败坏的，而是因为工业分化的状况是会败坏道德的。说人性本恶，他们从事破坏，根本就是因为想从破坏中找乐子，那是没有看透这件事的全部奥秘。他们确实常常比原告方更为粗鲁、更为无知，因为他们接受教育的机会更少。但是他们待人之诚实、真心，却未必少于我们；即便用社会分化强加于他们之上的双重道德标准来衡量，他们的道德也并不见得比我们差。他们所采用的道德标准和他们的反对者是一样的。因为我们需要牢记的是，一场斗争中，总是至少有两方的；如果一方的攻击变得猛烈，另一方也不会收手。劳工方面明显的抗争，意味着雇主集体一方也一定采取了同等强硬的压制措施。

让我们再反过来说明一下。雇主集团同样有两套社会伦理标准，他们会同样尽力而勇猛地遵循强加在他们身上的标准。在他们相互间处事时，我们会看到社会道德被发挥到了极致。在推进有利于增进自己集体的福祉，遏制有害措施时，他们会团结起来，相互支持。他们会
127 听从相互的劝告。他们会以各自的方法制造机会。他们相互传递能够用上的信息。他们相互间确立信用，其慷慨程度比对待外人的时候高得多。他们协商定价，减少竞争，订立“君子”的贸易协定——对他们而言，一句话就是一份契约。事实上，在商业世界里，人们才能找到始终如一、不屈不挠地坚守集体伦理的社会标准的最高楷模。如果一个人想要找一个不可撼动的诚信的楷模，找一个无需时刻监督就可以信守承诺之人，那么他最可能在商业世界里负责任的领导人之间找到。当然，我们这里谈的只是他们双重伦理体系中的一个方面。与之相对的是劳工集体和大部分的消费者。他们是外人；而且，他们越是被认作外人，反社会的掠夺标准就越会变得强势，成为行为的准则。直到最近，他们都极少关心他们对劳工团体曾经有过多大的伤害和摧残。他们也拒绝安装那些保护措施或是确保工厂卫生的设施，除非他们被迫这样做。他们也拒绝缩短工作时间，甚至希望工人们采取十二小时、甚

或十六小时的轮班制，一点也不会考虑这对后者的影响。对于资本、开支、生产成本、利润等等，他们给出虚假的结算表，或者尝试用别的方法，阻挠对立的劳工组织获得他们的权利。他们罗列了黑名单，将那些在劳工的战斗中表现激烈的劳工赶出自己的工厂。他们还往劳工阵营里安插**挑拨离间之人**，让劳工在公众眼中的信誉降低。这样，雇主阶层相互间的行为采取一种社会标准，对劳动者则采取完全不同的一种标准，但这是他们所处环境的本质要求他们做的。只要这样的团体对立
还存在，这种双重标准的产生就不可避免。我们必须将这种针对劳工 128
福祉的、反社会的压制视为一种对全世界过去常常接受，现在也接受了的双重伦理标准的真心而诚实的坚持。这就是面对社会分化时人的本性。

在现在的社会状况下，让管理集团放弃自己的机会，满足对立的劳工和消费者群体可能提出的任何要求——那么他们是在经济上自杀。“商业大亨”并非就比劳工更邪恶、更罪恶。我们的社会问题不是怎么处理“暴富的犯罪分子”的问题，而是社会分化造成的罪恶结果的问题。这种**分化（dividedness）**才是元凶。

我们可以举出的例子非常之多，有多少小团体，我们就能举出多少例子。就以腐败的政治团伙为例。在那样一个灰狼的群体里，尚且有惊人的社会团结。在这样的群体里也能发现蓬勃生长的社会美德，这和别的地方没有两样。他们也会对首领忠诚而服从。团伙秘密，绝不外泄。在谋求职位、政治工作、政治关系和盗用公共利益等方面，他们会相互服务。人们总是能听到他们对首领无尽的赞美，因为首领对同一阶层的人们往往帮助极大，而且热情从来不减。为了做成这些事，对他们而言，其他社会团体的福祉受到多少损害，从来不在考虑范围之内。那些都是外人；因此，损害外人合情合理。

一个人的社会视野和社会良知在多大程度上局限于他所隶属的小团体的共同感，同时忽视大团体的存在以及与大团体的关系，那么他就会在多大程度上固守于原始的双重行为标准。虽然他对朋友很好，但他不是一个我们想要的公民。

一个人的社会视野和社会良知在多大程度上能得到拓展，从而真
129 切感受到自己是一个大团体中的一员，那么那种反社会的态度和行为标准就会相应地褪色和消失，只留下文明时代人类的社会伦理准则。这种类型的人，才是一个文明国度的好公民。

让我们沿着这条思路，注意一下商业集团、政治党派、教会组织、医疗团体等机构中的特殊态度和敌对思想，它们中相互都有特殊的双重伦理体系。那么我们就会意识到，对公民的教育，就是为了解决人性中一些顽固的方面，以及非常牢固的、制度化了的小群体的态度和传统。如果训练要变得生动活泼，那就不能只是关系疏远地听听课而已，学生本人需要被带往与现实紧密相关的经验中去。这种训练存在种种难处，这是显而易见的。每一个小团体都与别的小团体相互对立，同样地，也与大团体相互对立。它们的伦理不仅要求它们与其余小团体保持对抗，而且大团体拒绝放任它们追求自身的目的时，也要与大团体为敌。因此，当它们与大团体的价值观教育相对抗的时候，它们也是在遵从自身伦理的引导。而且它们所采取的抗争，完全具备发自内心的魄力和耐力；同样地，对这种态度的理解应当是将其认作一种对外的主要道德。

专业团体的相互依赖

我们现在已经进入了公民起源的故事的第四个阶段。国家分化为各个小的功能团体，其另外一面就是各个小团体之间相互依赖。这会将小团体凝聚为一种全新的、更高形式上的大团体。每一个团体都依赖于别的所有团体，别的团体也依赖于它。各个特殊的小团体的合而
130 为一，变得就像一副由不同构造组合起来的有机体一般。这种认识最近渐渐明晰，大团体中的成员意识在各个专门团体的成员中变成主流，敌对阶层间的排外态度消失了。所有人都开始接受对内的行为标准，将其作为公民行为的准则；对外的行为标准则渐渐消失；而后便形成了完整的好的公民意识。这种仅依靠好的公民意识便可实现的社会演进

阶段，我们已经部分地达到了。这个向上攀登的过程是很艰苦的。但是，按我们近来达到的发展速度，并且鉴于我们对新认识到的社会责任很容易就做出了响应，我们在公民事业上的成功是能够在未来几年就达成的。而这个问题既然说到底是要培养主观态度和价值观，那么它主要就是教育职业的问题。而首要的问题——也是最难的问题——就在于编制一种课程，锻造孩子们持久鲜活的大团体意识。

131 第十二章　启蒙的大团体意识的发展

公民训练的问题突出体现在大团体意识的发展上。倘若每个人都能意识到这种大团体的社会关系，对于别人和整个社会都能有正确的态度，那么就能自动促成正确的行为。教育会培养这种大团体意识的感情方面，以作为其原动力；以及其智力方面，作为其向导。

让我们首先问一个问题，人如何发展出一种属于某个社会团体的**成员感**？无论是大团体还是小团体。似乎只有一种方法，那就是，**每当这个团体要从事什么活动，达成什么目的的时候，都将自己视为团体的一部分，与之一道思考、一道感受、一道行动**。当他们为了共同的目标，带着共同的愿景，以相同的判断，**共同行动**的时候，个体会凝聚为一致的小团体，彼此不同的小团体也会熔铸为一个大的内部协调的团体。

让我们以所谓“学院精神”（**college spirit**）为例来说明。中学里的青年，在他还没有给自己选定大学院校的时候，在报上看见任何大学的体育代表队成功或失败的消息时，都只有极少的兴趣，甚或完全没有。但是，从他进入某个特定的学院，参与其各项事务之后，这种情况就会全然改观。他的同情心会投注到整个团体及其队伍中去。他越是投入得多，去提升这个团体的福祉，他就越会觉得自己是这个团体中的
132 一分子，越会忽视一己私利，以满足自己学院的团体福祉。“学院精神”，是**行动**的花朵与果实。除了体育运动，还有其他类型的行动；但是必须有一种追逐共同目标的行动，否则这种团结的感觉不可能得到健全的发展。

仅仅是感觉自己被动地属于某个团体肯定是不够的。从不积极参与学院活动的成员，还是会冷漠、无情，毫无同情心可言。他没有和这个团体融为一体。学院精神不会也不可能在这样的灵魂中孕育出来。而且，这一原则是普世通用的。一个人只是被动地成为一个教会或者政治组织里的成员，那么他不会做任何能提升这个集体利益的事情，也不会获得一种鲜活的属于这一组织的成员感。他就像是一块冷铁，没法锻造，始终孤零零的，与他人疏远、隔绝。人只有在行动中才能获得自己正常的社会生活，也只有通过行动才能实现自己正常的人际关系。

有人推崇国家间的战争，他们的理由之一就是再没有什么东西可以像战争那样巩固国家团结。这是因为战争代表着最为奋发、最能唤醒激情的集体行动：所有的行动和情绪都紧紧连接于基本的天性。世界文明如果想要找到一种战争的替代品的话，那种东西同样需要以奋发而充满激情的集体行动为主要内容。没有了这一点，就不会有高效而永久的国家团结。战争的替代品不需要具备战争那样顷刻间爆发的能量，因为它在能量方面的欠缺可以通过持续不断的行动来弥补。

通过语言对经验的重塑

一个人所隶属的政治团体，往往扩展至一个州的范围，甚或是整个
国家的范围。一个人的专业团体或宗教团体也有同样宽广的分布。显 133
然，人不可能直接观察到整个团体，他所从事的也只能是整个团体所有工作中的一小部分而已。为了拓宽眼界和广泛联系，一个人需要一些不太受限于空间和时间的方法。所以，我们必须注意阅读当中间接性、替代性的观察和参与。

重温一下我们的例子，一个学院的学生虽然事实上能看到的、能亲身做的，只是共同行动中极小的一部分，但也可以培养出很强烈的学院精神。虽然因为别的一些任务而抽身或者因为一些强制要求而缺席，但是当他阅读学院报纸的时事栏目时，他可以通过想象的方式，参与进这些事情中。在阅读的时候，他从真实的时间和空间中脱身而去，处在

了集体行动的正中心。他就像是团体的一个影子队员，参与了所有的活动。他许下愿望，产生意志，萌生希望，获取感受，并且在感情上激动兴奋，就像那些真的在争吵中的人一般——尤其倘若他和别人聊起这件事，就会很鲜活而且社会化地点燃他内心的火焰。通过这种方式，他的精神被点燃了，被塑造出来了——他的团体态度、判断和团结感。

事实上，现在在一个大的机构中，大部分学生都不可能亲眼看到或者亲自参加绝大多数的活动。他们只是通过聊天和阅读获知这类信息。而在全国性的政党或者教会之中，成员个体的疏远和他对报告的依赖就更是明显了。对于一个包罗一切的国家性团体而言，这一现象就更甚。参与这样一个巨大团体的事务，其正常方式不过就是完成它整体工作中很小的一部分，用自己的眼睛看到其中很小的一部分。固然他所看到并且完成的是这很小的一部分，但是，他在阅读的时候，却
134 通过他的内在视野（inner vision），看到了全局，并且感觉自己是整个团体的一员，完成着整体行动的一部分。

我们必须进一步思考。我们对团体活动的参与可以在不对其性质做太大改变的前提下，以百分之一的客观加上百分之九十九的主观，变为百分之百的主观。例如，让我们拿出一本关于希腊与波斯间的战争的出色记述。它可以重塑米太亚得（Miltiades）和李奥尼达（Leonidas）的军队的经验，就如同现而今报纸的重塑，让我们从主观上参与了我们的政党、教会或者国家组织的行为一般，非常清楚。同样地，我们可以全然而**忘我**地投入其中。语言，可以重塑遥远的过往，就像发生在一个小时以前一样简单而清晰；参与地球另一边所发生的行动，就像是参与旁边街道上的行动一样容易。

语言是承载我们社会视野的主要工具。仅仅凭着肉眼，人能看见的不过就那么一点点，而且只是集体行动的一个片段罢了，甚至只能局限于他所在的那个城镇。但是语言能把盖在整个世界上的帷幕都掀起来。它使得一个人可以看到、知晓，并且复原所有类型的**人类经验**。如果世界各地的记载都是同等地完备，那么我们看待事物的时候就不会带有肉眼视角的失真，这种失真会使得近的东西大，远的东西小。因

此，公民教育必须好好利用充分翔实的阅读，以实现替代性的参与经验。

大团体意识的发明

现如今，公民是如何在大团体里一起行动的呢？孩子们和年青人如何能参与其中，从而熔铸出一种大团体的意识呢？

让我们从一些国家团体谈起吧，因为在很多方面，国家团体的问题比市属的或者地方团体的问题更为简单。对近几代人而言，我们的国 135
家团体，与现在常常吵得不可开交的各大国家之间有一个不同的特点。各个国家为了维护自己的政治地位，都必须至少达成一定程度的团结，以抵抗外国的入侵。有时候，国家必须行动。就目前而言，国家都忙于这种生死存亡的斗争。为了实现本国的物质福祉，就必须作为一个国家团体，在全世界的市场上，与其他侵略性的商业国家相竞争。为了阻止分裂势力（schism）和内部瓦解，国家必须时常积极地整顿自身，以应对各个州和各个专门团体，迫使他们将自己的特殊利益服从于全体的更大利益。它必须时常对一些颇有权势的专门团体的活动施以强有力的手段，这些活动非常活跃，具有潜在的破坏力；实际上必须长期坚持使用这种手段。而在我们的海关关口，我们与那些致使人、畜和植物患病的东西有一场漫长而且时常爆发的战斗；这场战争变得日益激烈，而且永不会平息。在水灾、旱灾、交通受阻、布有危险暗礁和沙岸、国家森林以及别的许多地区，作为一个国家团体，我们都在与大自然的这些不利因素交战。近些年来，我们看到，我们的国家团体正准备着同全国范围内各种类型的愚昧无知、弱点缺陷和低效低能作战。

当老师们被问及如何提高本国历史的教学时，他们往往会答道："删去或者缩短那些战争的部分。"但是，在前面列举的事项中，显而易见的是，大部分行动都可以用**"冲突"**（conflict）这个词来概括。生活，无论是个人层面的还是国家层面的，尤其是那些严肃的部分，大部分都是由**对障碍的克服**来组成的。人的严肃生活，主要就是与种种敌

对力量的斗争。所谓敌对力量，可以是人或者动物、疾病或者愚昧、寒
136 冬或者饥荒，或是大自然的强劲力量。他必须与之抗争，而且他主要就是在抗争中**生活**——只要关注他最严肃的时刻。即便他最棒的游戏，也是对战争的模仿。

积极参与到一个国家团体的战争，就是在行动最为艰难、团结意识最为强烈的时候，与之一起行动。因此，让年青人在那样的时刻与这个团体融为一体，他们就会很快而且很高效地获得一种鲜活的国家意识。因此，让年青人继续重打殖民地战争和独立战争，随后与英格兰、西班牙、墨西哥、印第安部落作战。让关于这些战斗的记叙呈现出来，使得年青人能够以一种英勇的、强烈的、全身心的方式重燃战火。这和他们的热血相投契，也是点燃年青人的热心，将个体牢牢熔铸入国家团体有意识的、默认的成员感所必需的。那些“没有国家的人”，就是那些从没有同团体一道，为了团体而作战的人。鉴于历史材料主要是用作一种重新塑造团体**经验**的方式，因此，阅读不应当仅仅是对社会和政治的情形、因果关系等等做一种抽象的分析，也不是对发生过的事情做编年史式的无趣的记载。其目的是**生活**，并且是**通过生活来学习**。如果那些动人时刻的集体生活能以一种正确的方式重新活过，那么便不会缺乏真正的学习。

这种对经验的重塑要求整个国家战争要从某一个参与者的视角来呈现。当一个人重新体验战争的时候，他一定得加入一方。如果他是中立的，那他就不算重新体验了战争。他只不过是一个闲散的旁观者。他不会被这种替代性的参与所打动。他的意识也不会高效地国家化。
137 他仍会是一个没有国家的人。这种务必参加一方的观念，我们的教材编纂者和教师们已经在讨论中直觉地认识到了。然而，必须看清它的目的，有意识地使用这种方法，因为过去常常要求在进行历史叙述的时候，即便在一些基础的层面，也需要冷峻的科学性，不带任何同情地、平等地看待双方的行动。我们现在提出的这个相反的提议，并不意味着在陈述中偏离准确的历史真实。它只是为了承认观察视角的原理，以及一切活跃的经验都具有局部和片面的本质。我们说，一方面，置身

于一场战争之中的参与者，可能真实地看到整场战争——这是从参与者一方的角度来看，然而从对手一方看来，会有不同的视野，不同的客观和感情经验。当我们以同情的态度加入一方的经验，而不加入另一方的时候，我们的经验是局部（partial）的，确实如此。但是，现在还没有找到方法同时获得两方面的经验。

事实上，如果这种参与到行动中的经验重建要变得真实，那么它就必须是局部的。受视角所扭曲的、不完整的视野，对一方的同情感以及对另一方的敌视，这和当时客观的行动是一样真实的。在重建的经验中，对这一点一定要充分揭示，否则就无法准确重现当时原始的情形。

对一方的同情经验太过，可能会导致激进而不容异己的国家主义。对此加以防范，并不意味着采用一种彻底冷峻、毫无私人感情的科学眼光来看待国家；而应当是在不同的时候，重现**双方**所能呈现的经验。这就是说，让学生们准确地从英国人的视角出发，重新体验独立战争的经 138
验；通过想象的方式，随着英国军队一同出征，相互联络，并且在无意识中采纳他们的价值判断和意图，并且从他们的角度来看待一切。这就是当时客观经验的一部分。让学生作为桑塔 · 安纳（Santa Ana）①部队里的一名影子成员，读读墨西哥战争的历史，从而以墨西哥人的眼光来看待这场战争。从墨西哥战争中美方的视角来看，这些经验当然也是真实的。

通过这种经验的方式，我们能培养出的不光是一种健全的国家主义，还可以培养出对激进的纠正之法。而且在这两种过程中，一种比国家范围还要宽广的、宽容的社会意识的经验基础就奠定了，学生**能够**平等地、不带个人感情地看待各方。

然而，冲突方面的课程，不应当仅仅局限于军事战争。应该让青年人对于国家为争夺世界市场而投入的经济战有更为充分的经验。这场战争今天仍然在继续。它会继续好几百年，甚至更久。让年青人读一

---

① 桑塔 · 安纳（1794—1876），19 世纪墨西哥将军和独裁者。他在 1833—1855 年七次担任墨西哥总统。1846 年墨西哥战争爆发后，他领导墨西哥军队反对美国，直到被击败而遭流放。

读我们美国海外贸易的英勇历史；读一读我们在南美洲、俄国、澳大利亚、菲律宾等地参与的竞赛；学一学我们为了保护国内市场，为国内物产打通销路，抗击外国竞争而投入的斗争。给最近十年或者二十年的内容以充足的篇幅，从而让这场经济斗争近来的各个方面更加突显。当然，学生对经济战的参与式经验应当在军事斗争的经验之后。

为防止社会视角扭曲，我们对视角的矫正方法是同时阅读英国人从他们的视角出发，生动记叙的英国贸易；或是法国人从他们的视角出发，记叙的法国贸易；或是日本贸易；等等。

139 此外，还有一套经验的课程应当是关于那些大团体的内部利益冲突的，例如，铁路公司、制造业、矿业、商业组织、金融阶层、劳资团体、政客等等。或许到了高中阶段，学生们应该阅读一下铁路管理的历史。这应当能呈现出这类强势组织过往的自私自利的特质。应当以一些具体的方式呈现出一个长时段的故事，在这个故事中，这些组织往往尝试着欺诈公众，而且时常成功，公众为了抵制这样的掠夺也与之抗争。就像别的课本一样，这不应该是枯燥的社会编年史和社会学分析，而应当是对当时英勇的团体冲突的生动重构。而且，它需要采用大团体的视角来看。我们的宗旨是要培育出更为广阔的社会意识，从而反对专门团体的意识，最开始形成这场斗争的广阔意识应当在这些年轻的战士那里被重新建构，被重新体验。这样，他才能够被那种延绵的、普遍的社会意识所塑造，即必须将这场战斗延续下去，无论今天它要采取何种形式。如此这般回到过去，与铁路集团相斗争之后，他又要获得处理种族问题的经验，换言之，他都是在一个社会之中获得这类经验的。

“但是，铁路毕竟提供着不可或缺的服务；而且，他们享有与这些服务相对等的权利。”有人或许会这么说，“因此，这些事情不能只从一个方面来看。”这当然很对。在第十章中，我们已经就训练大家做出完全公正的裁定的计划谈了一部分；换句话说，阅读一种带有同情心的、从劳工的视角出发，撰写的关于铁路发展史和铁路劳工的介绍。这样，每种类型的记载都是对另一方特殊视角的一种纠正。但是，在任何

一种情况下，学生都被要求选择立场。不站在任何一方，就不会进入行 140
动之中；由此，也就不会有任何经验——无论是大团体一方的经验，还是小团体一方的经验。为了获得大团体一方的态度、价值观、对事态的理解，他必须从这一方的视角出发，为之战斗，而且是奋力战斗。但是为了纠正视角上的扭曲，他必须在另一个时候，同样以这种替代的方式，加入到小团体中去，对抗大团体，而且必须带着同等的活力和一心一意的精神。想要了解双方，不能只是坐山观虎斗，而应当是首先投身一方，再投身另一方，都有所**经验**，从而了解双方。

这个问题非常类似于透视。当一个人看风景的时候，他所见的影像是扭曲的。他看近处的东西看得大、看得清楚、看得可靠；而看远处的东西看得小、看得模糊、看得不真切。对此加以纠正的方法就是转换视角。让他走向那些远处的事物，重新观察。所看到的事物就是翻转的。对于任何东西，从远近两种视角所获得的观察都能够使他获得真正的判断。一双全知型的眼睛或许可以单从一个视角出发就真切地看到所有事物，并且不会遭致任何扭曲。但人类的眼睛做不到。人的视域终究是片面的视域，需要通过观察角度的转变加以校正。当一幅画作采用了透视上的视觉错觉时，我们不会说这幅画是不真实的。与之截然相反，唯有当它忽略了透视法时，我们所看见的东西才是不真实的。

当我们谈到在重塑的教育经验中，对真实经验的偏见应当存在时，我们所期许的目的是达到公允、公平和一种平衡的判断。我们会认识到，我们在处理的是两种形式的偏见，而且从本质上讲都是必需的，唯有通过在同一个头脑中同时发展两种偏见，使之相互纠正，才可能避免它们产生的有害结果。这种经验同样会打下一个牢固的基础，这是解
决问题和科学归纳所必需的，而解决问题和科学归纳就需要从各个角 141
度清晰而毫无偏见地看待事物。唯有那些对各个角度都经验过的人，才具备充足的材料，以做出可靠的归纳。仅仅这一点就能使他们和本质的真实产生联系，没有这种联系，是不可能解决问题的，所谓归纳，也不过是空洞的浮词。在我们从事思考之前，这能给我们提供思想的内容与材料。

最后，还有一种鼓舞人心的全国性冲突，那就是我们同大自然中的敌对和阻碍力量永恒而剧烈的战斗。这是一场主要通过职业团体的专门活动而发生的战斗。但是这种全国性的故事也可以书写，以彰显这类专业团体是大团体的武器。许多事务已经由国家接管了，比如灯塔和救生服务、全国的森林服务、气象局、检疫与卫生服务、防洪抗洪、河运、与害虫作战等等。让学生们读读这类重要的国家事业的完整故事，这样他们就更能获得一种国家视角的经验。这类经验越是宽广而强烈，他们的国家-集体意识也越是强烈。

大团体的市政意识

举个例子，在城市里，好公民就是一个习惯性地以普遍市民福祉为追求的人。他有一种市政意识（municipal consciousness），换言之，不是特殊帮派的意识。

现在，教育也应该用相同的普遍原则来培育这种类型的头脑。参与的经验必须成为一切的基础。年青人必须作为大的市政团体中的一
142 分子，**行动**起来。当他用这种大团体的眼光看到其目的，并且帮忙与其所对立的势力进行斗争的时候，他就获得了大团体的意识和理解。

很自然地，我们的第一个问题必然是关于训练有素的一辈成年人就其市政公民能力而言，应当从事哪些事情。年青人最好的公民教育，必然源于**同成年人一起参与到**这些活动中去。在下面这个未经分类的表单里，我们列出了全体公民，无论老幼，无论成年人还是年青人，都要负责的事务：

1. 保持城市清洁。
2. 确保城市卫生。
3. 美化城市。
4. 照看城市里的树木、花草和绿地。
5. 防止香烟的危害。

6. 防治苍蝇蚊虫。

7. 消灭危害树木和植物的害虫。

8. 保护啄食害虫的益鸟。

9. 处置污水、灰尘、垃圾等。

10. 提供纯净的水源。

11. 为大街小巷提供合适的铺砖。

12. 使大街小巷保持清洁，并提供照明。

13. 为城市提供安全而快速的运输业。

14. 规整路面交通。

15. 为孩子提供游戏的机会。

16. 提供成人娱乐的设施。

17. 设立学校，加以维护。

18. 教育孩子。

19. 提供卫生的牛奶源。

20. 确保一切食品制造和运输的卫生。

21. 保护城市免遭火灾。

22. 保护生命财产安全。

23. 照顾残障人士。

24. 凡与公众福祉相关的公司、市场、工厂、商店、贸易、娱乐场所都应有专门的管理。

25. 在合理的成本下，完成好这些以及别的与之类似的合作事业。

26. 确保每一项事业都有较好的服务质量。

27. 对每种服务的状况时时加以考察。

28. 对最终获得的收效也时时加以考察。

29. 时时考察每一个专业团体是否得到公正对待：它们所需的原料是否都有充足的供应——既不多，也不少。

30. 时时考察市政和一般社会团体的所需，从而提供与实际需求相符合的服务。

这份表单并不完备。它仅仅旨在列出公民社会正在完成，或者需要去完成的一些协作工作而已。其中有一些任务需要由全体市民来完成。还有一些则交由专家或专业团体来完成，而市民们当下的责任是监督他们的劳动，使之有效率，并且维持好效率。在某些情况下，市民完成一部分，专业团体完成一部分。

但是，无论是由自己直接完成相关工作，还是交付给他人，市民都有一项社会监督的职能要完成。必须承认的是，市民在政治职能方面的技艺还没有很好地培养起来。市民们事实上参与了上述的事情；但往往做得很糟，因为他们从来没有以更好的方式被教育和训练。现如今，我们主要听到的都是工人在技术上的效率低下；但是，市民在行使自己的公民职能时的效率低下更为要紧。工人知道自己在追求什么，而且还具备一些技术知识，知道做什么，虽然主要是从经验中摸索出来的。但作为一个市民，他的理念非常含糊，不知道自己在追求什么，什么构成高效的市政服务，以及使市民同胞和他们的代表充分行使好自身职责的方式，这方面的专业知识事实上非常欠缺。

年青人和成人需要在行使这些职能的时候一起行动——从而确保
144 对年青人的训练。但是，对教育而言这个问题非常复杂，因为事实上成年人同年青人几乎同样需要训练。在职业领域，业余兼职是一种最好的训练方法；在更大的公民领域，我们恰恰需要一种类似的训练方法。但是，当我们四处探寻，想要找到一些人们共同协力、高效完成的活动，并且看他们的工作方法能否让年青人也参与进来的时候，大概除了如今偶尔会有的投票之外，很难再找到任何东西了吧，余下的都是随意而混杂的。无论男女，大概都有了一种印象，这种毫无智慧可言的原始投票乃是市民的主要职能。自然，在这种毫无智慧的投票工作中安排兼职活动是不可取的。

美国教育协会社会公民教学委员会（National Education Association Committee on the Teaching of Community Civics）清楚地表示，对年青人而言，一些参与性的，或者兼职性的公民活动是有必要的。委员会写道：

> 作为一个年轻的市民，学生也是社会事务中真实的一分子。在许多社会生活领域，他们的协同参与是和成年人的协同参与同等重要的。他们可能会有助于公众意见的形成，不仅是在他的同学之间，而且是在他的家庭之中，以及更广大的社会之中。
>
> 因此，教师的一项职责，就是在学生那里培养他的责任意识，既关注当下，也关注未来。
>
> 如果一个公民对公众事务有兴趣，又能对个人的责任有所意识，他就会想要行动。
>
> 因此，教师必须帮助学生，用语言和行动表达他自己的观念。学生必须尽可能地得到一个机会，既在学校，也在校园外的社会生活中**活出**自己的公民生活。

这样，学校中的人们，而不是其他人，就有必要成为领导者，在我们的城市和别的地方社会中培养公民行为的技巧和实践。就好像我们的教育机构曾经在改进农业和许多其他职业的理论与实践方面所起到的领导 145
作用，如今它们也必须指出公民效率的道路，并且在实践中展示出这条道路。这是全体民众教育的需要，既包括年青人，也包括成年人。

一开始，某个城市里的市民们，必须知道自己需要什么。他们希望街道铺成二十、四十，还是六十英尺①宽？或者他们需要城市中的某些地方达到某个宽度，而另一些地方又达到另一个宽度？如果是这样的话，要多宽？在什么地方？为了街道照明，每一英里②的距离需要一千烛光③的能量吗？或者五千？或者两万？城市的供水系统应当给每人每天提供二十五加仑④的水量吗？或者应当是一百加仑？抑或三百加

---

① 1 英尺等于 0.3048 米。

② 1 英里等于 1.609344 公里。

③ 这里的烛光（candle-power）指的是一种发光强度单位，1 烛光约等于 1 坎。

④ 1 加仑等于 4.54609 升。

仑？在为儿童提供的运动场里，每个小孩应该有大概二十平方英尺①的面积吗？或者五十平方英尺？或者一百平方英尺？为了城市的健康服务，需要人均每年缴纳二十五美分吗？还是一美元，或者五美元？为了维系消防或警察部门，是每五百人需要配备一名服务人员？还是每一千人需要一名呢？抑或两千？五千？如果需要一个较大的数量，理由何在？如果只需要很小的数量，这个城市为什么就这般侥幸，多雇了人员呢？一座城市是每十五名学生就需要一名高中教师呢？抑或二十五名？三十五名？一座城市在每一千处需要监督的地方，需要多少名食品监督员呢？每一千名孩子需要配置多少校医和护士？为了有效行使公民的监督职能，每一万人需要有多少公民中心？常规社区会议时间要有多少个小时才适宜？在公共医疗方面，这座城市需要给每五百人设立一个床位吗？还是每一千人或两千五百人呢？一座城市在明确知
146 道自己需要什么之前，是不可能高效而经济地行使好自己的公民职能的——而且需要确切地知晓需求。

想要找出人们在所有这些事上需要什么，可能吗？在更为精确的标准出来之前，取得一个能服务于我们的近似值，还是很容易实现的。让我们以供水为例。下表所示，就是1912年一些大城市中每人每天的用水量。

1912年欧美各大城市每人每天的用水量

单位：加仑

布法罗	310
芝加哥	225
匹兹堡	218
费城	208
波士顿	130
巴尔的摩	115
圣路易斯	107

① 1平方英尺约等于0.093平方米。

克利夫兰	102
纽约	100
巴黎	63
汉堡	42
伦敦	40
利物浦	38
阿姆斯特丹	35
哥本哈根	27
德累斯顿	25
柏林	20

要开始这一类型的研究，没有什么东西的价值堪比这样的一列**事实**。这个表单不可能最终呈现出所需的供水量。但是，它提供了某一些作为开端的思想。所有这些城市都是相当清洁而卫生的——基于 147
1912 年的标准。但是，可以注意到的是，纽约每人用一百加仑就足够了，而费城则达到了两百加仑，布法罗的人更达到了三百加仑。可以注意到，纽约的数据得到了克利夫兰和圣路易斯这样的大城市的数据佐证，似乎在美国的大城市，人均约一百加仑的供水量就足以满足人们的需求，而在表单中居于前四位的城市有严重的浪费。

一个城市在决定了自己所需的物资量以后，对这些有学问的市民，无论成年人还是年青人，下一个问题就是：我们要为之付多少钱？

从另一个领域里举一个具体的例子，在我们的城市里，用于照明和燃料的瓦斯，每一千立方英尺①应该是什么价钱？下列表单会提供我们需要的事实：

家庭每使用一千立方英尺瓦斯所需的费用，1912 年(美元)

杰克逊维尔	1.25
查尔斯顿，南卡罗来纳州	1.20

① 1 立方英尺约等于 0.028 立方米。

雷丁	1.10
哈里斯堡	1.10
费城	1.00
奥马哈	1.00
布法罗	1.00
罗彻斯特	0.95
里士满	0.90
华盛顿	0.85
匹兹堡	0.85
纽约	0.80
芝加哥	0.80
波士顿	0.80
克利夫兰	0.75
德卢斯	0.75
托莱多	0.70
圣路易斯	0.60
密尔沃基	0.60
大急流城	0.50
底特律	0.50

一个公民团体，无论成年与否，面对着这样一份表单，都会认为这当中有些东西值得探究。不同城市的状况并不相同，使用费用也应当相应地有所不同；但是，不同的状况竟然会导致价格如此之不同，如表中所示，这一点极不可能。如果，在底特律用五十美分的价格就能满足需求，为什么到了布法罗，就必须付上双倍的钱？如果在密尔沃基这样一个远离煤炭产地的城市，六十美分就足够了，为什么像雷丁这样居于产煤地的城市，却要付出几乎双倍的钱？

有了这样一份表单作为开端，在每个城市中，调查以下问题，便可搜集起自己城市的相关事实数据，也可照此收集其他各座城市的数据，用来相互比较。

1. 工厂每输送出一单位瓦斯所需要的投资。
2. 每一单位瓦斯所需支付的利息、红利和税款。
3. 工厂储存每一单位产品所需要的费用。
4. 每一单位操作的费用。
5. 副产品对成本的抵消率。
6. 对大客户制定的价格。
7. 对小客户制定的价格。

当我们说，教育界的人士需要在完成公民职能方面起到领导作用，这句话的一些含义现在可以得知了。在我们这种代议制的民主政体下，人们作为公民的主要职能就是监督职能。他们会将大部分的协作工作转交给专业的受雇者。但是，检视这一劳动的权力、对其是否令人 149
满意进行最终评判的权力，无论如何都不能交付给他人。这是他们必须亲自完成的。但一般来讲，他们得不到这些事实数据。他们不知道从哪里得到、怎么得到。他们也不知道对**事实**的需求是所有政府的基础，因而从没有要求获得事实；即便这些东西就在眼前，也没能充分赞赏它们的价值。除非亲身尝试过某件事，否则人们是绝不可能明了其中价值的。

在市民会议、布告栏和公开的出版物中，市民们需要获得这些事实，将它们摆在自己面前。因此，那些对劳动承担责任的代理人需要提供关于自身工作的概述。无论以何种方式呈现，这些东西都有必要在市民会议上得到讨论、比较、解释和评判等等。唯有通过这种讨论，澄清而开明的公众意见才可能成长起来，这也给所有监督工作的高效完成奠定了基础。

如今的成年人讨论这些事情，并不比文理学院和高中的年青人做得更好。他们没有这么多余裕从事这件事。而且，他们缺乏训练有素的、有偿的、智慧和社会上的领导，而这个东西，教师会提供给年青人。但是，成年人自己的思想，同样也需要系统、组织和领导。在社会演化出一种从事监督领导的行业之前——根据我们的市政研究局的研究，这种行业现今还在酝酿之中——这一职能自然要落在教育和新闻这两个行业上。而且，至少其中大部分，或许是主要部分，会始终伴随着这两个行业。

教师让年青人对这些公民问题感兴趣，是可能的。所用的方法会随着我们的行文推进阐释得更充分；为了全社会，让他们成为事实的搜
150 集者，和事实的组织者；此外，让他们在由成年人和年青人组成的社区会议上展示这些事实。这些学生还可以搜寻一下针对自己所在的城市和其他一些城市的研究报告，绘制图表，对事实加以比较。他们可以在讨论主题之下准备表格、地图、图示、实物展览等，以揭示大量精心组织的事实。他们可以通过将大量丰富的事实带入讨论，对自己所在的城市展开系统的调查。比如，他们可以对城市的卫生条件、道路清洁、街道铺设、厨余垃圾的处理、苍蝇的孳生点、城市植树、广告、烟尘、防火、全市的警察分布、公共娱乐设施的分布、牛奶供应点、供水等等问题加以调查。

与这样的调研联系起来，再没有什么实践任务比绘制出调研地图更好的了——每一份地图都能将其中的信息和教益传递给具有公众精神的市民。他们可以绘制健康地图、娱乐地图、道路地图、街道整洁地图、路灯地图、犯罪地图、树木地图、蚊虫聚生地图等等。除了地图制作之外，他们还可以展示实物、模型、图表、绘画、数据统计表等等。

以客观的证据为基础，正确地形成和影响公共舆论，这可以成为他们做这件事的目的。就市民主要的调查监督的职能而言，这是最基础，也最实际的公民职能。投身其间的年青人就是在从事一种公民领域的兼职工作。他们所处理的，是真实的问题。他们的动机不是幻想，而是真实的生活。他们看到一些真实的工作需要去做，然后就承担了相应的责任。他们正与成年人相互协作，听从他们的领导和指挥。这是真
151 正的工作。这不是在模拟法庭、模拟议会上玩公民游戏。其动机与控制着成人的动机是一样的——无论是事实的搜集、呈现，还是判断。

然而，事实是能够获得的吗？有时候，确实无法获取；专业团体喜欢掩盖事实，因为他们知道，一旦事实被用来监督他们的工作，将会有当头棒喝的力量。但是现在，有了大量能够接触到的事实，却没能得到利用。而我们也被告知，除非我们能从别的城市获得相似的事实加以比较，否则这些东西还缺乏意义。而且，虽然学校里的人们能获取自己城市的事实，但无法保证也能获取别的城市的事实。这种反对只是一种惰性的声音罢了。在五十个城市中的每一个城市里，都让一批广泛觉醒的教师群体搜集与自己城市有关的事实，并让他们将这些事实发送给其余四十九个城市。如此一来，所有人就都能得到与五十个城市相关的事实。大部分采集事实的实际工作可以由学生来完成。他们可以发放问卷、回收问卷、绘制比较的表格。很难给他们设计出更好的教育经验了。而且这是一项持续的工作，年复一年都需要完成。

学校中的公民训练，想要健康和发达，那么就一定要与社会所追求的目标相关联。它必须成为社会在公民领域所奋斗的总体目标中的一个有机部分。一所学校在多大程度上将自己与社会隔绝，只重视学习与城市现状没有任何关联的课本，那么就会在多大程度上与其依靠的根基相脱离，并且失掉其教育的效用。

要使得学校的公民工作扎根于现实，除了上面谈到的种种方法之外，还有一种方法就是尽可能地让学校成为这个城市的公民论坛——尤
其在高中。比如，当高中的公民课上思考城市道路铺设的问题时，负责 152
这一特定问题的市政委员会主席、路政司司长或是公共建设局的局长就应该受邀，在高中学生面前，讨论这方面的情况。如果讨论的是税收的主题，那么市政委员会的财政委员会主席、征税官或是学校董事会的财政委员会主席就应当受邀前来与学生们讨论征税的问题。如果主题是公共卫生，那么卫生局的官员和卫生监察员就应当有机会来传达一些必要的卫生信息。几乎所有的公共职能都委托给了专门的机构。那些受托于任何一项职能的人，就是那个有义务将自己的工作通达于公众的人。这对于他自己的工作效率和他的工作在整个社会中的成功都是必不可少的。

如果这类报告只是面向高中的学生们，那么这项计划仍不算完备。这些人所有的信息应当向整个社会开放。确实，我们将孩子和年青人圈在学校，同社会隔绝开来了。这些信息最应该传递给的人，应当是社会的成年领导者，但他们却没能获享这些信息。这些官员不是向他们所负责的对象做报告，而只是给孩子们做报告，而且是在一种相对来说人为痕迹比较重的情境下。如果他们只是对这些隔绝在校园中的年青人讲话，自然不能像是给城市里的年青人讲话时的风格。只有当面对着已经是成人的城市领导时，面对着同辈时，面对着自己要直接负责的对象时，他们才能进行正常的讲话。唯有这样，孩子们才能在一种正常的状态下聆听、学习。在大多数情况下，年青人不是在直接听讲的时候学习的，而是通过聆听成年人与成年人的交谈而学习的。这也是年青人参与成人事务的一种正常模式。

153 可能会有人反驳道，年青人有权利按自己的年纪生活，不应该卷到成年人严肃责任的车轮之下；在承担那些成人世界的阴暗和忧郁之前，他们应该有权利享受很长的一段玫瑰色调的、毫无责任约束的时期。作为回应，我们想说，唯有融入由童年、青年、成年和老年组合在一起的完整生活，年青人才能找到最充实、最美好的生活。他们不光有权利，也有义务，要扮演丰富而多变的角色。对于这一点，我们在其他章节曾予以充分强调。如果年青人从幼年时期开始就能够参与成人生活，那将真的是最令人满意、也最给人带来益处的游戏形式。除非是一些没有目标的人，有了这些经历之后，他们不会放弃生活，相反，他们会找到生活的目标。

其他的具体公民活动

年青人最主要的兼职公民工作就是参与到监督活动中去，因为这也是成年人最主要的公民活动。但是，还有一些别的社会活动，没有完全为专家之手所垄断。即便是那些已经如此专业化的活动，也有一些是可以让年青人参与其中的。

孩子可以协助着参与种树、养树——把植树节（Arbor Day）的精神扩展到全年三百六十五天。他们可以集中了解哪些树木和灌木最适合于城市的需要和现状，适宜哪些地区——以及培土、栽植、防旱、防虫、防备各类天敌的方式。这些工作可以组织起来，拆分为一个又一个的步骤，既包括培植，也包括常年的护理。

“大扫除”就跟植树节一样，正在被制度化，以训练孩子们。固然，这个每年新春都要迎来的整修工作是一次绝佳的公民教育机会，应 154
当精力充沛地完成。但是，更好的训练源自于孩子们对这一问题长久的关注，以及对相关需求的留意，而达成这一点的方法就是防止绝大部分的垃圾堆积。

随着状况的变化，随着工作变得越发专业化，随着各个团体发展壮大，“社会家政服务”正在逐步替代家政服务中的一部分，至少是过去几辈人中由孩子来完成的那部分。在我们最近专业的文献里，我们读到了相当多种类型的、可能的社会活动：

1. 城市美化。

2. 养鸟、护鸟。

3. 消灭苍蝇的运动。

4. 消灭蚊子的运动。

5. 除杂草运动。

6. 清除空地。

7. 当幼儿园和小学里的孩子们上学或放学的时候，那些穿房而建的铁路和有轨电车需要加以监看。

8. 建造社会公共财产：接济穷人的冰箱；学校所需的桌子、橱柜、书架、条凳、写字台、舞台布景、印刷用具、课本等等；公园里和街道上的鸟舍；街上的垃圾箱；学校和公园里的运动器具和设施；等等。

9. 对公共财产进行小规模维修。

10. 在没有专业消防部门的乡村防止火灾。

11. 养育一些鲜花，送给病人和老人。

12. 视察学校宿舍和娱乐场所的卫生条件。

13. 装点教学楼。

14. 男童子军、营火少女团和青年公民团等团体所从事的社会劳动。

15. 清除人行道和马路上的积雪；在积冰的马路上撒沙或灰，以防路滑。

155 为了呈现一些讲求实际的人对这一问题的态度，我们摘录了一家城市报纸中题为《公民与学校》的社论中的一段文字：

> 公立学校的影响力尚未达到自己理应具备的那样大。它将大多数注意力都关注于知识，极少甚或完全没有谈到意志和道德。简而言之，公立学校需要通过剧烈的现代化改造，使自己最起码成为培养好公民的、实用而有效的工具……它必须让自己担负起更大的责任。**它必须让自己成为一所公民健身房，一个培养前进的和平卫士的社会演习场。**

年青人的公共劳动，比如我们在前面提到的监督权，不能成为与普通社会的生活相隔绝的东西。孩子们必须看到并且感受到，自己的劳动只是严肃的社会责任中托付给了自己的一小部分，其大部分还是由成年人承担的。否则，他们的劳动只能是不负责任的幻想，很快就会退化、消失。如果只是设想将公民责任交付给孩子，那也相当于谁也没有交付，因为那不是真正的社会责任。

但是，这还只是对当地的参与，其方式是培养关注本市的意识。这样的方案可以扩展到为了整个州、整个国家的服务而展开的训练吗？如今在战争条件下，有人正这么做着：既包括那些参与到陆军、海军、空军、红十字会或者别的服务中的学生，也包括那些在国内与成人一道谋求生产的发展，使公正而经济的分配和消费更趋便利的学生。在这个过程中培养出的团结意识与服务精神是我们国家在和平年代也不能缺失的。然而，如果想要保持这种精神，就唯有给予他们切实而必要的服务工作。过家家式的服务是没法达成这样的目的的。和平时代活跃的服务，大部分是专业化的职业领域。随着工业发展，服务日渐扩展，渐渐变为全国性的。一个主要的社会问题不是要让它服务——它已经在服务了——而是要让它**被视为服务**。这里的教育问题就主要是加以职业化地培训，使得工作者意识到自己工作的社会意义与关系。这样，他们才会看到，自己在和平时代为一个国家做出的服务，与他们在战争年代为国家所做的服务是处于同一层面的。 156

詹姆斯（James）教授曾有一个观点，应该花上一些年头，让普通的职业服务对此做好准备。他写道[①]：

> 现在，如果——当然，这只是我自己的观点——取消征兵，取而代之的是，在几个年头里，征集全部的青年人，组成在编军队的一部分，以大自然为对手。那么，不正义的事情会渐渐消除，普通大众的巨大利益也会随之而来。军队中刚毅与纪律的理念会移植进人们成长着的性格中；没有谁还会是盲目的，再不会有谁像现在的富裕阶层一样，对自己所在的地球上人与人的真实关系茫然无知，对自己**更高人生的、永久牢固而坚实的基础**茫然无知。阔气的年青人也可以选择去煤矿、铁矿，火车货运，在十二月去打鱼，洗碗，洗衣，擦窗，修筑道路，开辟隧道，去铸造厂，去烧锅炉，去修筑高楼大厦，等等，都由他们选择。这是为了让他们脱离童稚气，以更健康的同情心和更严肃的思想重新回到社会。他们可能付出了自己的血汗劳作，也参与到了自古有之的、人类为了自身福祉而与自然展开的斗争中。那么，他们将会更为骄傲地行走于地球之上，女人们将会予以他们更高的评价，他们也将会成为下一辈人更好的父亲和教师。

① “The Moral Equivalent of War.” By William James. In *McClure's*, August,1910. ——原注

这样的一种征兵，既是这个国家的公共舆论所要求的，也
157 能够结出道德的果实，更能在和平文明之中保留下一种男性的美德，这是军人非常害怕在和平年代消失的美德。我们应当坚韧，但不是冷酷无情，富有威严，但尽可能少地残酷，满心欢喜地完成痛苦的工作，因为那种负担只是暂时的……我说过这是战争时期的“与道德对等之物”（moral equivalent）。迄今为止，战争始终是唯一一种能训练全社会的力量。除非我们组织起一种与之对等的训练，否则在我看来，战争将永远存在。但是我毫不怀疑，如果普通人的荣誉感与羞耻心发展到一定程度，是能够组织起这样一种我所描绘的“与道德对等之物”的，或者是别的一些有效方法，以保存这种刚毅精神。虽说就现在而言，这还只是遥远的乌托邦，但这终究只是一个时间问题，是技巧娴熟的宣传问题，是决策者能否把握历史机遇的问题。

暂且不论这一提议是否有任何特征不切实际，但它确实揭示出了一个真实、重要、复杂的教育问题。我们的专业承担着一项责任，就是提出并且实现一种可行的解决之道。

国际形势

迄今为止，我们讨论的都是一个地方或者一个国家内的公民问题。从政治的角度看，这个世界的社会结构中，国家团体在实践上是最高级别的团体。然而，在产业的世界里，无论农业、制造业、采矿业，或是别的行业，显而易见的是，整个世界的人都是相互依赖的；也就是说，就生产而言，我们确实是一个世界共同体，每一个地区都在为所有的地区从事生产。在这种情形下，在商品生产与消费中，我们自然而然就是一个世界共同体。无论政治方面的情形怎么样，很显然，我们已经基本达到了经济上的世界大同（cosmopolitanism）。在艺术领域，我们也是

一个世界共同体；文学、科学、技术、发明等领域，也是如此。

但是在我们的社会团体或政治意识里，我们还很少——至少直到几 158
年以前——让眼光跨过国家主义的界限。将其他民族也视为世界大家庭中的一员，以友善的眼光看待其他国家，将其视为平等的邻居，认为他们与我们享有平等的权利，甚至是关注一些共同的行动，让这样的邻居与我们协作，增进世界福祉——我们往往感觉这样的态度非常危险地近似于轻微的对本国的背叛。从政治上讲，我们的头脑本质上还非常狭隘。

现如今的世界战争同样揭示了人类的相互依靠。我们现在看到，没有哪个国家可以孤立存在。我们逐渐意识到，正如美利坚合众国的各个州合成了一个国家，每一个州对于整体的最高福祉都是必要的，同样地，这个世界的不同国家也是地球大家庭中的一分子，每一个国家对于其他国家的最高福祉也是必要的。我们知道了，所有国家享有与我们自己的国家同等的权利；同样，他们享有多少权利，就对其他国家承担多少义务。没有限制的国家主义对世界是一个危险，已经得到证实。在我们前面的讨论中，我们已经尝试着澄清过侵略的伦理总是不可避免地成为国家主义意识中的一部分。国家主义有多强，社会行为的双重标准就会有多显著。在这种情况下，国家会将自己的权利看得很重，而将自己的义务看得很小。无论在思想上还是心灵上，在野心上还是行动上，这样的一个国家都会成为在他国之上的寄生者（parasitic）。这样一个国家，如果没有世界大同的意识加以约束，而且自己感觉足够强大，那么就会冷酷地走向海外，抢夺、劫掠其他国家。就这一点而言，我们已经有太多现实的例证了。如今，世界战争的爆发就是扩张的国家主义自然会导致的无可避免的恶果。

在这里，我们不是在谴责国家主义。我们已经说了，大团体意识有 159
不同的层面。对一座城市而言，广博而慷慨的市政意识将有助于解决城市中因自私和小团体意识而滋生的种种弊端。在一个县郡，或者一个议会区，或者一个州，考虑这一特定团体总体福祉的意识，就能够减去因为小团体意识而滋长的寄生思想或是别的弊端。再提升一个层面，则是一种广阔的、慷慨的、富有生机的国家意识。单单这种国家意识，就可以提供一种精神，使组成这一国家的各个部分相互服务。在一国范围内，这种国家意识在所有方面都是最有益的。缺乏这种意识，这个国家就将分裂为内部的不断战乱，产生许多寄生团体，并将随之带来社会动荡的所有弊端。正是因为国家意识有对内的一面，所以我们必须强调将这种国家意识在实践中充分发展出来。

我们同样坚持主张发展一种国际意识，同时我们也到达了同一个论点从逻辑上讲不可避免的又一个层面。在当下，国家意识需要足够大，从而解决国家内部的困难问题；但是如果我们没有一种能容纳下全世界其余所有地区的大团体意识加以调节，那么我们对别国的态度将变为一种对别国的威胁；这反过来也会威胁到我们自己。唯有这种世界大同的意识才能使得地球上的不同国家为了全世界普遍福祉的更充分提升而展开的明智合作变为现实。就好像国家主义能缓和一国之内的争端一样，国际主义也会缓和与之类似的、在这个星球上的各个成员之间的争端。

我们在这里谈的不是一个国际性的政治组织。它还没有变为现
160 实。如果它真的要到来，也将是从一种广泛播撒的世界大同意识中**生长**出来。这对任何组织而言都是必要的先决条件。我们的教育问题只关乎这种世界大同意识的培养。我们总统的国情咨文近来已经流露出这种崇高意识的迹象，它正迅速地注入所有人的头脑中。

现在转向教育问题。我们要如何培养这种世界大同意识呢？我们已经谈过，作为培养一个人对某一团体的了解，以及对这一团体的目的和劳动的同情心的方法，让这个人跟随这一团体去行动、观察和参与，占据着什么样的地位。我们也谈到了，在一些大型团体中，作为一种替代性行动的阅读也有极大的作用。就国家主义精神而言，阅读确实如此重要，就世界大同的精神的培养而言，阅读可能更为重要。确实需要通过阅读将世界视为一个由不同国家构成的整体，这会使孩子们和年青人得以带着同情心进入到地球上不同地域的人们的行为之中。让一个人在阅读中乘着想象在一个国家生活上相当长的一段时间，他会感

觉自己就是这个国家的一员，仿佛他真的在那里生活了一段时间。

服务于这一目的的阅读包括历史、传记、游记、地理和文学。这当中的任何一种体裁，其主要目的都是对不同地域生活的重建，从而让读者重新亲历一遍。这种阅读越是鲜活、动人，以至于让读者受到感染，抽离于现实的时间和空间，完全为自己所阅读的行动所包裹，它就越是有效达到了它的目的。

这一目的要求我们在选择读物的时候注重普遍性（catholicity）。
学校需要搜集每一种类型的读物以呈现当今时代的所有重要国家和民 161
族：加拿大、美国、墨西哥、中美洲、西印度群岛、巴西、阿根廷、智利、澳大利亚、新西兰、日本、中国、印度、土耳其、俄国、巴尔干半岛、同盟国、意大利、瑞士、西班牙、法国、比利时、荷兰、斯堪的纳维亚、英格兰、爱尔兰、苏格兰、北非、埃及、中非和南非；至少得包括这些地方。这也是为文法学校和高中的学生们选定历史、文学和传记，然而它的基础迄今还没有被接纳。但是，这一基础在地理课上得到了接纳，而且它也确实在一定程度上将世界上的所有国家呈现了出来。适用于地理的这一原则同样也适用于历史和文学。

另外一种类型的社会读物，属于教育更往后的阶段。在培养了对于各个不同国家的了解和同情态度之后，学生们已准备好阅读整个世界的历史，而不是具体某些国家的历史：这是用一种统一的方式看待整个的世界形势。这样一来，学生们会读到世界商业史、世界工业史、交通史、农业史、政治制度史、经济史、卫生史、娱乐活动史、市政史等等。在每种历史中，最近十年或者二十年的历史应当与之前几个世纪的历史享有同等的篇幅。这样就可以介绍所有必需的地理和经济元素。通过问题解决、讨论等方法，学生们可以被导向对普遍原则的理解。

我们所要求的不是一套新的课程。它更应当是，基于现有的课程加以修订和更进一步地发展，从而使其社会目的更为清晰。事实上，在
我们的辅助读物中，尤其是小学的辅助读物中，我们正越来越多地注入 162
内容广泛的世界理解，这当中既有历史的角度，也有地理的角度。高中

和大学的文科则始终拘泥于传统，以培训专家为任务。因此，在这个层面上，最需要完成训练的地方，似乎还没有开始这些训练。但是最近，他们也吸纳了工业史、商业史、工商地理、文明史之类的课程，更充分地强调现代的问题。从这些迹象中，我们察觉到在这些教育阶段也有工作在酝酿。

“这样的课程太过庞大。”反对者如是说，“一个不可能的任务，没法成为正确的解决之道。”这种反对意见说明我们需要谈一谈将要采取的方法。需要注意的是，我们从没有说过，这些历史知识是去**学**的。我们只是说，学生们需要**经验**某类东西；而要获得这种经验，部分地就需要阅读鲜活的历史记录。一个国家的历史，是会很快读完的。激发一个人的人格，使他成为某个团体中的一员，这种方法是必要的。如果一部四百页的书不能在十天或者十五天之内读完，那么这种经验就很可能丧失活力，它的效果也会相对折损。如果这种经验鲜活而生动，那么它就会在记忆中留下一个正常的印象。

在考虑我们采取的方法时，有一点必须牢记于心，那就是，我们所追求的最基本的东西不是知识，而是社会态度和价值判断。因此，活生生的经验才是至关重要的东西，而不是记忆的经验。即便就知识而言，我们所想要的也不是记住某些特定事实，而是关于一些普遍社会原则的知识。让阅读经验成为我们所建议的这个样子吧。同时配合以适当的材料，这些材料要有助于问题的解决和综合归纳。要正确地实现后两者，所需要的就不仅仅是一堆堆枯燥的事实，而是所有化为情感的态度和价值判断，而这些东西只能从情感的经验中产生出来。

第十三章　道德与宗教教育 163

道德教育从来就被视为青年训练的根本，也必须如此。在学校里，我们已经尝试过用直接和间接的方法进行道德教育；在我们的教会里，则是通过直接的教导、说服和威慑。很可能，大部分奏效的训练都是在现实的社会行为和社会反应——这所伟大的学校中完成的。

那些活在一个小的社会团体中，年复一年都呼吸着其社会氛围的人，会很自然地，而且不可避免地采取它的态度、价值观和双重的伦理标准。面对着这种强劲的经验影响，学校和教会里直接的伦理教导相对而言显得乏效。另一方面，那些与大的社会团体以直接或间接的方式有着密切联系的人，也呼吸着其间人性化的氛围，同样会自然地，而且不可避免地养成那种大团体的态度、价值观和社会反应的倾向。在这种情况下，教会和学校就可以提供一些补充训练，从而强化这个过程。他们的努力很可能会收到成效，当然，不一定与他们直接的教育或者说服成正比，更应当说，与他们在多大程度上能够真正提供一个大团体生活经验的条件成正比。

道德教育全国委员会（National Council Committee on Moral Education）的报告很好地阐释了对于道德教育的普遍观念：

> 如果我们想要在成人生活中养成坚强而美丽的品性，那么，一些基本的美德就必须在童年和青年时期被灌输。教师的头脑中应当明确地具备这些美德，就像他们对语法里头的名词、动词，对算术里的分数一样，掌握得一清二楚。他们不 164

> 但必须知道，他们要灌输的美德是什么，更应该知道如何去灌输这些美德。这些基本的美德中应该包括那些被普遍认为会形成一个人的个性中最基础要素的成分，比如服从、友善、荣誉感、真诚、清洁、愉悦、诚实、自尊而尊人、乐于助人、勤奋、经济、创造力、公正、有为、爱国、勇锐、自控、审慎、慈悲、有条理、整洁、礼貌、刚毅、英雄气概、坚韧、同情、尽职、无私、仗义、耐心、节制、怀有希望、坚定和忠诚。孩子们不光需要知道这些品德的字面意思，更应当在自己的实践中得到相应的训练，直到这些美德变为稳固的行为习惯。

根据这一广为接受的概念，教育的职责就在于传递这些抽象美德的字面意思，同时通过一些让孩子们能够参与其中的行为来训练他们。这往往就被认为是美德。然而，事实远非如此。就以坚毅为例。坚毅可以用来形容一个政治家的行为，但同样也适用于窃贼、工匠、农夫、家庭主妇、政客、刺客，或者任何一个牵涉到某种行为中的人，无论其行为是善还是恶。显而易见的是，这种人类行为中抽象的一面，其本身并非一种美德。真正的情形是，当它被用于正确的方向，增加人类的福祉的时候，它才是美德行为的一部分。然而，同样确定的是，如果它用在错误的方向上，从而给人类造成了最灾难性的后果，那么它就是恶行的一部分。显然，美德还是罪恶，并不在坚毅本身。

还有人认为，坚毅本身常常就是一种美德，只是这品德既可以为善，也可以为恶。这不过是一种措辞上的诡辩罢了。坚毅固然可以是一种既能为善，也能为恶的**品质**。但是恶行具备了坚毅的品质之后，并不会让恶行就变为善，只会使之更糟糕。而助长恶行的东西，在任何时候都是恶。

165 现在，如果我们再看看服从、勇锐、勤奋、忠诚等大多数美德，我们会发现，它们正是任何一种社会团体中的行为所具备的特征。它们有时候是善行的特征，有时候也是恶行的特征。

显然，这些所谓的“美德”并非最终的道德。它们不过是人类行为的一个方面，评判它们的善和恶还需要另外的标准。善的道德行为是那些增进人类总体福祉的行为。它越能有效地增进有益的效果，就越是属于道德的类型。这源于一种智慧，即能公允地分辨出那些促进人类福祉的东西和那些有损人类福祉的东西。它根植于大团体的同情心、对人类的爱、大团体的视野、态度、价值判断和行为倾向。但凡能够产生和增强这种大团体意识、拓展这种社会智慧的东西都有助于培养高尚的道德品质。

恶的道德行为则增加人类罪恶的总量。其中一种最基本的情形，就是一种愚昧，不知道什么东西是人类福祉所需的。第二种是小团体意识。小团体中的成员坚持着双重行为标准。对他们而言，道德行为就是那些通过对自己团体中的每个人执行社会美德，对普遍的社会则采取反社会的道德标准，从而提升自己小团体福祉的行为。鉴于这种行径往往变得具有寄生性，而不具备高效的生产性，他们就迫使他人不仅承担本来的一份责任，同时还承担那些本该由寄生团体承担的责任。他们的行为造成了社会伤害，其程度的大小，就看他们事实上的寄生性有多高，也看他们反社会的行为在多大程度上践行了他们的寄生主义。
教育的问题就是要在他们当中培养大团体意识、价值观和同情心理，以 166
及一种清晰而智慧的理解，即所有势力和影响都受到全体人利益的掌控。道德教育的问题不是在他们当中培养勤奋、服从、勇锐、忠诚等各种美德。在那些只具备小团体意识的人身上，这些美德同样存在，而且大量存在，与那些具备大团体意识的人并无不同。很明显，他们被错误地引导了。核心的训练任务是转变他们的团体意识。

显而易见的是，道德教育的核心问题与公民教育的核心问题是相同的。前面几章讨论过人性化和社会化的训练。因为这些训练能够用来拓宽学生的社会视野，拓展和增强他们的社会同情心，所以它们将会为道德提供根基。再没有什么替代之法可以完成这一任务了。提供一些关于伦理美德的知识，起不到效果；即便是通过某种美德的实践进行专门训练，也无法奏效。它生长于某些更深的根基。而且，它必须经由**生长**，而不能嫁接。

如果以上陈述都是千真万确的，那么为什么我们还要坚持将宗教视为道德的标准和支柱呢？作为回应，我们必须说，这是因为宗教就是道德的根基。宗教视野无非就是大团体的公民视野的更进一层。宗教同情也无非就是社会同情的进一步延伸。我们不应当止步于今天所达到的这种地球意识。我们要继续前行，达到一种更为广阔的宇宙意识，从而将人视为一种不受时空束缚的宇宙秩序中的一员。这是怀有一种归属感，归属于一种囊括所有事物和所有人的秩序之中。这是一个人将自己视为一个社会团体中的一员，而这个团体已经不仅仅像一个地方、一个国家或者一个地球那么宽广了，而是宽广到足以容纳生育我们
167 的祖祖辈辈，以及随后将会诞生的一辈又一辈人；它也囊括了所有那些善良而仁慈的，就我们能力所及能够知晓的，或者虽不能知晓，却能够理智地相信其存在的，地球以外的生命。对于超出我们感官范围的东西，人们的认识往往并不一致，但是本质上信仰宗教的人，就上述的核心概念而言，往往能达成一致。社会科学中所谓的团结、协作、同源、团体意识，就是宗教上所讲的人与人的兄弟情谊。

常常有人说，我们的公立学校不应该训练学生的宗教思想和行为。如果我们现在所说的是真的，那么，我们公立学校的最高职能是培养学生的社会态度和价值观，以及在社会相互依赖和人类兄弟情谊的概念中同等重要的知识。很自然，在我们的学校里，我们应该坚持使用社会科学中的这些术语，尤其是其中最无可争议，因此也是最为基础的部分。但这并非全部，这只是从旁协助，以奠定一个坚实的基础，从而追求全部；但是倘若没有了这一部分，其余任何有价值的事情都无法实现。教会就需要将这样一个坚固的基础作为起点，从而不断延伸，向无限挺进。

第四部分

身体效率的教育

第十四章　身体训练的基本职责 171

人的机体，可以被构想为一个**能量的储蓄池**，它总是持续不断地通过各种各样的消耗通道放空自己，同时也持续不断地通过别的注入通道填充自己。这个类比很陈旧了，是笛卡尔用的；但是在现代科学的光辉之下，也还没有一个更确切、更有成效的类比。

能量的外流会经由诸多通道，随之造成许多种类型的结果。其中一部分用于产生体热；另一部分则用于分泌、不自主的肌肉运动，譬如呼吸、消化、循环等等；第三部分用于消除或中和这套系统所产生的毒素；还有大量的能量用于自主的活动；最后，还有一部分能量用于通过神经来传递思想、知觉和情绪。能量的消耗不会停止，但是它的总量会根据温度、工作、游戏等等的条件而有所不同。一个人清醒的时间构成了能量外流的主要时段。

而能量的流入，则通过营养的通道。这个过程也是持续的，每时每刻都在进行，但是其进程并不均匀。能量流入的主要时段都在于睡觉的几个小时里。如果没有供给的重新补充，储蓄池的水位会迅速降低。

当一个个体始终强壮健康，而且生活在一种正常的状态中时，他的储蓄池的水位是很高的——大约接近百分之百。每天能量的流入正好
基本等于流出。如果他干的是轻松的工作，消耗较小，那么能量的流入 172
也就少。如果每日的消耗很大——但是还没有到不正常的程度——那么，反过来流入就会相应地增大。由此一来，除非遇到意外事故，他在

一生之中都可能会保持近乎百分之百的身体效率。就这一点而言，他的状况基本可以用下面的图 A 进行粗略地表示。

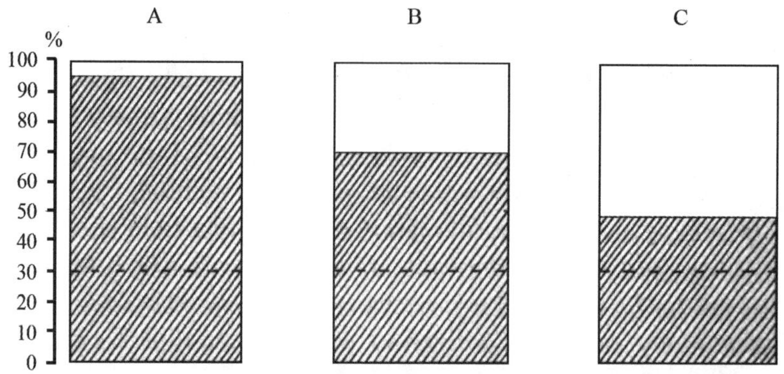

图 3　一个人的活力储蓄池有可能出现的不同水位

然而，如果每天通过工作、游戏、担忧、与体内的毒素抗争、精神刺激等通道消耗的能量比流入的能量更多，那么这个水位就会降低。他的能量供给很可能变成 B 或者 C 所呈现的那样。他的活力水位可能处于百分之七十，或者百分之五十，而不是正常状态下的百分之百。这个水位越低，就离危险线越近。

即便在低水位下，进出间的平衡也是有可能建立起来的。每日的流入与流出同样可以再一次相等。在这种情况下，一个人的活力不会降得更低，当然也不会再增高。这样的一个丧失掉活力的人，可能终其一生都将他的活力维持在百分之五十的水准，他也务必如此做。造成活力降低的根本原因可能会持续下去，其生理上的习惯可能会变得稳
173 固，这个人就会永远陷于这种低水平的境地。然而，如果他能发现这当中的根本原因，移除掉它们，并且小心翼翼地调节自己的流入与消耗，他也有可能——一般而言，如果他的积习已经形成的话，这会很慢——将自己的活力储蓄水准抬升起来，接近原先的水准。

与职业效率的关系

一个人的活力是维持在百分之百，还是百分之五十，这会造成巨大的不同。职业上对效率的要求，倘若详细说来，就是完成好工作所要的有力、准确、速度、耐力、持久，或者说一以贯之。这些都是充沛活力结出的果实。一个神经衰弱、活力低下的人可能在短时间内强烈地展现自己的能量，并且确实释放出不少，但是他不能够日复一日、月复一月持续地使力。他缺乏弹性（resiliency）。一旦消耗多了，就不能及时迅速地恢复。如果他要想持久的话，那么每天的来回浮动就不能太大。而另一方面，一个精力充沛的人可以在一段很长的时间里，日复一日从事大量劳动，做出大量消耗。他恢复的劲头同等地及时而有力。即便在艰辛的劳动之后，在每一个新的一天，他都会发现储蓄池的水位又像原来那样高。对这样的人而言，每天的来回浮动可能会很大。他一个人就能做到在工作时干劲十足、坚持耐久、做事迅速、有始有终。而且，他做事也是很精确的。他的神经非常健康，他的行动都受到安全的保障，他对自己的克制及时而明确。活力低下的人，则神经紧张、协调性差，行动和自制都反复无常。他的心灵生活的范围非常狭小。他不能在同一时刻看到很多事情，不能观察到所有和自己的工作相关的东西，这给他带来了失误和意外。他就是典型的现代工业正在试图淘汰的人。

此外，在人的工作中，还有更进一步对愉悦的需求。那些有力、得体之人，往往轻松、自信、准确地完成了自己的工作；没有给自己太大的负担，就拿到了自己想要的结果。他不会把自己搞得紧张兮兮的。他不是强行驱使自己去工作。他不会处在神经易怒的状态下，它会使得稳定性和准确性都相当受限，人近乎疯掉一般。 174

因此，为了让人的身体活力达到高水准，是我们的职业效率训练最基础的一个方面。

与道德的关系

一个人或者一个国家的身体状况如何，与道德和公民品格有着密切的联系。从积极方面来看，在这个复杂的年代，道德的根本就在于有宽广而清晰的视野，能够洞察人类社会、国家和全世界的种种事务；对所有人和所有社会团体都具有恒久的同情态度；同时倾向于以行动提升普遍福祉，却不造成任何失误和事故。从消极方面来看，道德是一种自制，抗拒任何一种反社会或者别的有害的行为倾向。

一个人的活力状态与积极和消极方面都有着密切的联系。心理学家告诉我们，当我们对一瞬间的意识状态进行检查时，就能发现其中含有两个部分：焦点思想，我们这一瞬的注意力都集中于此，它构成了意识的中心；同时还有一些处于边缘的思想、感觉等等，数量众多，我们在那一瞬是知道它们的，但是没有予以关注。现在，即便对活力程度不同的人而言，焦点思想也都是同等清晰的。他们之间的区别在于边缘意识的品质。在一个有着充沛活力的人那里，边缘生活广阔而丰富。
175 他能在同一时间一并思考很多东西。因此，他有着广泛的心理视域，也有着更高远的视野。因为更细微、更复杂的社会关系，需要人在同一时刻以宽阔的视野看到很多问题，所以，他自己一个人就能够清晰地看到并且鉴定我们现代社会存在着的各种社会关系和需求。看到了其间的关系，他就处在了一个能够明智而公正地行动的位置，从而满足所有与之相关的人的利益。在道德上讲，他是负责任的。

至于那些只有一半活力的个体，他们的边缘生活要狭窄得多。在同一时间内，他能处理的事情要少一些；因此，也就不是那么能够看清其中的关系，尤其是那些潜伏的复杂关系。如果他真想要看清这个现代社会，看清他自己的位置所在，看清自己的权利和责任所在，这些都是他必须看到的。但是，他的身体状况减掉了他大部分必备的视野。从道德上来讲，他也只不过承担起了一半的责任。即便他内心充满着美好意愿，他也没法担负起最高道德的行为，因为他都没法看清它是什么。

对一个活力水准非常低的人而言，他眼前的帘幕就拉得更低。他的意识中极少有边缘成分。他的思想细流中除了一连串的焦点思想外，再没有什么了。他很难有力量在同一时间考虑几件事，而这正是看清复杂社会关系所需要的。因此，从道德上讲，他是乏力的，是不负责任的。他错失了自己的道路，大部分是因为他都看不清这条路的方向。他只能退而依靠本能、冲动和别的一些原始的欲望做自己的向导。他可能全然是一片好心，但也在自己的行为中完全犯错。当然，他的这种不负责任是一种疾病的表征。即便犯了罪，他最需要的也是医院。

在以上的讨论中，我们一直关注的都是塑造出正确道德行为的积
极方面。此外，还有自制的一方面。一个有着充沛活力储蓄的人，他在 176
自己的行为中一定有充分、强劲而明确的自制力。储蓄池的水位降低多少，他的边缘生活就缩小多少，他的自制力也减弱多少，变得飘忽不定。无论健硕的人，还是孱弱的人，脑海中都有可能闪过一些有关于行为的念头。有些念头是反社会的，会导致一些我们所不想要的，甚至是犯罪的行为。对于一个有充沛活力的人而言，当这样有害的念头产生之后，即便这种念头受到了强烈的本能驱使，他的边缘思想也会随之即刻产生，这类思想会考虑到相应的后果。他看到其中不妥的方面，从而毫不费力就打消了这样的念头。而一个活力低下的人，可能会产生同等清晰的念头，甚至没有受到那么强烈的本能驱使。但是与此同时，却没有一种同等丰富的边缘思想，看得到其中的后果。他看不到其中的害处。他很难，甚或是完全不可能抑制自己。这样一来，这些反社会的念头就转化为行动，而他就犯下了罪行。就其原初的本质和训练而言，这两人的倾向是相同的。而他们在行为上的不同则主要源于他们的身体活力的水平。

公民控制的需要

在一个民主制国家，每一个个体都可以在很大程度上自由地依照

自己的最佳判断来做出自己的行为。而今天的民主则是一个相互依赖的锁链关系，这就是说，如果我们既想有民主，又想有组织，那么，所有人在判断的基础上下达的命令需要大体相同。因此，每一个人都需要看到整个社会的运转，以及自己在这样一个协作劳动的整体中所处的位置。除此之外，再没有什么方法可以达成判断的共识了。但是这就要求公民有能力，在同一时间内将许多问题放进脑中思考，从而看出
177 其中大量而复杂的关系。唯有当全体公民都具备充沛的活力后，这才可能实现。一个智慧、强大、造福全体的民主制度是不可能靠一帮孱弱之人建起来的。我们这套尚不成熟、摇摇晃晃的民主，有种种的不确定因素，很大程度上就是因为愚昧和小团体意识，但是这并非全部，还在一定程度上是因为身体活力的普遍匮乏，以及随之而来的精神衰弱、视野狭窄、缺乏自制力。有种说法可能稍稍存在一点问题，那就是某些热带国家的民主政府制度之所以不稳定，一定程度上——当然，谁都说不好具体是到何种程度——就是因为热带国家的欧洲人身体活力低下。

因此，想要将我们这个国家的人培养为有效率的公民，其首要的问题，就是在培养他们公民素质的同时，训练他们在身体效率方面必不可少的基础。

休闲活动的需要

在别的章节里，我们已经阐明了休闲活动在人类生活中占据的重要地位。基于诸多原因，我们需要培育出对艺术、文学、音乐、科学、哲学和宗教的鉴赏力。我们感觉到，这些东西对于一个稳定而持续的文明形态是必要的。但是在这样一个世界里，我们有一大堆严肃的事情要做，除非有盈余的闲暇时光和解放出来的精力能够用于这一目的，否则我们不可能享有这些东西。但是，如果身体效率低下，那么生产效率必然同样低下；由此就把大量的时间和精力消耗在订正错误、相互斗争和晃荡之上。没有时间和精力能盈余出来，以供从事这些人文活动。更进一步讲，诸如文学、科学、宗教这类事物，其层次之高，倘若没有

一个滋养充沛的、有广阔边缘思维的意识的涌流，是无从欣赏的；而这些都需要高水准的体力储蓄。一个意识狭窄的人，对这样广阔的天地，178
只能抓住有限的几瞥，看不到其中的比例与关系，只会觉得这些东西毫无意义，由此感到无趣或者厌倦；甚或觉得迷离、心烦、恼人。他会抽身而去，讨一些轻松而低级的愉悦。倘若以匮乏的体力为基础，高层次的人性文明是无从建立的。

人性化的教育中，有一个方面即是身体效率的培养，没有了它，教育就缺失了成功的基础条件。

“身心舒泰”的需要

一个人对健康的期望，常常就是“身心舒泰”；换言之，就是免除剧烈的病痛或身体的垮塌。但是，从消极的意义上讲，一个人即便活力水准低下，也未尝不可以觉得身心舒泰。经过长期的规律调适，他才能远离病床，着手自己的工作。他对这一切已经完全习惯，生理上的习惯已经养成，甚至都不知道自己生命的容积是可以翻倍的。活力的标准目前是缺失的，测量的方法也没有发明出来，或者派上用场。每个人都处在同样的境地里。无论在工业领域还是在公民领域，对于持续不断的成功所必要的身体效率到底是什么样，还没有一个确切的标准。因此，一个人可能会在一个很低的水平上保持“身心舒泰”，但这并非身体上的高效。

这种情况的结果就是这个人常常受疾病的困扰，诸如伤风、感冒、喉咙发炎、扁桃体炎、肺炎、风湿等等一大堆。另一方面，活力储蓄充沛的人却可以尽可能地给自己建立起良好的生活习惯，从而抵御一切意外，有效免于大部分麻烦折磨，相对地，也免于所有疾病。

而且，身体强健的人在生理自控方面同样幸运一些。活力低下、神
经衰弱的人往往要在这方面耗费很多精力，因为他做什么事都非常吃 179
力，还容易情绪冲动，同时还有一些别的地方会徒耗精力。然而，体力储蓄得好的人更为平静、镇定、直接、准确。他不会以无用的方式浪费

自己。因此，他能让自己保持在一个水准之上，但较之于活力低下的人，容易得多。

另外还有他们恢复程度的问题。恢复得快的人，即便处于压力和紧张之中，也能很容易地在几周或者几月内加大自己的工作量，却不会给自己造成什么伤害。虽说工作不是一般地紧张，但是他每一天的恢复也是出奇地强劲。而低水准的人就缺少这种恢复能力，他只能在正常状态下工作，不要成为疾病的猎物，也不要经历长期的恢复过程，超过了这个界限，就不行了。

因此，为了身心舒泰这一理念而进行的教育，如果想要做到最好，就应该培养出他们高水准的活力储蓄。它意味着一套积极的课程，而不仅仅是消极的课程。

第十五章　体育锻炼 180

无论对小孩还是对成人而言，完美的体育锻炼就是要使他们的活力达到可能水准的百分之百，而且维持住这一水准。鉴于完美极难达到，教育的目标应当定在可能实现的最高水准。这个定义似乎是有必要的，因为我们常常把体育锻炼这个词限定于肌肉训练。自然地，体育锻炼势必常常包括大量的肌肉训练；但是还有一些别的事情也是同等重要的，比如充足的睡眠、食物和饮食习惯、呼吸、温度、日照、各种身体消耗的平衡、对微生物的预防、对浪费的避免，以及健康的心理状态等等。

体育锻炼长期以来就是学校课程的一部分。然而，只要瞥一眼学校儿童或者是新征入伍的士兵身体缺陷方面的资料，人们就能意识到，非常可悲地，我们的体育锻炼就没能达到储蓄大量活力，免于身体缺陷的根本目的。我们的体育锻炼之所以相对地失败了，就在于它忽视了这样一项课程中的大多数重要的因素。现在还存在着这样的观点，认为教育就是教室里头的事情；只需要做那些在校园里才能做的事情；教育专家也不是来领导或者指引的，否则就会牵涉到一些存在于社会中的经验。现在所讨论的这个话题，较之于本书中的任何话题，都更能体现出现今粗糙的教育思想与实践的局限所在。

好的体育锻炼只能从一个地方得到，那就是**正确的生活**。一个人 181
必须积极从事那些提高自己活力的事情，而规避那些浪费自己活力的事情。仅仅学习书本里的事实是无法实现这一点的，把课文背得再好也不可能，考试成绩再高也不可能。除了一天二十四小时、一周七天、一年三百六十五天正确的生活，别的什么也帮不上忙。当然孩子们对于自己要干什么应该有一点粗浅的想法。这些想法是他们通过书本、老师、护士、医生、体育教练和自己的观察得来的；但是有了这些想法仅仅是构成体育锻炼的一系列活动中的第一步。如果没有一种有意识的意愿，将想法应用起来，那么这甚至连第一步都谈不上。让一个学生拥有一大堆关于什么是正确生活的想法，但是不将这些想法运作起来，那么他是不可能获得活力的，也不可能从体育锻炼里获得任何成果。这项课程必须得是**活生生的**——学懂了只不过是其中的一步罢了。

鉴于肌肉训练是这当中制度化最为充分的一部分，我们还是从它开始吧。首先需要注意的是，这项训练大部分情况下是在学校以外的经验中完成的。给六岁未入学的男孩配备计步器，这个计步器会显示他每天在游戏过程中要跑上十多英里；游戏中的其他部分对肌肉进行的训练差不多等同于另一个十英里。在一年所有的日子当中，孩子们平均每天在校外度过的清醒时间是在校内度过的清醒时间的四倍。如果在学校和在校外的运动相同的话，那么他进行肌肉训练的经验有五分之四是在学校外完成的。然而，普遍说来，学校外的活动经验更为活泼，因此，绝大部分的锻炼经验不是在教师的指导下完成的。

182 训练大致有两种类型。一种是系统的体操，它也被称为软体操、瑞典体操、德国体操等等各式名字。这些往往在室内进行。这当中包括棒操、瓶状棒（Indian club）操①、哑铃操等等。大多数情况下，这些运动都在指令下操作，没有自主性。这不是游戏，因为孩子们不是受着游戏动机的驱使，不能以游戏的精神来完成。只要它属于工作，那么它就属于不健康的、监工的类型。我们常常表达一种恐惧，那就是每当推荐“受监督的游戏”的时候，这种监督就会剥夺游戏的自主性，从而对它造成伤害。然而，如今正规的体操就代表着一种发挥到了极端的系统化和监督，将游戏的精神完全剥夺了，甚至连一点游戏的记忆都没有残

① 这种体操主要是要弄一对瓶状的健身器械。英国人殖民印度的时候发现当地人的这种游戏方法，故而取名“印度棒”，但实际上这种游戏主要起源于中亚。20 世纪前三十年里这一体操颇为时兴，后来影响渐渐消退。

存。它是正常生活的对立面。因此，它是无法充分服务于教育的。

此外，还有一种体育锻炼的模式，则是将儿童的游戏制度化，但同时又不失其游戏的精神。这一运动的领导者搜集了大量的调查报告，记录了户内户外、男孩女孩、所有年龄段、所有发展阶段的人们的游戏。这当中包括球类、跑步、捉迷藏、适合所有人的竞技体育、有音乐或者没有音乐的韵律舞蹈、民间游戏和舞蹈等——它们既让人愉悦，又达到了训练的目的。如果它们能够尽可能地迁移到学校中来，在现实允许的范围内尽可能地不予以改变，那么，它们就代表着真实的儿童生活。这就是学校要转向的类型。

针对这些游戏活动，学校中还应当补充的，是一种越发活跃的、普遍的学校生活。实验教育就是要引入更多的实验室、车间、厨房、学校花园、社会观察与调查的活动，以及对现实社会事务的积极从事，唱诗班、玩乐器、在田间劳作等等。在将普遍意义的教育常规化之后，出色的体育锻炼也就随之产生了。

或许值得一提的是，在一个人的身体不正常的地方，也即在他需要 183
一些外科矫正运动的地方，就好像病人需要服药一样，系统化的体操或许是有一席之地的。但是对肌肉发育正常的孩子来说，这种体操就没有必要，就像健康的人不需要药物一样。

或许主要受传统的影响，教师们似乎更倾向于正规的体操。笔者曾经有机会问过一些小学教师，在他们看来，哪种体育锻炼对孩子们最有益。六十八位老师做了答复，其中四十八位倾向于正规的体操；二十位认为游戏更好，尤其以户外游戏为优。而当我问，孩子们更喜欢哪一种方式时，他们所有人都认同，孩子们更喜欢游戏。因此，大多数老师根据自己的判断，认为孩子们从大自然那里得来的天性是错的；孩子们在体育锻炼上的正常倾向是一个不安全的向导；一种与人类天性如此相异，从而使得孩子们在自发游戏时绝不会沉浸其中的肌肉训练经验，才是孩子们的身体发育所需要的。在相反的观点得到证实之前，我们还是应该假定，孩子的本能是安全的向导。

尤其在小学，健美操还是被大力推行，因为在一个小时左右专注的脑力劳动之后，它能给孩子们带来放松。孩子们需要将注意力放松一下，让紧绷的神经松弛一下。这种需要是真切的，但这种方法并非有效的。事实上，打开窗户，让孩子们在教室里尽情运动五分钟就能够达到这个目的，或者，可以确信的是，同样的时间，让孩子们绕着操场跑一跑，价值还会更大。跑步是一种常见的锻炼类型。它具有社会性，也在
184 某种程度上具有体操中所欠缺的自主性。跑步是剧烈的。健美操中的懒懒散散在跑步中也是不可能的。孩子们跑回来之后就脸蛋红润，呼吸更深，剧烈的循环带动着整个人的生理组织。这才让孩子们从高度的专注中获得真实的放松，也获得真正的锻炼。

就这一点与健美操做对比，健美操中每一个动作都要听从指令。手册里有这样一句话："高度专注是非常必要的。指令一出，就要有一种指令的精神，要传递出一种声音，让孩子们相信，他们必须遵守和相应地行动。这项锻炼的质量和价值几乎完全取决于他们如何执行指令。指令就是行动的标识，必须明确表示，我们想要的是精度和速度。"换言之，这种锻炼根本不是要从集中注意力当中得到放松。恰恰相反，它们坚持要绝对的专注。

进一步讲，通过这种肌肉训练的力度，根本达不到放松的目的。它往往只是一套正式的摆姿势，既无用，也无生气。有一本手册古怪地写道："体操要在一种宁静安详的愉悦中完成。"然而，当孩子们想要从智力活动的紧张中得到放松的时候，安静祥和的负面东西并非最有效的。他们需要的是那种能让他们急剧释放，甚至爆发出他们被压抑的能量的锻炼类型。但是在正规的体操中最不想看到的就是这种活力的自然爆发。"孩子们在完成动作和锻炼的时候，要安静站立，大笑、嬉笑、窃窃私语这类行为和动作是良好的运动所不喜欢的。"他们安安静静地做完动作，全是木头人一般的表情和神采。那些了解儿童的人都知道，孩子们的游戏不可能是正式的。倘若没有了那些一时兴起的大
185 笑、尖叫和跑动，他们是不可能从学习压力中获得正常的放松的。如上所述的这种体育锻炼教学读上去就仿佛是教育的幻想，而不像是为二十世纪第二个十年所设计的训练系统中的实际教学规定。

游戏锻炼法的最大好处就在于能为生活形成习惯。成人虽然到了久坐少动的年纪，但事实上也跟孩子和年青人一样需要锻炼。训练就是要让他们为此做好准备。但是，成人在休闲时拒绝接受监督者和所有监督方法。他们要么就有一些自觉性，要么就根本不会做。倘若训练能让他们掌握一些体育项目、游戏、竞技，并且养成了鉴赏力和习惯，他们就有了一些会高高兴兴继续下去的锻炼类型。但是他们肯定不会继续做正式的体操。虽然体操完成了发展年青人身体的作用，但是它不能继续满足成年人接下来的需求。我们很容易就忘记，教育是为了成人生活做准备；它不可能一劳永逸地完成，它必须是一桩终生持续的事情。

现在，让我们再来谈谈充分的体育训练课程所要涉及的其他因素。为了让孩子们和青少年在可能的范围内，达到百分之百的身体活力，并且在校园生活中将其保持下去，食物、空气、睡眠等等就显得与肌肉训练同等重要。而且教育所要准备的，是成人之后的自觉活动，那么，良好的饮食习惯、保持通风的习惯与睡眠习惯就与一生持续的体育锻炼同样重要。教育已经将那些容易转移到学校里的因素充分制度化了。而那些不太容易转移进学校的因素，则没有制度化。然而，饮食不当或者饮食习惯不良的问题与肌肉训练中的那些错误方法实则同样常见， 186
而且同样有害。其他诸如通风、睡眠、节约、精神状态等等方面的不良习惯，也同样有害。体育训练缺乏效率，在这一点上我们的教育已经饱受诟病，而且它也被事实所证明，其主要的原因就是课程极不完备。

这类活动中，大部分都不可能转移进校内。在正常状况下，除了高中里的一顿午饭外，孩子们与食物有关的活动是不可能，也不应该被带到学校里来的。睡觉活动也不可能。通风的问题则务必在学校里得到充分解决——而且，为了训练孩子们，这件事应当让他们自己完成——当孩子们在学校的时候；但是当他们走出校园的时候，在别的地方，这件事同样需要解决好。预防微生物侵害的经验能够在学校里得到，但是这种经验在他们回到家或者在社会上的剩余时间里同样需要延续。通过衣物和室内暖气来调节温度的经验，只能有一部分转移进学校，其主体是在校外发生的。减少精力损害和保持身体干净的经验同样只有一部分能够转移进学校，其训练应当主要是一般的生活经验。

还有别的一些事，比如为了洁净而洗澡，在我们城市拥挤的贫民区，有一种偶然的趋势，即将洗澡的机会引入学校。事实上是应当在家里洗澡的，但是贫民区的家里没法洗澡。这符合教育的规律，即社会经验非常弱的情况下，应当在学校提供一些替代性的机会。在当前的情
187 况下，我们应当偶尔让一些无法在家里完成的经验制度化。这只能是暂时的教育手段，一旦社会条件改善，能够完成这些经验，那么这些手段就应当被废弃。在提供一些替代性机会的时候，学校就成了社会进步有意识的代理人。社会进步越成功，学校就越能减轻自己的职责，并将这一部分归还给它本来所属的地方。

在这里，我们似乎面临着自身职业责任惊人的额外增量。然而，进步主义的学校制度已经针对这样一套规划工作一段时间了。第一步是让医生、学校护士和体育教练精确统计每一个孩子的身体状况和习惯；找出他的身体状况和习惯在哪些地方已经很好了，这就不需要什么训练了；但是要更具体地找出他的身体欠缺和不良习惯。训练的问题，是要让他和他的父母意识到他的缺陷；给他提供自我指导所需要的信息；协助他预先规划合理的活动；鼓励他，激励他，并且看到家庭和社会给他提供了很多机会。这样，孩子就可以通过自我引导、同时又接受监督的方式得到训练，将自己的理念变为现实。

孩子们充分而正确地完成他们的活动，需要成人一辈的模范和领导作用：父母、亲戚、教师、护士、体育教练。这些专家与孩子们社会经验的接触，应当和与孩子们校园经验的接触一样多。教育家服务的范围，不可能像医生、农民、铁匠那么广。他们在塑造原料的过程中，必须保持着和原料的联系。毫无疑问，这样一个说法，必须基于教师和孩子都有记忆；此外，这种联系允许断断续续，而不必完全持续。

188 这个规划要求教师或者别的青年训导者首先成为成人社会里的一分子，与家长、与社会的领导者保持联系。这是为了使教师从教室里抽离出来，进入更大的生活事务中。这是为了给教室里的工作一个明确

的定位，知道它在整个社会事务进程中的恰当地位。这是为了让他们将教育视为生活，在教育与生活真正的联系中看待教育。这是为了打造这个职业中的所有人，而这个职业因为长期生活在一个孩子的世界而变得侏儒般矮小了。要将孩子们带往一个更高的成人的表现层次，要将成人世界的广阔景象传递给下一辈的人，必须由那些自己的社会关系主要集中于成熟社会成员，因而自己的眼界和价值观与成人世界保持一致的人来做。很自然地，教师们长期以来习惯了学术传统的规矩和修道院式的孤僻，在这当中，他们已经不能抓住充分成熟起来的世界的重重问题了。这样的教师会惧怕任何这类的解放，惧怕责任加重。但是现如今就是一个急速变化的时代。我们在朝向一个新的、人性化的世界迈进。我们的职业就被要求承担起这样一份调整的责任。我们的职业必须跟随着整个世界，充分地重新调整自己的理念与实践，甚至其程度要更甚。不用惧怕这些，而是要欢迎。这是我们职业机遇的新时代。

189 # 第十六章　身体效率的社会因素

在这样一个相互依赖和联系翻倍的时代，一个人不再能够单独决定身体健康所依赖的所有条件。这些条件是由整个社会决定的。比如，他的食品供应，经过一千双手、一千道流程才能到他的面前。想要很好地达到这一目的，就必须真材实料，不能掺假或者仿冒。想要食品纯净健康，那么源头和运输流程都必须不受污染。食品供应的管理，不仅仅是个人卫生的事情，而是整个社会相互协作的事务。基于此，有明确目的的社会训练是必需的。

在别的很多事情上，每个人之间也同样相互依赖，比如水资源供应，污水处理，街道、火车车厢和公共建筑的通风，城市洁净空气的供应，不受过量烟尘煤气的污染，对有害微生物的预防和消灭，对苍蝇蚊虫等病菌携带者的防范，为工厂、矿场、没有防火设施的建筑、道路交通消除安全隐患，工人的工作时长和卫生条件，提供社区锻炼设施，消除噪声，对酒、药和专利药品的流通进行社会管控，保障学校、酒店、饭店、商店、戏院、教堂、医院、监狱和各类公共机构的卫生，与医药行业形成正确的社会关系，对各种公害加以清除，促进一切有益于精神安
190 宁的社会、经济和政治联系，对卫生部门予以充分的支持，对卫生方面的事实进行搜集、披露和利用，将贫困作为身体低效的一个重要并且常见的原因予以消除，设定生活标准，将身体效率也纳入考量因素，最后，广泛传播这类协作工作所需的知识、态度和价值观。

训练是为了实际的操作。因此，要以工作的水准采取训练措施，对行为的训练要通过行为本身来完成；在这当中，知识、习惯、价值观要

用于指导、推进正确的行为，并使之更趋方便。

除非是置身于社会这个大学校，否则想要组织好实际的训练是很困难的。因此，学生应该在教师的指导下，在协作活动的完成过程中与成人世界实现融合。学生们可以观察；做一个助手；有些情形下承担一点点责任；有些情况下多承担一点；他们还可以与那些完成这类责任制工作的人多交流。他们还可以通过多种多样的阅读来看待一个更广阔的与健康有关的世界；并且在卫生课和公民课上与学校医生、护士和体育教练进行讨论。除此之外，他们还可以预先规划，再加上成年领导者给予他们的激励，完成一部分的工作。这一部分是可以合法交付给年青人，作为他们的社会教育的。

游戏设施的协作供应

举例是最好的解释方法。让我们首先举一个协作任务为例，即为孩子和成人提供充足的游戏设施，并且加以维护。人们的第一反应是，这一任务不需要训练。成人需要做的只是投入金钱，并且让公务员们 191
购置并且维护好这些设施。确实如此。但是，这就像是说，人不需要拼写训练，因为拼写的任务无非就是把字母填进正确的序列罢了。无论这项任务有多么简单，人们都必须首先认为这项任务有价值，想要去做，并且知道正确的字母顺序，才可能把它完成好；所有这一切都需要训练。现在，投入足够的钱以备足够的设施购置和维护所需，明智地交付这一职权，并且让代理人负责高效的服务——这些更为复杂的事情要求人们首先意识到游戏对于他们自己、对于他们的孩子的重要性，他们想要办这件事，并且知道怎样准确、高效、经济地办成这件事。那么，他们首先需要价值判断、鉴别能力和心态方面的训练；其次，还需要手续和流程上的知识。这两者当中，前者更重要。因为前者是后者的先决条件。它需要人们认识到游戏的本质，通过对游戏本身的长期体验，明白其灵魂所在。它同样还需要我们明确地将教育目标设定得比知识的层面更深刻——这是不寻常的任务。在这样的土壤之上，培育知识因素就很容易了。

唯有让孩子和成人有机会**在为所有小孩设计的、游戏的经验中生活**——比如网球、棒球、滑冰、篮球、足球、田径、民间游戏、舞蹈等等——他们的价值判断才有可能培养起来。只是读读这一主题的书，在班里做做报告，听听老师的讲话，无论这些内容多么令人热血沸腾，他们也不可能从本质上懂得游戏，也不会形成相应的价值评判；因此，永远不能实现训练的目的。

但是，仅仅参与，对社会层面的价值判断是不够的。任何一个个体
192 的经验都是有限的、片面的。他需要更广泛地观察，为了更广阔的社会视野而阅读。通过这种方式，他所看见的不光是他自己那个地域的休闲生活，更以一种间接的方式看到了我们整个国家，以及其他大陆、其他年代之下，不同城市和地域的休闲生活。一个人如果没能观察到游戏在全世界的人类生活中曾经占有的，以及如今依旧占有的重要地位，那他就不可能意识到游戏在人类事务中的基础性地位。因此，孩子们应该阅读一本人类休闲娱乐的历史，它会具体地呈现出游戏（同时，它也常常兼具社会性）在古代和当今的原始人那里所占据的重要地位；再读一读古希腊、古罗马、波斯、中世纪欧洲、西班牙、英格兰、德国、日本、美国等国家的游戏史。这每一个国家中，涉及晚近时期历史的章节应当写得充分一些。

当参与、观察和阅读培养出价值判断后，再引入知识方面的内容就比较容易了：这包括游戏的生理学、简单实用的心理学以及社会和经济方面的知识。

协作对抗疾病

第二项需要社会训练的协作任务是对疾病的预防或者控制。对教育而言，这个问题困难得多。它和本能驱使下的活动的强度是不一样的。因此，这个任务不是那么让人愉快。因为有危险存在，故而孩子们不可能常常直接与疾病或是产生疾病的条件相接触，因此这个问题就

更加困难。职业教育或是公民教育的目的之一，是让孩子尽可能地与现实世界有鲜活的接触；但在这里，常用的教学法会被现实条件所挫败。孩子们通过工作来欣赏工作，通过游戏来欣赏游戏；但是我们不会认为，他们应当通过患病来认识疾病的本质。这就带来一个教育问题， 193 即如何在没有直接经验的情况下培育他们的认知。就像在处理历史或外国地理时一样，只有退一步，依赖于大量的阅读和讲座所提供的间接经验，使这种经验足够充分和生动，从而替代直接经验。如果直接的感官接触的渠道受限于距离或时间的隔绝，或是因为其中有危险，那么就通过语言的渠道来接触事物的本质。

这种阅读应当主要是历史性的。这就能揭示出人与疾病和产生疾病的条件的抗争其本质是什么，有多么惨烈，其波及面如何之广。为了加以说明，图 4 就生动地显示了英国自 1838 年到 1894 年死于肺结核的人数。 在这一时期的开始，死亡人数极多；到了最后，数值锐减。数值的减少显示着一场胜仗，而且这也预示着人类有可能取得更大的胜利。

伴随图表，还应该有一些翔实而生动的阅读，呈现出这场抗争中的 194
各项相关因素。应当从运动中的男女领袖们的生活中选取一些生平传

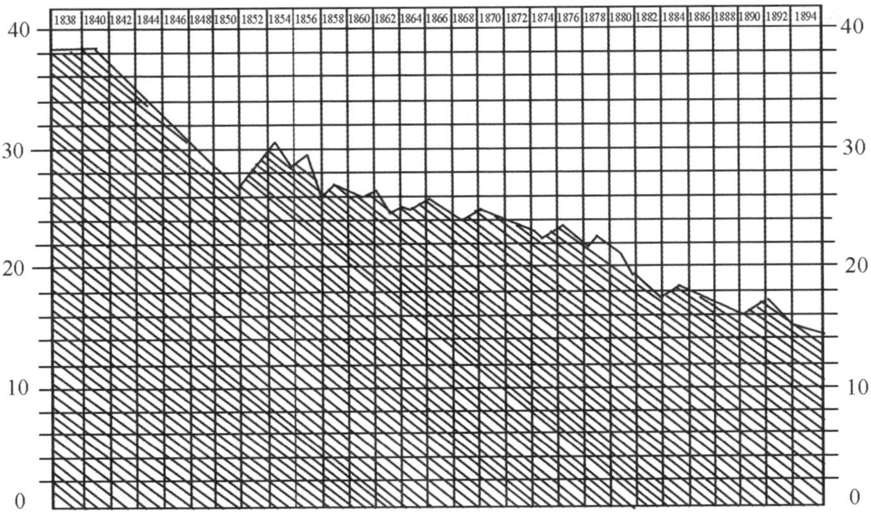

图 4　英格兰和威尔士在 1838 年到 1894 年间每一万人中因肺结核而致死的人数

记的材料，展现这段抗争的故事。其中应当说明我们所抗击的对象是什么，战斗的方法是什么，取得了多大的成功。这个故事还要呈现出我们向恶劣的居住条件、肮脏、空气污浊、光照缺乏等要素发起的不断抗争；普通生活标准的提高；工资标准的改善，从而促成了更好的卫生条件和更高的生活标准；牛奶供给的改善；医疗技术的改进；对病人的隔离措施；城市公共卫生的普及；以及地方和全国卫生部门付出的努力。

别的地区经过怎样的抗争史，也需要通过相类似的图表和读物来呈现。对我们自己的国家和我们当地的社会而言，这样的东西尤其需要。孩子们看到这些经历时，就能意识到这场抗争的性质和严肃性，他们的同情心就能被唤起，也会被推动着参与到活动中来。有了这些具体的读物之后，还应该有讨论、解题，以及更宽泛的阅读，依照相关因素对信息进行归纳总结。他们的社会兴趣一旦被唤起——这种兴趣是首要的——他们就有可能会对相关的更为专业的事务产生兴趣，比如肺结核的起因、杆菌的性质、传播的模式、传染的方法、助长其传播的生理条件、感染之后的生理学和解剖学结果等等。这些技术科学大部分可以通过阅读和医生、护士、科学教师的授课来呈现，或者是通过备注详
195 尽的解剖学和微生物学图表。在某些地方，课堂里的显微镜和细菌实验室能具体而实际地把一些影响因素呈现清楚。孩子们必须获得这样一些真切的印象，这是让他们具有丰硕思想所必需的。这是一个人在这个领域获得健全思想的首要条件。

高中及以上的学生所接受的、以比较为特征的社会研究课程，则应当探明肺结核在地域、职业、社会以及其他方面的分布特征。这样的研究主要是统计和绘制图表，以及对其中因果关系的阐释性的探讨。这样的研究会揭示：同一种疾病在不同地区的不同特征；不同民族对同一疾病在免疫能力上的差别；因为生活水平的高低而产生的不同；因为职业差异而造成的不同；此外还有别的各种各样的重要因素。

如果这样一个普通领域研究的最初阶段是具体和实验性的，那么它就能像别的许多事物那样，给孩子和年青人带来兴趣。人类对于战斗的渴望是持久而普遍的。对疾病的战斗同样是持久而普遍的，这是

一场与敌对势力永无尽头的战斗。而且它比之前发动的任何一场战斗都更为惨烈，绝大多数人类都因为疾病而死，或者受到严重伤害，而且是在他们享尽天年以前。如果读物能足够吸引人，让一个人看到、感知到这样一场基本上无法用肉眼看到的战斗，那么教育的活力就能多实现一点。

图 5 大体上勾勒出了自 1875 年到 1916 年白喉病在芝加哥的历史。注射疫苗在 1896 年制度化。图中显示，在那以前，我们的抗争就有过胜利；但是自那一年起，因为新式武器的使用，我们的战争才是彻底打赢了。 让年青人读一本写得还不错的，在芝加哥以及别的城市、别的国家展开的那场运动的历史。让他们了解其中的生理学和细菌学的原因和条 196
件。让他们知道抗毒素（antitoxin）技术。让他们获取呈现历史趋势的图表——有了这些图表，他们就不难以良好的眼力和清醒的头脑看到整体的情形以及其中的各个要素。在这一领域，大家往往有大量不理智的想法，其主要原因就是人们从来没能获得一些必要的思想的材料。

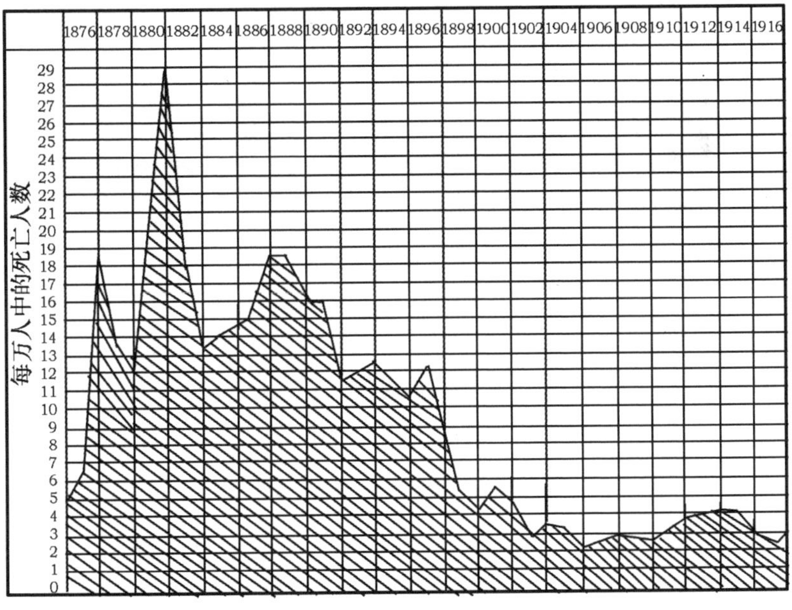

图 5　芝加哥从 1876 年到 1916 年间每一万人中因为白喉病而死的人数

（摘录自芝加哥卫生部门 1917 年 1 月的公报。）

但并非每一场战斗都能打赢。图 6 呈现的是芝加哥自 1872 年到 1910 年的癌症史。它在稳步攀升，而且似乎不受任何阻拦。其他一些比如肾病、心脏病、肺炎等等，也以同样的方式在攀升。就它们而言，
197 人类打的这场仗是败仗。对我们国家是这样，对大多数文明国家，也是如此。人类福祉的这些敌手似乎占据着上风。 遇到这种打了败仗的情况，反而更需要我们加深阅读，尽可能地多做直接的观察，充分地开展相关科学的研究，从而对这些更加致命的敌人的根源和发病条件有更多的了解和认识。

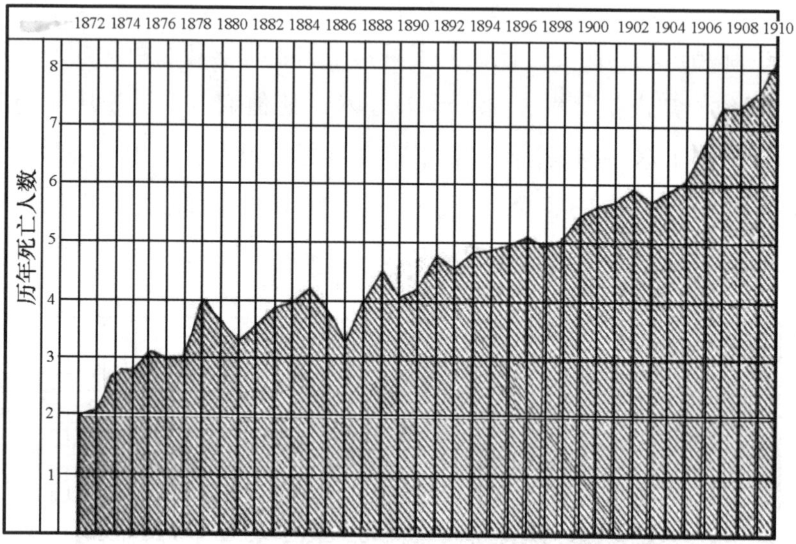

图 6　从 1872 年到 1910 年每一万人中因为癌症而死的人数

（摘录自芝加哥卫生部门 1911 年的报告。）

我们所使用的历史往往并不局限于自己国家的历史，可以是工作卓有成效的任何国家。图 7 就呈现出了德国自 1846 年以来与天花斗争的情况。它显示出来的情形是，普法战争以前，还没有强制种牛痘，每年平均每十万人要死亡二十四人以上。等到普法战争爆发，死亡人数
198 上升到了二百六十二人，是正常的平均值的十倍还多。这就导致了强制种牛痘。结果就是从 1875 年到 1886 年平均死亡人数只有一点五人。1886 年以来，平均死亡人数甚至不到一人，或者说，不到强制种牛痘前

的二十五分之一。 很可能，跟那些反对种牛痘的人进行任何辩论都徒劳无功。这是一种很正常的心理现象，而不仅仅是智力上的刚愎自用。那些持否定意见的人不应该被责备，倒不如说，教育没能给他们的思想提供好的材料。让年青人对天花的历史有足够的认识；明白这样一个表格呈现出来的对比数据；具备与这一疾病相关的技术信息；知道疫苗的原理，其准备的方法，它在人体系统中发挥功效的原理等等。有了这些信息，他们就不会是反对者了，哪怕他们有心想反对呢。因为他们在心理上固执反对态度的条件已经没有了。 199

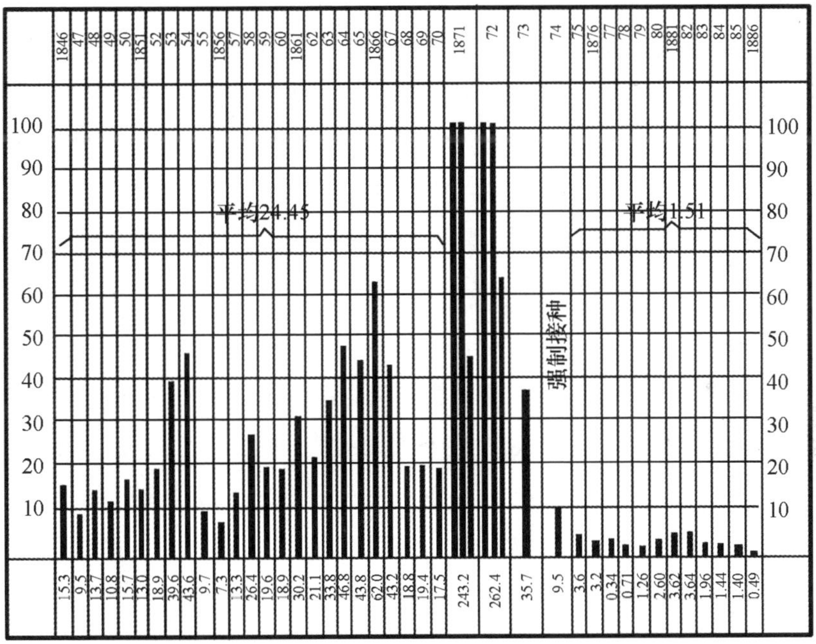

图 7　普鲁士在强制接种牛痘前和强制接种后的情形

1846 年到 1886 年间每十万人的死亡率

承蒙 W. B. Saunders & Co. 慨允，使用这一资料

在整个健康领域，再没有什么比历史上疾病犯下的罪恶和现代卫生制度与医疗流程带来的有利效果更有说服力了。现如今，人们对这个领域的想法还是有些模糊和奇怪。让他们获得一些真正的思想的材料，他们就可以理智地思考了。

因为这个部分过去常常被忽略，因此在进行下一个话题之前，我们希望再强调一下对生动读物的迫切需要。人类生活中的几次引人注目的大惨案，比如科林伍德学校（Collinwood School）①或是易洛魁剧场大火（Iroquois Theater fire）②，东陆号（Eastland）③或者泰坦尼克号（Titanic）的灾难，在正常情况下，都会让我们几天或者几周内带着惶恐加以关注。但是举一个近一些的例子，在芝加哥这座城市里，根据明确记载，按照现在的情形，有12000名学校里的小孩会因为疾病或卫生条件不良而在学校生活结束前就夭折掉。这比六十次科林伍德学校大火造成的伤亡还要多——却很少被关注。这相当于二十次易洛魁剧场大火——但是不光是这座城市，整个国家都没有意识到这一点。这相当于六次或者八次东陆号或者泰坦尼克号的悲剧——而且我们就让它毫不被关注地发生了。没有展开大规模的官方调查。与那些人类生活中的大灾难不同，虽然这些大灾难造成的死亡人数相较而言还要少一些，但是它没能让立法机关、市政府和全国的学校委员会都动员起来，积极地纠正危险的环境。而致病的源头无处不在，疾病和死亡四处肆虐，所有
200 的事情都不确定，它们就这样散播在整个社会中，甚至一整年，它们藏身于紧闭的大门背后，其足迹又看不见，这场战斗秘密而又阴暗，人们习惯了，以至于简单地把这当作不可逃避的命运。这些愚昧之人心地冷漠，而且想象力迟钝。对于这样一种长期的、不会休止的状况，他们缺乏知觉，也没有意识。他们缺乏必要的想象，想象不出就环绕在他们身边、看不见的可怕敌人。充分和生动的阅读经验能有效地重建和呈现出这样一种境况，这能治疗他们对这种不必要的苦难和过早的夭折的冷漠之心。

读物应当呈现出人类和这些微生物抗争的历史：与天花、黄热病、霍乱、黑死病、伤寒、结核病、白喉、肺炎、疟疾等等战斗的历史。它还应当呈现出城市卫生系统的一段历史，以及住所、学校、剧场、街道和

---

① 1908年3月4日，科林伍德学校发生火灾，导致175人丧生。

② 1903年12月30日，芝加哥易洛魁剧场发生大火，导致578人丧生。

③ 1915年7月24日，邮轮东陆号在芝加哥港口因为超载而翻船，导致844名乘客丧生。

火车等等的卫生历史。它还应当呈现出历史常常不太谈到的一些地方，那就是疾病在人类历史上曾经起到的作用，比如希腊、罗马这两个刚健民族的衰败；纵跨非洲和意大利的汪达尔王国（Vandal Kingdom）的覆灭；神圣罗马帝国转变为意大利的时候，每一支德意志军队的消失；北美洲印第安人的消失，不是因为枪炮，而是因为白种人入侵者带去的疾病；热带地区文明的停滞不前等等。孩子们还应该读一读巴拿马在法国人和美国人影响下的卫生史；戈格斯（Gorgas）[①]在古巴的卫生故事，还有他在塞尔维亚防治斑疹伤寒症的历史；菲律宾人消灭霍乱的故事；日本人在日俄战争前以及战争期间，与疾病的抗争；诸如此类。最显而易见的是，历史学家在罗列控制人类变迁的影响因素的清 201
单时，除了偶尔有之的例子之外，往往忽略了最基本的生理方面的影响因素。

就我们这个专业而言，我们还没能将阅读充分地视为经验的一种模式。我们重视它，是因为它能确保提供一套系统的信息，能够背诵，也能通过考试加以检验。然而，我们还没有充分地将其视为一种形成的（formative）经验，它贯串于我们的意识，在丰富的有意识的心理生活的背景下，给我们的心理模式、视角、价值观和态度都会留下影响。这些经验中大部分会被忘记，而且也应当被忘记，这样大部分的细节不会再被记起。遗忘和记忆一样，都是一种正常的心理功能。人类头脑中能时时回忆起的记忆是有限的。为了这有限的记忆保存住正确的东西，它就必须是从大量丰富的经验中经过遗忘而残留下来的少数部分。这个残留部分，主要是由更显著的、更频繁反复的、时间上更临近的具体记忆所混合成的具体经验，从中概括而来的一个框架。那些被记住的具体事情常常是一些只被消化了一部分，在同化过程中还没有丧失其特点的东西。

我们并非推荐那种比早晨读报学得更多、记得更牢的阅读。如果这

---

① 威廉·克劳福德·戈格斯（William Crawford Gorgas，1854—1920）美国军医总监，陆军准将。他正确指出蚊子是传播疟疾的根源，从而挽救了成千上万人的生命。

些经验恰好合适，如果它们有深度、有暖意以及情感上的力量，那么就为我们所想要的概括化奠定了基础。后者就是那些需要被记住的东西；可喜的是，大自然在吸收同化这些具体细节的概括化过程中，就为
202 记忆它们做好了准备。不需要像旧式课本的方法那样来记忆。只要它们正常而饱满，那么就会是经验自然结出的成果。这种经验还会带来别的成果：正确的心态、判断标准、价值观、同情心、充沛的意志力等等。后者与智力上的归纳概括同等重要。然而，当教育只包括对课本中事实的记忆时，它们在实践中就被完全忽略了。

实践活动

如果年青人想要将自己的社会卫生思想及其相应的态度、价值观和社会同情心付诸社会实践，他们能**做**些什么呢？首先，他们可以从事特定的非专业化公共卫生劳动。他们可以参加驱蝇活动，定位每条街上苍蝇滋生的地方，将其标识出来，以这种方法对整个城市进行一次精准的调查。在可控的地方，他们可以直接消灭滋生苍蝇的环境。而对那些控制不了的地方，则可以形成有力的公共报告。他们可以持续做下去，直到社会充分意识到有必要合作整治这些年青人达不到的地方。近些年，克利夫兰的例子就呈现给我们看，在有热心肠而且充满智慧的领导力的地方，都可以做些什么。除以上谈到的活动外，孩子们还可以相互协作，自己用捕蝇器或捕蝇纸等工具消灭苍蝇。他们还可以进一步展开调查，用另一张地图表明，哪些食品供应点被苍蝇污染，哪些供应点没有；以及，哪里是苍蝇能够去到的、有可能就从那里携带病菌的滋生地。这些事实里，大部分会牵连到一些孩子们没有权利直接纠正
203 的东西。他们只能为社会搜集调查到的事实。但是，这也是一种实践任务，与实地消灭那些有害的环境同等重要。就孩子们的公民教育而言，这其实更重要，因为他们能用自己的双手直接从事的事相对而言毕竟太少；但是他们能通过协作方式让整个社会知晓的东西实在是太多了。这种调查工作，无论在智力上，还是在社会训练上，都能给他们提

供良好的协作训练。

无论是为了社会生活，还是为了教育，成人和孩子应当共担责任，其中成人负责提供领导，同时又将一部分职责交付给孩子们。单方面让孩子从事活动是社会的不正常，无论从实际成效来看，还是从教育的角度来看，都不好。

还有一些没有完全专业化的活动也是可以由学生们参与的，比如灭蚊活动，城市清洁运动，保持街道、后花园等地方的整洁，携手参与公共场所的通风，消灭以上列举范围以外的寄生虫和害虫，等等。这类活动可以依照灭蝇活动的方式来组织。孩子们同样有机会在接触不同家庭的时候与不同的专业人员协作实践，例如，处理垃圾、灭烟行动、处置污水、保障城市排水、检疫、保障水资源供应，以及各类清除毒害的工作。然而，我们谈到过，健康方面的协作活动毕竟还是主要依赖于城市中的专业部门：卫生委员会、城市食品监督员、市场监督员、牛奶监督员、城市供水部门、垃圾和废物处理部门、污水处理部门、游戏场所负责部门、城市吸烟监督员、建筑监督员、工厂监督服务部门等等。
将来，在一个文明的城市或乡村里，一定会看到一些兼职工作是提供给 204
成熟的孩子们的，这是出于与这些协作活动相关的训练目的。交付给他们承担的职责不需要太大。让他们与现实世界保持联系才是原则。

这样一种兼职式的参与是从实际出发的，因此，他们与此相关的主要实践劳动必须包括搜集事实，实施调查，准备宣传图表、统计表、数据图和报告，从而为全社会的监督工作服务。这一点已经在此前的章节里谈得很充分了。保健事业中所采取的方法与其他协作性集体任务中所采取的方法是一样的。

第五部分

休闲活动的教育

第十七章　游戏在人类生活中的功能

我们的所有讨论，无论关于游戏，还是关于工作，都有一个前提假设，那就是教育是为成人世界的事务做准备。这并不意味着我们就忽视了九岁孩子所受的教育要为十岁的生活做准备，十岁孩子所受的教育要为十一岁的生活做准备。但是，在同一时间段内，孩子们和青年们在发育成长的这个阶段的所有教育，都要以同样的方式为他们将来漫长的成人生活做准备。

我们在这里呼吁关注，因为我们不仅仅是因为玩本身而关注孩子的玩耍，我们更关注让游戏经验成为日后成年人休闲消遣的预备。我们将会像在谈论职业和公民教育的章节中一样，充分讨论游戏为成人生活做准备的道理。毫无疑问，游戏是青年生活中的重要因素，因为这就是一个人的基础教育；在正常的成人生活中，它同样是最大的影响因素之一。伍兹·哈钦森（Woods Hutchinson）博士有一篇题为“哪一个才是人的生活——工作还是游戏？”的演讲。他的答案是：“是游戏。”游戏既是目的，也是过程。

“人唯有在游戏的时候才算一个完整的人。”这是一句老谚语。如席勒（Schiller）所言：“只有当人是完全意义上的人，他才游戏；只有当人游戏时，他才完全是人。这个道理此刻看来也许有点似是而非，不过如果等到把它运用到义务和命运这双重的严肃上面去的时候，它就会获得巨大而深刻的意义。我可以向您保证，这个道理将承担起审美艺术以及更为艰难的生活艺术的整个大厦。”①

208 休闲活动是体育的、智力的、社会的，也是审美的：交谈、观察人与事、建造和操作事物、骑马、运动、游戏、审美、阅读、旅行、音乐、绘画；以科学兴趣推动的科学实验；因为对相关学科的喜爱，以及智力经验中收获的愉悦而展开的历史、经济、哲学、科学、外语、数学和科技方面的阅读；宗教上的冥思与哲学上的探索。这个领域非常宽。

无论男女，都有相当程度的休闲时间。一周由一百六十八个小时组成。一天中十二个小时已经用于睡眠和用餐了，每周只余下八十四个小时。每天工作时长八小时，星期六有半天假期，星期日全放假，那么，每周工作时间为四十四个小时，休闲时间为四十个小时。在这样一种大家都认同的工作周里，一个人所有的工作时间和消遣时间旗鼓相当。

较之于这个数字，人们还有更多机会。娱乐活动常常与工作活动混合在一起。一个人工作的时候，他的眼睛、他的注意力、他的思想可能不带任何严肃目的地游走于身边的事物。这类细腻的观察和对事物的思考并非他眼下任务的必要组成部分。这就好比人从车窗眺望窗外一样，是一种休闲活动。还有一些与同伴的聊天，与工作也并无关系。如果聊天不可能的话，他也可能走走神、浮想联翩、做做白日梦，规划规划自己的社交生活，考虑考虑自己近来的问题。现如今工业的机械化程度已经给这类智力上的休闲活动提供了可喜的条件。一个人做工作就好像机器一样，不用将太多心思投注在工作中。他的手在干着工
209 作，但是他本人已经出去了，在一片广阔的、想象的经验里。虽然在一份机械的工作里一天劳作了八个或十个小时，但是这当中有很多时间，他的意识可能都投注于休闲活动了。这样即便在工作时间内，游戏生

① 此段译文摘录自冯至与范大灿译《审美教育书简》（上海人民出版社，2003 年版）。为方便读者理解，此处再摘抄他们在“运用到义务和命运这双重的严肃上面去的时候”处所下的注解：“什么地方单纯是义务的严肃和命运的重压在支配人，那里的人就不可能愉快。而美对这种严肃和重压起着溶解的作用，因而当人游戏的时候，他就是完全的人，因为他不再感到义务的严肃和命运的重压。”

活也要比他的工作生活多一些。

更有甚者，工作之中就有游戏的机会。这是指将游戏精神注入工作活动。比如，据报道，爱迪生先生就曾经说过：“我想我一辈子都没做过一天的工作。”虽说一天要把十到二十个小时的时间投入到实验室和车间里，但他的工作中却具有一种游戏精神，因此非常有活力，不会产生乏味和艰苦的感觉。一个人这样获得自己的自由，感觉自己就是工作的主人，而非工作的奴仆，那么他就把工作转化为一片广阔的休闲娱乐的经验。而且，经过这种转化的工作才是在真正意义上更精确、更高效，在最后的实际成果上也更高产，因此，职业教育的目标之一就是完成这种转化。

教育一定要注意到各人性格的不一致。即便同一种族，如果不是出于同一支脉，每个人也常常各有差异。例如，比较一下一群银行家、主教、法官或者一群在街上、矿场里、工厂里粗手粗脚的工人。那些职业化的人，站得泰然自若、挺拔雄伟、精力充沛、舒展自如、精力旺盛。从智力方面看，他们存储了这个世界丰富的知识，这个世界有多么宽广，他们精神上的视野和格局就有多么宽广。他们的社交表现令人愉悦、兴奋，传递着乐观的信号。他们就像是人类完美本质的呈现。但看看另一方，那些没什么专业技艺的、粗手粗脚的工人群体，尤其等他们到了中年以后，绝大部分呈现出的是一副完全不同的面貌。生理上，他们所有人都非常苍老、僵硬、畸形。笨重、麻木的样子，显示出他们常常缺乏精神生活。他们拥有的信息往往不出他们从一些随意的贫乏而下贱的经验中所拾取的那一点点。他们精神生活的视野常常极为狭隘，坐井观天。他们的娱乐常常也只能局限于官能的层次。其外在如此僵硬、麻木，言谈如此粗鄙，只局限于物质生活，心智如此狭隘、空虚，他们在社会上的存在没有一点点可取的因素。人们会本能地觉得，他们根本没法代表所谓人该有的样子。按照人可能是什么样、应当是什么样的标准，人们或多或少地都本能地转向了那另一种人。 210

两者之间的差异很大程度上并不取决于遗传，而取决于不同的成长环境。詹姆斯（James）教授在他引人注意的一段话中曾经很好地阐发了游戏在这当中的重要地位：

> 把有教养的绅士和一个城里贫穷的工匠或小老板做比较：前者在他的青少年期间，一旦他在生理和心理方面的兴趣被激发了，那么，与他成长起来的兴趣相匹配的东西就会得到充足的供应。因此，他从各个方面都准备好了去面对这个世界。在现实事物暂时缺乏的时候，运动可以加以补救，完善他的教育。他体察过了人生各个方面的精髓，无论水手、猎人、运动员、学者、战士、演说家、花花公子，还是办事员等等，都能集于一身。而城市里的穷孩子不可能有这么好的机会接触这些东西，当然也不可能期望他的人格里存在这些东西。对他而言，如果这个差距仅仅是本能所呈现出来的例外，那还是幸运的；但遗憾的是，这种扭曲常常是他不正常的成长过程所结下的恶果。

“运动可以加以补救。”针对人格各个方面的培养，如果有些方面的经验不够充分或者较为贫乏，那么，游戏就是大自然参与建设的方法。游戏就是大自然的标准化者（normalizer）。

211 人格上的缺陷，不光是出于发展机会的匮乏，也可能是因为之前获得的东西没能得到很好地维系。最经典的说明来自达尔文的自传：

> 到了三十岁或者再高一点的时候，各种各样的诗歌给我带来了极大的愉悦；当我还是个学生时，我就着迷莎士比亚，尤其他的历史剧。我也说过，绘画给过我不少愉悦，音乐还要更胜一筹。但是，现如今我已好几年不能完整读完一句诗了。我之后也试着读过莎士比亚，只觉得无趣到不能卒读，令我作呕。我也几乎完全失去了对绘画和音乐的鉴赏力……我的大脑似乎已经变成一副机器，只能从大量的事实中拼命抽象出一些规律；但是为什么这导致我过去那些高尚的趣味都严重

> 萎缩了，我没法想象……如果重新活一遍，我会制定一套新规则，每周至少得读点诗，听点音乐；因为，现如今我大脑里的这些部分已经萎缩了，但如果它们始终在运转着的话，很可能就不会这样了。失去了这些鉴赏力，就失去了很多快乐，也可能对智力造成损害，更可能对我的道德品质造成损害，因为它使我们天性中的情感部分衰竭。

如果说，像达尔文这样一位有识之士，游历广泛、博闻广识、与科学界的领袖长相往来，他的人格中尚且有一些高尚的部分出现了这种明显的衰退现象，那么，别的那些没机会得到这般充分发展的大多数男男女女，他们高尚情操的衰退可能会更加显著。因此，如果不经过持续的锻炼加以维系的话，学校生活中所学到的大多数东西，迟早会被忘记的。任何一样东西，得到之前，总是需要追求；但追求到之后，还得不断加以维系，才能长久拥有。一个人的工作活动往往太过狭窄和专门化，以至于不能防范一些东西因为长期不用而消退。专业化程度越高， 212
条件就越糟。由兴趣驱使的休闲活动本身就能提供一种必要的、持续的影响力。面对着专业化带给人性的这种有害影响，游戏又一次成为大自然的标准化者，抵抗退化。

游戏对孩子而言很正常，对成人也同样正常。在童年时代，游戏会激发潜能，实现潜能；而且在每一个阶段，都维护好之前阶段的所得。到了成人阶段，游戏则要使人格中觉醒而舒展开的各个方面保持终生，抵抗消退和消失。

也许，在不久的将来，新式学校即便不把对休闲活动的教育设为最紧要的目标，也会把它视为最严肃的目标之一。现如今的职业教育之所以受到热情的响应和慷慨的支持，是因为它承诺能增进玉米、棉花、工业、布匹以及各类生活原材料的产量。休闲活动与生活的关系，不在于它是生活的手段，而在于它就是生活本身；它关系的是完整的人格，以及对人格的持续维系。如果我们希望通过教育来实现生活手段的高效，那么我们同样也应该通过教育来实现生活本身的高效。

为了充分发挥其教育意义，我们有必要介绍一点关于游戏的生理学和心理学。首先值得注意的是，**锻炼**同身体的结构、机能的发展与保持的关系。每个人都知道，肌肉的结构和机能要得到正常的发育，并且得到正常的维持，就需要锻炼。但是另一件同样正确却鲜有人知的事
213 实是，头脑的功用、社会交际、审美活动、宗教和哲学思考、对科学和文学艺术的欣赏、同情心和一般的情绪，以及相关功能的维系，同样需要锻炼。

其次值得注意的是**生长成果的不稳定性**。结构和机能，不用则废：与人的需求相比，衰退更为迅速。如果人的结构和机能一旦发展起来，就永恒而稳定，那是一件多么好的事，而且在经济上也意义重大。那么我们的教育就只需要把肌肉锻炼到一个合适的程度，然后就让它在那儿了，终其一生，无论用还是不用，都有恒定的力量。更进一步的任务则是以可取的方式培养人的心智能力，然而在他余下的一生中，无论这种心智能力用还是不用，用得频繁还是不频繁，这种能力都会维持在一个恒定的强度下。这会是多么美妙的安排啊，而且有时候教育实践似乎假定这种情况真的存在。但不幸的是，人不是这么构成的。他放松自己对肌肉、热能系统和神经结构的正常锻炼时，或者放松心智、社交、审美等其他方面的活动时，无论他是小孩还是成人，他的结构都会开始退化，其能力都会开始减退；而且这种减退的速度，比人们一般所意识到的要快。

相较于这种常见需求的衰退，我们对它的**塑造或者重塑则是很缓慢的**。这在我们国家军队的训练方面得到了很好的证明。大家都预测，一旦国家遭遇危险，一夜之间就应当有一支高效的军队现身。需求出现在一瞬之间；但是一般人就其体格、耐力、对气候条件的抵抗能力而言，是不能有效达到这个要求的。一方面是因为他们只能代表不充分的身体发育水平；另一方面也是因为久坐不动的生活，导致了衰退。他们可能在几天之内就在号召之下集合起来，但是他们不可能那么快地培养出所需要的力量。

214 更进一步的原则是，**遗传所提供的发展可能性，比文明所需要的大**

得多；而游戏必须弥补这一不足。为了充分领会这个道理，我们必须首先看一看，在文明生活之前的时代，游戏的地位。

图 8 旨在粗略地表示，在一段时期内原始人与周遭自然界斗争的激烈程度变化。在早先的岁月里，一旦到了冬季就意味着匮乏、饥荒、与恶劣天气的抗争、与敌对部族的竞争。条件常常要求人使自己的全部潜能得到发挥和锻炼。图中两条水平线的距离代表着这种抗争需要付出多大程度的努力。等到夏天到来，食物供给增加了，敌对部族间的竞争减少了，气候的威胁也弱下来了，对艰辛劳作的需求也减弱了。这是如此完美，以至于人们有几个月的时间不需要做任何事情。但是，四季的流转不久又会要求人们做出抗争。这张图表明，外在条件往往骤然要求人们做出抗争；而在几个月的安宁后，又突然要求人们将个体的全部能力发挥出来。

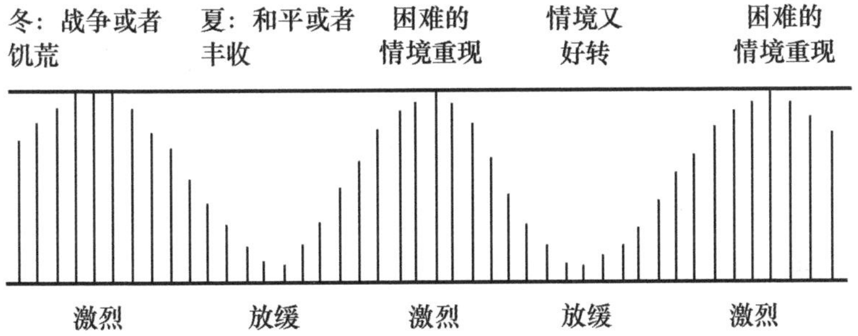

图 8　原始人与自然界斗争的激烈程度变化，以竖线的高矮表示

让我们暂且假定，在这种条件下，没有任何本能的趋势要从事游戏活动。那么，一旦到了对斗争的需求松懈下来的时候，在体能、观察、思考、发明、交谈、产生新观点等社会活动方面，人们就会懈怠下来。随着锻炼的松懈，越是荒废不用，人们的能力就越是会衰退。图 8 所呈现的，就是一个个体的实际能量在这种情况下可能出现的起伏——一旦对抗争的需求没有了，那么那些没有派上用场的能力即刻就会退化；而一旦需求又突然出现，同样的能力又能迅速得到恢复。 215

但不幸的是，这种假说的后半部分是不真实的。恢复那些已经衰退的能力相对而言是缓慢的，然而在原始状况下，对快速恢复的需求又是时常出现的。战争的爆发多在意料之外，饥荒的爆发同样如此。因此，人总是需要时刻准备着应对这些突发的事端。大自然不可能为了让人们能够重新锻炼，而特意减弱抗争。失去能量很可能让人成为任何一场突如其来的、意料之外的袭击的牺牲品。如果在毫无准备的情况下被俘获，他会发现自己的处境就好比是一支没能坚持操练的军队，等到一场突发的、意外的战争爆发，才发现自己柔弱、松散、缺乏韧性。这不仅仅容易招致毁灭，而应当说在这种情况下就必然导致毁灭。因此，人们即便处在放松的日子，也应当坚持在斗争中保持训练，从而为压力出现的时候做好准备。他绝对不能在毫无准备的情况下被俘虏。

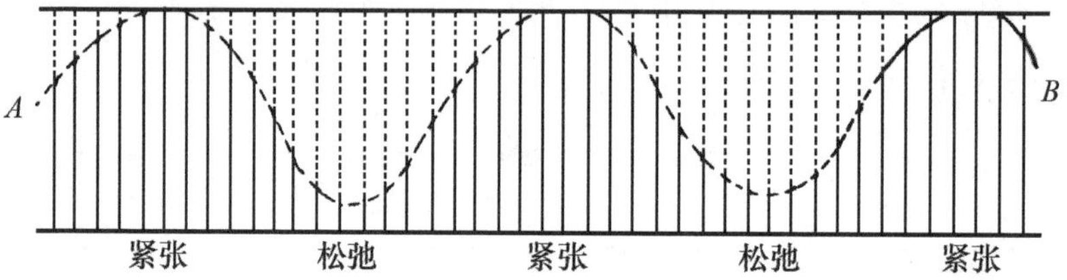

图 9　原始生活的状况时好时坏，这里呈现的是相对稳定的对准备工作的需求程度，用竖线的总体来表示它，曲线 *AB* 以上的部分则是由游戏活动提供的

216 需要准备的程度则大体呈现在图 9 中。曲线 *AB* 以下的部分代表着他需要通过严肃的活动加以准备的部分。曲线 *AB* 以上的部分则表示他的准备工作中无法通过严肃活动加以准备，因此需要以其他方式加以准备的部分。抗争所需的部分之外，超出的部分就是盈余。原始人智力不足，尚不足以知道在生理放松的时期也必须让自己的身心始终保持在准备状态上，也不知道维持机能乃实现目的之所必需。他们严重缺乏远见；更重要的是，他们对于教育过程的知识也不足以让他们明智地选用最好的方法。二十世纪文明开化的人尚且如此缺乏这些知识，显然不可能指望这些原始人总是预见到斗争会重启，从而有意识地坚持身心方面的锻炼，让自己做好准备。然而，各类锻炼还得继续。因此，大自然为人类赋予了游戏倾向这么一笔财富。当真实的战争其实已经不再必要的时候，人类还会被驱使着把战争当作游戏来玩；当不再需要食物供给的时候，也可以为了取乐而打猎或者垂钓；在领地附近走走；在部落成员之间走走；交流交流部落经验；观察人和动物的动作及其要点；所有这些活动都只是出于乐趣。虽然说已经不是斗争所需，他们仍然遵从大自然的指示，会跑跑、跳跳、游泳、爬山、呼吼、跳一段舞，这样一来就能锻炼，并且使自己在严肃行动到来的时候能做好准备。愉悦本身绝非目的；只是对他而言，仿佛是目的。它是一个诱饵。那些没有这样在游戏里锻炼，从而维持必要的体力盈余的人，在下一次斗争开始的时候就会折损，他所遗传的那些特质也会随之折损。只有那些有着强烈游戏冲动的人才可能保全自身，同样的游戏冲动也会遗传给他们的后代。同样地，在那些日子里，游戏就是大自然的标准化者，训练着每一个个体，而这些个体本身的智慧——也包括遗传——太不牢靠了，无法指导整个过程。 217

在那遥远的时代，孩子们的处境也不相同。在最艰难的时候，责任的担子总是最先也最重地交给他们。相比于成人，他们更应当尽可能地做好准备。因此，对他们而言，游戏的冲动既迫切，又没有停歇。这不仅仅是为了让他们维系好自己过去所学到的东西，更是希望他们的能力得到新的发展。从这两个目的出发，他们游戏的冲动必须在一定程度上付诸行动，而且加以强有力的推动。从生物学的角度来看，孩子的游戏过去曾是童年最重要的功能——现在也是如此。它过去是孩子的教育中最重要的因素——今天也应当如此。因此，我们谈论游戏，是在一个更宽泛的意义上，它除了包括身体的游戏之外，还包括社会、智力、美学等方面的活动。

对原始状况的介绍，是为了让我们更加清晰地意识到现在的情况，以及我们今天教育问题的实质。人的潜能从远古时代起就得到不断培育，并通过遗传承续到我们这一辈。今天的我们，能力能够发育到何种程度，这在很大程度上已经在过去被决定了。我们只不过是同一个遗传序列中鲜活的一部分罢了。他们在过去为了发挥潜能而从事的各种类型的活动，我们在今天也需要从事——虽说需要一些改进，以适应现今人为的各种环境。过去推动他们的那些天性，也是今天唯一推动着 218

我们的东西。

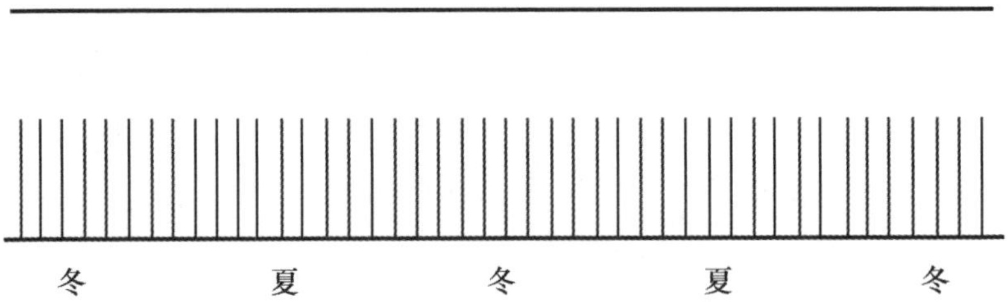

图 10　如今在人类与自然界的抗争中，我们的紧张程度已经大为松弛，也相对稳定

虽然人的原始本性没有太大的改变，他所处的外在环境和斗争的情形已经大不相同了。图 10 就大致呈现出了在斗争方面的某些变化。两条平行横线之间的距离大致代表人通过遗传获得的潜能大小；而这些竖线，则代表着在二十世纪，生物斗争所要消耗的能量大小。大体看来，斗争在全年都是相等的。现如今，工厂、矿场、商业、运输等行业里所需要付出的精力，从年头到年尾都是恒定的。我们因为有充足的
219 衣物、燃料和房屋的供给，故而已经消除了冬天的影响，使气候方面的斗争平息了。通过发展一个世界农业共同体和仓储运输系统，我们已经消除了饥荒。我们也认为，虽然现在欧洲有返祖性的暴动产生，但是我们已经为消弭战争付出了最大的努力。自从发明了节省人工的机器、工业上采取专业分工制度、整个组织系统得到训练有素的指挥之后，对大多数人而言，我们似乎已经省却了很多思考、判断、观察、获取准确而详尽的信息、全面了解周遭事物的必要功夫。原始人必须对自己环境中的大量事物留心观察，时时警惕，并且详加思考。他必须时时知道身边的人在想些什么、做些什么。他还必须时时保持他的社会同理心，以便在遇到突发状况时能立刻获得自己族人的支持。文明已经大大削减了这些事情的必要性。现在，一个人即便在身体、心智、社会配合和道德责任感方面**弱得多**，也同样可以在现代斗争趋于缓和的状况下存活下来。专业分工制度则可以让我们在一个如此狭窄的套子里，给我们提供如此匮乏的经验机会，使我们在匮乏的状态中过完这一生。这其实只是过了一半的生活——或者，比一半还少。

过一半生活（half-life）的状态，不只是意味着他的生活只实现了一半，即便是他实现了的那一半，也可能是不足或者畸形的。只发展出一半的体力，身体绝对算不上好。这意味着体弱多病，身体不协调、不精确，自制力差，容易患病，活力匮乏，由此也造成了心智、社会、审美、道德等多方面的基础缺陷。

智力方面的生活倘若只过一半，或者四分之一，对他的心智也不好，即便他在别人的指导下也完成了自己抽中的任务。这意味着智力上的柔弱、依赖他人、不确定、不准确、没有自信、信息储备少、没有观察的心、既无自主性也无创造力、适应力差、懒惰等许多智力方面的弱点。这样一个个体，活在这样一个狭隘的环境中，甚至都不能看到这个环境中的事物。对这个广阔的世界，对过去，他都缺乏了解，他也缺乏对未来可能性的想象。这样一个人不是二十世纪的状况所要求的类型。 220

同样地，一个人的社会能力只实现了一半，只觉醒了一半，也会导致社会方面的病征：社交的瓦解，社会同情心的薄弱，一个集体中的人们互不协作，除非受外在权力的强迫，社会上互不回应，不考虑他人，不得体，不能担负社会责任以及别的社会弊病。

图 11 是粗略地表示一个人的额外能量扩充，其可能的程度，以及理想的程度。*AB* 线以下的实线部分代表的是一个人可能通过严肃活动所积蓄的能量；那些 *AB* 线以上的虚线部分，则代表着通过游戏来添加并且维系的部分——或许，也不全是通过游戏。这就给人留下了机会，可以超越严格的、大自然需求的律令去生活。

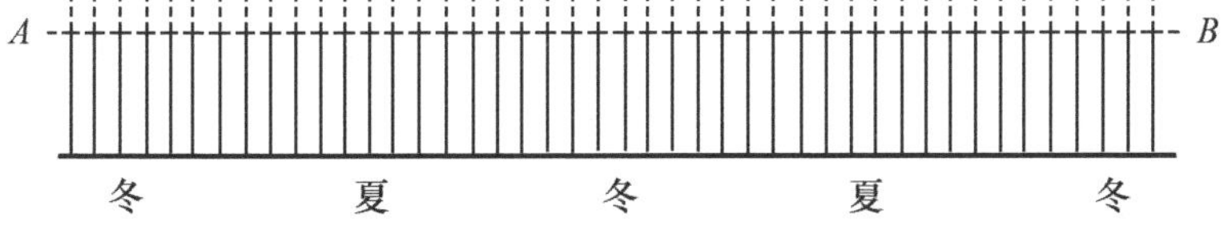

图 11　在今天的文明状态下，一个人的潜能发展中有赖于持续游戏活动的部分

221 之前已经讨论过的职业、公民和卫生领域的教育总是想要将 AB 线降低，并进一步降低对严肃活动的需要，同时也提高休闲活动的机会和必要性。

就和过去一样，进一步的发展也是受着游戏类型的活动所影响的。就和那时候一样，是在正常的游戏天性的驱动之下——虽然现代生活的人为环境会导致对有意识的引导的需求增加。而愉悦的动机——当然，是有指导的愉悦——必须成为孩子与成人的驱动力，这一点不能弱于过去；即便这种愉悦现在看起来像是一种诱饵，而非目的。游戏应当不要太过复杂。它应当大体上这样贯串人的一生。

想要正确看待游戏在成人生活中所占据的位置，人们必须在一些社会阶层中加以检视，这些阶层的人往往从童年到成年都得到了充分的机会去施展其游戏天性，没有受到过与之相反的处境或者障碍的压制。休闲阶层，以及有独立生活方式的男男女女就是最好的例子。他们所需的一切都有了，因此不再需要他们做什么。普遍的社会运转机制保护着他们，使他们从容悠闲。他们可以一整年坐在家中，不受任何打扰，安安静静，既无思虑，也不挂念任何东西。但是他们没有这么做，他们也做不到。如果他们大部分时间无所事事，就这么过完一生，他们就会是最痛苦的人。他们一定得出来旅行，或是出席歌剧表演，玩桥牌，投资股票交易，参加晚宴、舞会，或是别的一些社交活动，给自己穿上华美的服饰，读读最新潮的小说，驾着私家游艇环游海岸，甚至远洋航行，在阿迪朗达克山脉（Adirondacks）①打猎，在加拿大野钓，在
222 非洲猎狮，攀上阿尔卑斯山，在蒙特卡洛（Monte Carlo）②赌钱，或是跑到战场前线寻求刺激。他们这种不知疲倦的生活表明成人生活受到游戏倾向的驱使。其结果是有益的。如果他们能足够明智地选择一系列平衡的经验，并加以充分而严肃的努力，使之稳固的话，就尤其有好

① 阿迪朗达克山脉是美国纽约州东北部的一处山地，面积 240 万公顷，位于圣罗伦斯河（北）、莫华克河谷（南）、安大略湖（西）和尚普兰湖-乔治湖（东）之间。最高点为马西山，是纽约州的第一高峰。

② 蒙特卡洛是摩纳哥的一座城市，因赌博而闻名。

处。与那些始终蜷曲在严肃的职业、公民和家庭责任的套子中的人相比，他们可被称作大写的人。他们被认为最接近理想的男人与女人形象。他们可能是社会的寄生虫，在自己的游戏里消耗的是他人的血汗。但大自然在人性方面的奖赏却未必和一个人在经济上的作用与产能成正比；它只在意一个人经验的容量之大、种类之多。有些人严谨认真，只做明显有用的事，但往往并非这类人最为充分地实现了自己。

格鲁斯（Groos）教授的《人的游戏》（*The Play of Man*）一书告诉我们，人是一种多面的动物，有丰富多彩的游戏，涉及生命的各个层面。事实上，游戏是有一个序列的，从最简单的肉体欲望和简单的感官娱乐，一直到最高形态的、科学和哲学中的智力游戏。在相对较低的层次里，一个人可以发现诸如吃饭、喝酒、吸烟、性生活、对光和暖的天然感受等等。高级一点的是诸如摔跤、拳击、田径、网球、足球等体育游戏。我们或许应当将交际舞也归入这一层。再高级一点的是民间舞蹈、齐步行进、列队行进、运动大会等等这类活动。谈话是一项可以归
到各个层次中去的活动，因为它是高是低完全取决于交谈的主题和质 223
量。在这个序列中更高一层的是纯粹的智力游戏，比如下棋、纸牌等等。还要更高一点的是艺术、音乐、文学、戏剧、歌剧等等。自然地，它的层次高低取决于艺术的主题和质量。它们可能只关乎人类最低级的一些活动，因此接近这个序列的底端，也可能关切的是人类最高贵的活动，接近于最高端。在这个序列的最高层，是最要摒弃感官的，是一种高尚的、严肃的、具有理智特点的休闲活动：历史、科学、数学、哲学，以及现如今发达的宗教。

这个序列中的不同层次都有人的本能作为支撑。居于底层的身体活动是由最强烈也最永恒的本能来驱使的。这种本能非常强劲，只要提供足够的机会予以满足，又不存在强有力的限制，这些低级的活动肯定会过剩。在自然状态下，这种身体的本能和群居的本性肯定是非常强烈的，这样种族才能生存。文明人可能继承了它原有的强度，但时常觉得它的强烈程度超过了需要。即便不是这样，这种本能也显得有些不合宜之处。文明人需要更为强烈而持久的本能驱使，以指向更高级

的活动。但是，这种促进高级智力工作、大团体意识以及人类艺术的本能却相对柔弱、摆荡，缺乏定性。人在原始状态下形成的原始本性，只适用于小团体的物质状态；而在文明的状态下则没能得到很好地平衡。这就使得文明教育的任务极其艰难。

各个层次的活动都应该有一个合适的位置；但是它们各自内在的
224 驱动力有所不同，不同层次所需要的教育努力程度也大有不同。将一个好的生活环境提供给年青人，那些较低层次的活动就会得到本能的推进和指导，大自然的经验会照料好这一切，不需要教育者太过费心。然而，那些较高层次的活动就不仅需要一个有刺激性的社会环境，同时还需要来自教师的、专业的刺激、鼓励和指导。这是因为，就低层次的活动而言，积极意义上的课程问题很小；但就高层次活动而言，呈现的课程问题则最为微妙、复杂、困难。这个问题还涉及二十世纪民主人道主义的发展；在追求效率的时代，这种思想可以有效地使普通个体实现人性的觉醒。课程编制者有一份振奋人心的职责，其绝大部分都是全新的。

现在，让我们看看这种人道主义训练和一些问题间的关系。例如，这当中包括工业上的分工给发展造成的压制：在这样一个专业化的时代里，到处都要年轻和可塑性，一个专业化的个体过了四十岁就作为废品被抛弃，我们如何让工人们，无论男女，保持年轻与可塑性呢？这其实不是年纪的问题，而是头脑的问题。一些人三十岁就老了，还有些人七十岁尚且不老，仍然具备可塑性。现如今，我们有一些工厂等到工人年满四十之后就将他们自动清退。他们感觉到了这个年纪，分工制的损害性结果就出现了，它使得这个人应当产出的效率低于那些还没有被削弱的人。一开始，年青人满腔都是热血，积极、热心，从而获得了自己在品德、视野和行动力方面最初的发展，而这正是高效工作所需要
225 的。但是，持续一生都困在套子中，机械的生活使得人格中诸多方面因长期荒置而萎缩，必然导致一个人在身心状态和社会交际方面的萎缩。这就意味着自发性和可塑性所需要的活力丧失了；他的理想、视野和热情也丧失了。如果一个人在青春焕发的时节没有为自己培养出广泛的

觉醒的兴趣，为自己增进鉴赏能力，或者参加各层次、包括智力活动在内的休闲活动，那么理所当然地老年会很早到来，并且真的使他无力从事这些活动；而这一点已经被讲求实用的工业领导者认识到了。这是常见而悲剧性的不幸，但它并非必然，只是因为一种狭隘而不完整的教育，没能充分地制定好目标。

此外，还有一个相关的问题。我们已经谈到，在民主社会里，各个社会阶层的人都需要相互尊重。一直以来我们都尝试着将这个道理宣传给人们，但是并没有取得显著的成果。和别的地方一样，在这件事上，是现实决定一切，而不是任何多愁善感的情绪，无论它的初衷多么好。我们尊重一个人，是由于他人格的品质。这个人和我们心目中理想的完美人性，无论是男性还是女性，有多大的差距，我们就在多大程度上减少我们的敬意。因此，从长远看来，一个社会阶层所受的尊重程度完全取决于构成这一阶层的男男女女的品质如何。至于这些人的工作有用还是没用，相对而言，与他们所受的尊敬程度没有那么大的联系。一个人是因为其身份而受尊重，而不是因为他的经济产出。

劳工长久以来得不到尊重，不是像我们一般所想的那样，因为他们衣着和双手的肮脏，以及他们脸上布满工业的灰尘。那些专业人士在 226
玩高尔夫时，在私人作坊或花园从事业余爱好时，或者打猎、捕鱼时，可能穿着也不会好太多，也同样满是灰尘。但在这种情况下，正如我们说过的，“其人之为那类人”。那些笨手笨脚的劳工之所以不受尊重，较之于表面现象，还有着更深层次的原因。主要还是在于他们人格的不充分，而这主要是因为他们缺少人文化的机会。这绝不是他们的错，而是他们的天性发育的环境的错，是他们所接受的教育的错。工业教育仅仅是设计用来提高生产效率的，单靠它无法解决这一问题。它需要的是二十世纪的人道主义，关于它的面貌，我们在这本书中已经几次尝试着呈现了。

227 第十八章　作为一种休闲活动的阅读

原始人有相当丰富的休闲活动。这当中，花去他们最多时间与精力的，似乎就是观察构成这个赖以为生的世界的形形色色的人和事物。他在自己的小社会圈子里走动的时候，总会观察着身边的族人，他们的动作、穿着、财富、生活状况、习惯、仪式和风俗，还有动物、植物、气候条件、自然现象、天体等等。当他对这些东西施加作用或者反作用时，他的知识就通过各种各样的感官得到了扩充。

而对那些他不能直接观察的东西，则通过语言的媒介来观察。听别人的报告也是观看的一种方式。如果那种情景的构成要素是自己熟悉的东西，那么直接用眼睛去看和用语言的方式间接地了解，没有太大的区别。

原始人之所以乐意做这类直接或间接的观察，一部分是出于自己严肃的目的；但就大体而言，只不过是受一种对普遍事物的兴趣的驱使罢了。就后者而言，不存在有意识的，要将知识付诸现实应用的目的。事实上，他不可能在学得一个知识之前就判断这个知识有用与否。这基本上就是一个休闲活动；除了那些纯粹身体上的休闲之外，这可能是他最主要的休闲活动了。

大自然如此充分地提供休闲活动，其目的非常明显。人需要在这
228 一系列的事物、力量和影响中游走、行动，从而形成自己应对这些东西的行为。在这些难以预期的突变之中，他从来不可能知道到底哪些才是跟自己切实相关的。他必须得关注社会事务的大格局，从而准备好做出局势所要求的各种特殊调整。这种相互关系和相互依存是大量存

在的。正确地知道其中的任何一个部分，都要求一个人掌握全局，并通过全局来掌握它的各个局部。最有用的就是具备全局视野，可以涵盖整个社会生活的大格局，及其条件或者背景。

我们的兴趣在于二十世纪的文明生活。我们从原始人谈起，是为了让这层关系明朗化。就现代社会而言，对人类事务的观察同样是除了身体休闲之外，最重要的休闲活动；但是到了我们这个时代，它有了更大的功用要发挥。我们是世界公民（citizens of a world-community），而不是一个方圆只有几公里的小部落的族人。为了了解当下，为了充分地认识这些和我们有密切联系的东西，以及我们要承担责任的东西，人需要有一个完整而一贯的视野，观察整个世界的大格局。

如果一个人的青年时代能够足够长，旅游机构真的价廉物美的话，
那么他就能够游历世界，让自己对整个世界都熟悉起来，就像一个原始
人对自己的那点小领地也格外熟悉一样。为了教育的高效，他应该与
全世界最核心的东西都建立起联系。而这当中最重要的，就是直接的
接触。只要可能，他就应该游遍世界的各个角落，观察所有事务中的男
男女女。他应当参与各种类型的活动：职业事务、娱乐事务、社会市民
事务等等。此外，他应当同各个阶层就他们的事务进行对话。这种经 229
验可以带来他急需的对全世界的理解和同情心。在这一点上，没有什
么别的东西可以与之媲美。

但是，身体方面的限制是无法逾越的。即便对那些最幸运的人而言，也只可能实现这种经验里的一小部分罢了：无论是年轻时候所做的原始的观察，还是成人之后所做的一些后续的观察。即便他们尽自己所能走得再远，也只可能看见今天的事物，不可能看见过去的事物。然而今天他们需要看到两者，从而正确地认识当下；因为我们是彼此有内在关联的一辈又一辈人当中的一部分。因此，他们必须借助语言来看到那些已经逝去的东西，以及那些太过遥远的东西，主要的途径就是阅读。

因此，我们的进一步讨论应当指明，人应当读什么。显然，他的阅读应当能给他完整而充分地呈现出来，人类宏阔的大戏是什么样子，他本人也是当中的一分子；以及这幕大戏上演的舞台是什么样，它的条件

如何。这样才能使他“沉静地观察人生，观察人生的整体”（“see life steadily and see it whole”）。

就普通课程而言，孩子、青年和成人是一样的，只不过因为成熟的阶段不同而有一些相应的区别。正如在原始社会当中，一个十岁的孩子，在他的成熟程度所允许的范围内，应当看到社会事务的整体，今天一个十岁的孩子也应该尽可能地，在阅读中看到这个较之于原始社会庞大得多的社会的各项事务。再比如，原始社会中一个十五岁或者二十一岁的年青人，也要观察相同的社会事务，但是他会获得更深入的理解、更丰富的知识，以及对其中关系和价值更多的洞察。那么在今天，一个十五岁或二十一岁的年青人也要通过阅读延续自己对世界状况的观察，从而让自己的认识更深入、更普遍化。成人也应当在同样的主题下，推进得更深。

230 在古时候，学习是经验性的。人们不是有意识地学习或者记忆事实。他们**活着**，头脑中就会有记忆和正常的经验残留堆积。这种综合性的了解，就像树木的干与枝，只是不经意地、没有意识地就**生发出来**了，从而成为他心智生活中相对而言不会轻易改变的稳固基础；至于那些片刻的经验，则犹如落叶，长出来，然后又飘走了。

在我们这个时代，人的原始天性相对而言不会改变。我们没有理由认为还有什么形式的新教育可能用来改进旧有的经验教育。新的状况需要适应、部分地调适，以及应用新的和经过改良的工具等等；但是从根本上来讲，结合最近的进步主义教育运动来看，我们仍能感觉到，经验教育依旧是个体的最佳训练方式。如果这个原则成立，那么阅读的目的，就是**经验的重建**。阅读也应当是**一种生活方式**。它不是说教式地用语言呈现出一些毫无根基的事实和抽象道理，要记住，要背下来，还要在这基础上进行测验，以防遗忘；这种方法最终留下来的无非就是一些令人不快的学习经验的零碎残渣。

过去的原始人在原始环境下实现了自己的目的，如果我们也想要在现今文明化的条件下充分实现培养文明人的目的，那么，从课程一开始到课程的结束，甚至到生命的尽头，阅读都需要像这个世界上的生活一样广阔而丰富，同时应对不同地域的需求，以一种历史的视角，充分呈现出这个世界各个地区的人类经验的主要类型。此外，我们要注意的不能仅仅是那些有形的、容易领悟的东西，还应当注重那些超出有形事物以外的力量、影响和关系。有形的东西较之于这类东西，常常就没 231
有多大意义了。无形的东西同样是现实的一部分。

现在，我们可以专门详述阅读课程了。首先，它需要呈现出现今人类在这个多样化的星球上的分布。我们将阅读游记、地理学、人种学、叙述社会学、人类学等等划分到这类。第二类阅读则重构历史的背景。这会包括传记、游记（记载的是过去的事）、历史、回忆录、进化社会学等等。同属于以上所谈两类阅读的还包括工业、商业、公民与卫生等等子类别的阅读。第三类阅读的目的在于阐发事物的本质和相互间的联系：科学、数学、物理、生物、社会学、科技等等。所有的基础科学都需要阅读——当然，也要与我们对这个世界的直接接触相结合——这样才能够看到这个世界的本质，而我们是要在这个世界中有所作为的。第四类阅读是文学，而且是狭义的文学。它旨在呈现任何一个在文学的主题下被择中的事物。它可以是一个单纯的历史事件，也可以是整个的历史运动，可以是单独的个人关系，也可以是一系列关系的交织，可以是一只动物的传记，也可以是无机世界的一个方面，或者是不朽的本质，或者是些别的东西，有形或者无形，远或者近，真事或者神话，都无所谓，都会进入人类的经验。显然，不必将文学与别的东西等同起来。但是它也不可能孤立于别的东西。狭义上好的文学，似乎只需要**充分地**呈现出其中任何一种事物就行。

让我们从地理说起，关注一些更详细的意义。在小学和中学阶段，
除了最广泛的实地直接观察之外，还会读一些故事，谈一谈构成这个世 232
界的各种事物。这当中大部分必须是口述，但是等到一年级过后，就变成以阅读为主了。书商正在迅速地提供合适的书单。这里是我们随意选取几种：《各地的小人儿们》（*Little Folks of Many Lands*）、《爱斯基摩人的故事》（*Eskimo Stories*）、《环游世界》（*Around the World*）、《广阔世界》（*The Wide World*）、《其他陆地上的大人小人》（*Big and Little*

People in Other Lands）、《荷兰双胞胎》（*The Dutch Twins*）、《日本双胞胎》（*The Japanese Twins*）、《中日短行》（*Little Journeys to China and Japan*）、《苏格兰之行》（*Travels in Scotland*）、《瑞典的格尔达》（*Gerda in Sweden*）等等。这些故事越是有文学味，越是能用一种真实、清晰、有趣的笔触重塑不同地区人们的生活和相应的背景，就越是良好的教育经验。现如今的这些读物，大多成形于一个注重教训意味或者事实记忆的教育时代，其承载的信息往往不能重构一个可以在想象中去观察、去重新生活的世界。然而尤其在最近，许多读物，避免了这种教训主义的危险和谬误。它们只是简单地讲述一些有趣的、遵从于文学规律的故事。它们不会显得要去提供什么“信息”。这些故事的呈现遵从于一个明智的理论，即只要孩子们被允许畅快地进入一个国家的生活，看到其中的状况，他们会有足够的智慧看到这当中的各种事物，并且留下十足的记忆。

这些最初阶段的阅读应当能够呈现出地球生活的各个基本方面。举个例子，想要重建爱斯基摩人的生活①，就应该允许孩子们了解他们的房子和家具的特点、他们取暖照明的方法、他们衣着的特点、他们的食物供给、他们从事的职业、他们的休闲娱乐、宗教、其乡村的特质、他们的交通、他们有时会面对的危险、那里的气候、陆地和水的形态、
233 昼夜长短、极光、植物和动物的生活、家庭生活的特点、他们对孩子的教育等等。这些阅读不应当刻意地引起孩子们对这些事物的关注。就仿佛舞台上的一场戏，它应该单纯地呈现出重构的生活，并且让孩子们自己观看，自己思考。对有些事情，他们肯定会想得很肤浅；然而对小孩子们而言，这很正常。他们在观察自己社会周遭的事物时，也是在用一种同样肤浅、片面的理解在观察。教育中最误导人的一个迷信，就是当我们呈现一个事物的时候，一定要让它得到完整的理解。但是就我们各个层次的经验的正常情况而言，一定会是对一些事物理解得非常充分，对别的一些事就只能理解一半，再有一些事情不过就理解四分之一，更有一些事情我们只不过零星懂得一点。经验训练就需要这种正

① 原文为“Eskimo life”。这一称呼带有歧视性，如今我们称他们为“因纽特人”。

常的差异；如果没有这些差异，反而会怀疑它正常与否。

中学阶段的学生，同样是通过加深和扩展自己的理解力和同情心继续观察整个世界的大格局。他们也会阅读一些能使他们充分体会不同地域生活总貌的记载。这些记载是为了匹配中学生更为成熟的理解力而选择出来的，应当呈现出他们在早些阶段发现不了的大量细节和关系。为了发挥效用，这些故事中应当用与文学相同的方式来重建经验，不要一味说教。校园时代是孩子们天性被充分唤起，最能够演化出一些健康而充实的休闲活动的时候。如果这段时间没能习得这种观察全世界范围内人类事务的习惯，那么到了成人的年岁也就不太会有这类习惯了。这种连续性是教育应当追求的。在这个时期，它比记下一些如树 234
叶般飘零的信息重要得多。当然，也需要注重信息——但是应当基于一个重要的前提，大多数信息是会被遗忘的。应当让他们培养出良好的鉴赏力和观察世界的习惯，使之成为一种休闲活动。这样，随时可供应用的、真正的信息才能大大扩充。而且，当他们需要其他知识的时候，也知道如何快速地获取。但是，如果在中学阶段仅仅局限于学习那些终将遗忘的事实，那么等他们成年之后，就既记不住那些事实——除非他们的学习很偶然地具有经验性质——也没能培养出一种观察世界事务的习惯，而这本来应当构成成人阶段最为重要的、非肢体性的休闲活动。

不幸的是，供中学阶段的孩子们阅读的书中，大多数都充满了说教意味，不能很好地适应经验教育。但是，眼下已经有一种明显的运动在远离这种口头记诵的学习方式。几年前，即便在进步主义的学校系统里，课本依然是训练的基础，所谓的补充读物不过就是些无关紧要的附属读物，然而到今天，地理类读本正在成为训练的基础，而标准课本则降格为参考书或者地图集的地位。更近出版的地理读本都更加努力地重塑各个地区的生活经验，而不只是陈述一连串事实。阅读以下生动的记叙作品的趋势越发明显：《抹香鲸的游弋》（*Cruise of the Cachalot*）、《船桅前驻守的两年》（*Two Years before the Mast*）、达尔文《贝格尔号航海记》（*Voyage of the Beagle*）、《迷失丛林》（*Lost in the Jungle*）、《长夜之地》（*The Land of the Long Night*）、《各地一瞥系列》（*The*

Peeps at Many Lands Series）、《两位少年游历锡兰、印度》（*Adventures of Two Youths in Ceylon and India*）、《澳大利亚的探险男孩》（*Boy Travellers*
235 *in Australia*）、《在帆船的浪花中环游世界》（*Around the World in the Sloop Spray*）、《我是如何发现利文斯敦的》（*How I Found Livingstone*）、《穿越黑暗洲》（*Through the Dark Continent*）等等。更进一步的是使用一些没有任何明显的说教旨趣，表面上只有文学意味的作品，但是它们同时也呈现了对一些地区或者重要生活状况的重建，而这当中是有启发意义的，如《海蒂》（*Heidi*）、《莉兹白 · 朗弗洛克》（*Lizbeth Long-frock*）、《年轻的冰上捕鲸人》（*The Yong Ice-Whalers*）等等。

我们所能想到的帮助孩子们解决地理问题的最好基础，还是要让孩子们与现实世界实现有效接触，这也是这一领域对孩子的训练经验最主要的部分。这种接触越是鲜活，解决问题的基础也就打得越牢。乍一看，我们在吁求前面所描述的读书经验，并且介绍了固化的印象如何有趣和生动，我们似乎是犯了一个之前提醒过要警惕的错误，那就是使教育经验太柔和、太容易。事实上，我们所吁求的经验，正是那些注重实践的人所要求的。他们坚持，教育应当通过与真正的现实世界最丰富的接触来达成。他们非常清楚，哪些接触是需要在当地的环境中完成的：直接的观察、实际的参与之类的。我们在这里只是说，世界中超出眼界的部分，同样需要在最大的限度内成为孩子们头脑中的现实。抽象的说教是给不了这种真实感的。比如，用半页纸来说明纽芬兰海岸旁的鳕鱼捕捞业，是不可能让孩子们对这门工业有任何实质性的认识的。然而，让他们读读吉卜林的《怒海余生》，以间接的方式让
236 孩子们参加纽芬兰渔船的种种活动，产生相应的经验，他们就会有效地与这种人类经验产生联系，好像他们真的漂荡在水面上一般。让他们以同样生动的方式在精神世界里穿越俄国的广阔平原，游过中国的江河，穿过非洲或巴西的丛林，穿过极地的冰洋，乘坐美国钢铁公司的矿船，在南方的棉花种植场生活一段时间，在西北部的麦场生活一段时间，在佐治亚州和俄勒冈州的伐木区生活一段时间，等等——让他们通过与现实世界的种种亲密接触去了解这个现实世界。而且，唯有这个

时候他们才能做好准备解决地理学中的种种问题，而这会培养他们对于更为普遍的影响、势力和关系更为深入的了解。经验教育的目的在于教育最大可能的效率、牢靠程度以及结果的实用性。之所以引入兴趣，从而使这种经验更生动、更充分，不是为了愉悦。它将愉悦作为一种手段来**使用**，但不是将其视为目的。

并不是说过了中学阶段，这故事就结束了。过去的地理课程对于成人的休闲活动关注得太少，到了七年级之后就倾向于结束了。但是从教育目的来看，这种经验很明显地应当贯串于一个人的全部训练。如果在最初的七年中培养一个人将来成人之后需要的习惯和鉴赏力，然后又搁置多年不用，等到他成人之后又捡起来用，这是不太可能的。这些能力可能都不在了。对高中生和大学生而言，想要延续这种间接的观察经验，最实际的方法就是继续阅读与他们更高的心智成熟阶段相匹配的读物。他们会更加关注势力、微妙的关系和普遍的原则。但是，在这个阶段仅仅用文字来说教，脱离与现实世界的接触，和低龄阶段一样不合适，而且不可能养成我们所想要的成人习惯。一个习惯，将来会怎么做，现在就要通过那种方式去获得。如果对现实世界保持终生的观察就是我们想要培养出的习惯，那么，到了成年阶段，也唯有对具体的现实世界持续不断的观察，才能培养出这种习惯。我们想要贯串于一生的事情，也必须要贯串于整个教育。 237

此处限于篇幅，我们不能再讨论历史和科学方面的阅读课程了。但是对这两者，都有共同的主要目的和控制原则。现在这两个领域里正在发酵的事情预示着一些有深远意义的变化。相关的学习还没有得到有效的整合，从而作为一种有意识的智力休闲上的锻炼。它本身的目的还没有获得合法性的确证。

现在让我们转向文学，狭义的文学。鉴于我们在这里处理的是一种通过阅读从事世界观察的休闲活动，那么，这个意义上的好文学显然就应当提供充分而有效的替代性机会。想要实现这个目的，就不止是要让读者看到，更要让他们与实际观察者和作者产生相同的情感反应。经典文学创作的目的就是以间接的方式，或者以语言为媒介，实现对现实世界的有效观察和体验。

现在，想要培养我们所讨论的这样一种休闲活动，我们所选编的文学就应当是那些能最大限度、最为有效地呈现整个世界各个地区、各个方面的信息的文学作品。任何选择都不应当基于文学的形式或结构，或者是作者的国籍，或者是他最初创作时使用的语言，或者是作者生活的年代，或者是这些选文时间上的远近，或者是作者的声誉。它只关心
238 一个简单的问题，那就是它能否打开一扇明净的窗，可以让人透过这扇窗向外眺望。如果不能，那么，不管这个作者多么享有盛誉，不管这些选文的难易程度如何，不管它的注解是多是少，对于我们所界定的目的而言，它都不算好。

这对于课程有重大的意义。过去，我们在选择的时候总是很褊狭。中学阶段的常规课程总是倾向于只选择英美的作家，呈现的内容大多不出英格兰、苏格兰和美国；对于当下的事务也极少涉及。这种传统的课程从来没有有意识地试图去介绍任何俄国、瑞士、挪威、日本、巴西以及大多数世界上其他地区的情况。它的宗旨往往在于文学的类型与技巧特征，因而没有太过于注重对世界人类生活的呈现。如果这个专业领域的教师被问到，讲授文学的功能性目的是什么？最常见的回答是：**文学鉴赏**。他们从来不会回答：在于了解和欣赏人、人类的事务，以及人类这出大戏上演的背景。

将后一种目的纳入课程之中，将会给文学课程的灵魂和内容带来深刻的变革。选文将会基于其内容价值。它们应当着力于最广阔的视野、历史性的眼光和洞察的深度。课程应当采纳各个地区的文学。为了前述的这一目的，好的翻译文学应当与英美文学并重。荷马、维吉尔、《旧约圣经》、但丁、巴尔扎克、梅特林克[1]、比昂松[2]、弗莱塔

---

① 莫里斯·梅特林克（Maurice Maeterlinck，1862—1949），比利时剧作家、诗人、散文家。1911 年获得诺贝尔文学奖。象征派戏剧的代表作家。1908 年发表的六幕梦幻剧《青鸟》，是他的戏剧代表作。

② 比昂斯滕·比昂松（Björnstjerne Martinus Björnson，1832—1910），挪威作家，1903 年诺贝尔文学奖获得者。他是挪威国歌的作者。主要作品有剧作《皇帝》《挑战的手套》，诗集《诗与歌》等。

格①、法布尔②、显克微支和托尔斯泰都应当考虑进来，他们与莎士比
亚、司各特、狄更斯、丁尼生、史蒂文森或者约瑟夫 · 康拉德是同等 239
重要的。

这个目的要求主题的广泛性。举凡战争、个人探险、爱情、强盗、慈善、宗教、旅行、穷困、家庭生活、商业、农业、工业、交通、政府、与自然的抗争、与疾病的搏斗、社会阶层的冲突、科学和技术的功用等等，人类存在的主要要素都应当通过文学得到呈现。既然文学叙述的是不同时代、不同地区的事物的变迁，那么它的领域就没有止境，要提供大量材料，以供人们的一种丰富而有益的休闲活动。早期教育的工作就应当让年青人开始这样一种鼓舞人心的课程；让他们爱上文学，就像爱上舞台上或者屏幕上更为浅易的戏剧一样；培养起这一领域的习惯，让他们终身都受智力之光的照耀。

为了达到上述目的，人们需要**利用**各种类型和结构的文学，但这并不是要求人人都掌握这种类型和结构的技艺。一个人可以用时钟来分辨时间，但是他并不需要懂得钟表的工艺技术。同样地，他能通过文学获得种种启示，但是并不一定非得知道文学是如何创作的。

阅读应该像是在戏院看一出戏。这出戏会呈现出人类生活的一个投影。观众想要的，也就是这个投影。投影越是完整，这出戏也就越成功。观众根本不需要知道编剧为了达到这样的效果采取了哪些手法。 事实上，他对戏剧为了达成效果而采取的技法懂得越多，所能看到的就越是一些舞台的程式，而不是一个真实的人生映像的演
出。它就变成了一套技术策略而已。因此，这方面技艺的知识根本不 240
能促进实现戏剧的根本宗旨，事实上反而起着破坏和阻挠的效果。同样地，作为读者，过度地关注于文学的技艺，非但不能促进实现阅读

① 古斯塔夫 · 弗莱塔格（Gustav Freytag, 1816—1895），德国作家。十九世纪德国现实主义文学大师。博比特在此书后面部分还提到了一位 Freitag，与这位 Freytag 实则是同一个人。因为德语中 ei 和 ey 发音相同，所以常常会出现这样的笔误，久而久之也可视为习惯。这一点受教于南京大学李双志教授，特此致谢。

② 让-亨利 · 卡西米尔 · 法布尔（Jean-Henri Casimir Fabre, 1823—1915），法国博物学家、昆虫学家、科普作家。著名的《昆虫记》的作者。

的根本宗旨，反而在事实上成了绊脚石。

用于教育目的的选文应当很难吗？不。清晰、生动、能促成即刻的印象才是文学的要旨。一部文学作品越是能让场景轻易地浮现出来，而不让人关注于作品本身，这部作品就越是切合于这一目的。通俗地说，这就好比窗户，玻璃透彻得让人看不见玻璃本身，肯定要好过让人更多地关注于玻璃本身。或者再用一个讲过的例子，舞台上的戏剧的写作与演出应当清晰明了，没有什么困难，没有什么矛盾，也极少或者根本不会暗指一些观众普遍不知道的东西。动作一呈现出来，就应当让人看明白。失败的戏剧往往就是因为晦涩、矛盾，总是暗指一些弄不懂的东西，或者出现一些别的困难。很显然，选来增进读者经验的文学应当同样具有清晰的特质。

事实上，阅读应当简易、迅速、有趣，这样才能在可用的时间内涵盖更多的领域，而且主要出于内在动机而读书。我们不能指望那些即便训练有素的成年读者在闲暇读书的时候还常常翻阅字典、参考手册，或者在书后写下注释。孩子们的天性更是不能适合这种机械的咀嚼文
241 学作品的方法。如果阅读内容太难，速度下降，孩子们看到的东西就比他们本该看到的东西少。这种方法根本就不能达成我们的目的。更进一步讲，它不能在他身上培养起一种更持久和基础的阅读鉴赏力和正确的心态，也无法将阅读视为一种能结出丰硕果实的、持续一生的休闲活动。

想要让阅读变得容易、迅速、悦人身心，那么在一年级的时候就要让他们**大量**阅读，日后随着年级递增逐渐增加。任何选文，如果太难，以至于阻碍了进度，那么这就证明它归属于一个更靠后的阶段，是为了年级上升、困难程度也相应上升之后而准备的。很显然，如果孩子们读书的时候还要常常借助字典、参考手册或者文学笔记，那么这就不是准备充分的阅读。事实上，如果阅读内容选择得宜，而且足够丰富，那么词汇量会随着学生的阅读过程自然**增长**，而不必在阅读过程中借助于词典。如果他们对于理解神话或者历史的隐喻有困难，那么这就意味着他们还缺乏大量神话和历史方面的阅读经验，而这本应当先行一步，

作为涉及这类隐喻的阅读的一个先决条件。一本神话方面的参考手册不可能给他提供一则神话的真正意味，因此也不能呈现出这个神话隐喻的精髓和意义所在；一本历史参考手册在历史隐喻方面同样如此。只有等到具备了合适的背景知识和相关联系之后，这些隐喻才能被正确地领会。

作为总结，让我们概述一下。对一般人而言，文学是用来**体验**的，而不是用来**学习**的；是用来**使用**的，而不是用来**分析**的；是要成为一种内在驱动下的愉悦经验的，而不是外界强迫给我们的任务。文学不必都是旧文学，也不必都是新文学。作者不必都是已经去世的人；同样，242
也没有理由说一定要找那些尚健在的作者。揭示文学类型不是主要的；各个时期的文学特点也不是我们关心的重点。不一定非得是那些已经成名的作家作品。但是，它必须易读，能速读，而且内容充实。它应当让读者的智力和审美经验都得到提升。自小学阶段起，就应当大量地读，日后到了初中、高中、大学，其丰富程度要递增；乃至成人之后，在继续教育阶段也要提供丰富的内容。它应当呈现的是世界文学，而不仅仅是英语文学。它应当包罗万象，只要不逾越人类的界限，而不仅仅是一些匮乏而片面的内容。它应当呈现完整的人类大戏，以及表演这出戏的舞台。

有了这种丰富而合适的阅读机会后，还有一个同等重要的问题，那就是提供一位能够正确引导这种阅读经验的教师。有资质的教师必定是那些热爱阅读之人，每日都通过阅读拓宽自己的眼界的人。他应当有世界视野、世界的同情心，而且对人类各种事务随时抱有兴趣；他应当将**经验视为对年青人的训练**，而不仅仅是对事实的记忆；他应当成为一个情境的创设者，和一个影响因素，而不是一个监督他们背诵的监工；他应当知道孩子在每一个阶段精神成长的过程，以及各个阶段的趣味爱好，这样他才能最有效地区分这些阅读经验，从而唤醒孩子、训练孩子、塑造孩子；他应当在时机没有成熟的时候耐心地约束好自己的双手，等到时机成熟，孩子的兴趣已经如潮水一般达到顶点的时候，他能
趁这股浪潮消退之前用细致而不引起孩子怀疑的手法，为孩子们培育 243

出需要的经验；他会感觉这就是他对孩子们的责任所在——在这些孩子身上，就是一个个还没有完全成长起来的男人和女人——而不仅仅是完成一个科目、一本教材，或者一套课程表；他应当知道怎样运用系统和组织，达成高效和经济，至于孩子们想要获得何种经验，在哪里获得经验，要多少，也都出自天然和自由的选择；他应当知道，相较于独裁地命令儿童“明天九点钟你就得获得什么什么的经验，明天九点半你又得获得什么什么的经验，十点的时候还有第三种经验”的机械指令，还会有更好的管理孩子经验的方法，而前者无非是让孩子在日复一日、年复一年的枯燥生活中机械地磨出了那些经验。

长期以来，我们这个专业都认为教育的唯一方法就是**教导**。我们还没有充分地认识到，**生活**也是教育。我们过去忙碌劳累，只不过提供了教导的场景。直到最近，我们才慢慢认识到如何提供生活的场景。两者都有地位，然而生活更为主要。

第六部分

社会交际教育

第十九章　母　　语 247

除了身体活动之外，一个人的活动主要就是社会性的了；而母语则是一个人用于社会交际与往来的主要工具。它也是思想的重要载体。 可以说，一个人只要能用母语跟他的同伴交流就足够了。如果他能够理解他人，也能为他人所理解，而且无论他的语言能力到了何种程度，只要能够很好地用这门语言从事自己的思考工作，那么，就没什么好担心的了。然而，语言这个工具看上去几乎在一个人清醒的所有时段里，甚至是在整个的一生中，都在被人们持续不断地使用着，既用于思考，也用于交流。为了达到这一目的，我们的工具当然得是一副**好**工具，而不能是粗糙的廉价货；它应当易于理解和欣赏，从而被人们用心地、智慧地使用。对于那些用于娱乐的汽车，人们尚且追求漂亮的设计、干净、完美的组装、噪音小、驾驶平稳，肯定不会满足于随便一台能跑的机器。一个人的衣着在我们看来也应当有好的设计和色泽，干净，不会引起他人的不悦；不可能只要求保暖，而其他一概不顾。同样地，和这些东西相比，语言与人的一生联系得更为紧密，是一种永恒的财富，不会像衣服那样常常更换，故而同样需要有好的设计、得体、精练、准确、合宜，而不仅仅是用一套粗俗的话语表达粗俗的思想。

大家普遍认识到，母语的训练主要是通过一个人普遍的社会和语
言经验来获得的。通过听、说、思、读、写，一个人始终在使用自己所 248
属的社会阶层的语言，从而掌握了它。基本来说，他不需要教导就可以达到自己的社会圈子给语言设定的标准。在语法和作文方面，他可能需要一些指点，而当他开始学习诸如阅读、写作和拼写这样一些人为的

语言格式时，就需要更多一点的帮助。如果只是要把他教育得满足自己那个社会圈子的语言标准的话，往往不需要太多额外的刻意训练。

然而，我们感觉到，绝大多数社会圈子的语言生活是低于它应当达到的标准的，这种语言能力还不足以满足一个充分人性化的民主社会的思想与行为对语言活动的要求。大家都感觉，我们所渴求的智慧要求一种与更高层次、更微妙、更复杂的思想相匹配的语言；而且，在一个民主社会中，所有阶层的社会认同和相互理解，也需要一种对所有人而言多多少少更为统一的良好语言的标准。这并不意味着定于一尊，只是删减掉那些粗鲁的或者我们可以称之为“语言无效”（language-in-efficiency）的部分。

鉴于所有人的语言效率（language-efficiency）应当提高到大多数人的水平之上，教育显然在这场社会进步的运动中扮演了代理人的角色。这就不光是以成人的标准来衡量和消除儿童语言中发现的许多缺点，而应当是用一个处于他们的圈子之上的标准来加以衡量。

科学的课程编制可能在这方面比在其他方面做得更好，虽然它也只是在起步阶段。许多城市的语法研究者一直在探寻现实中的语法缺
249 陷；并且基于此，组织学习和其他经验，从而消减这些语法缺陷。举国上下的研究者都在编订常被拼错或者念错的词汇表，各种各样的作文疏漏，书法、口语和默读中常见的错误，等等。这是通过探寻我们进行有意识训练所要达成的特定目标，对现实情况做出的诊断。

除了指出目标之外，科学研究还鲜有更多的进步。为了达到目标而给出的一系列学生经验，常常只是当前从实践中得来的一些教育假说罢了。

现实的程序可能太过于关注某些需要预防和纠正的具体错误，而对产生错误的深层原因还太少触及。在纠正或者预防语法错误方面，一个人热切地**想要**使用正确的英语，比他记住所有必要的专业知识或者把他错过的地方打印出来给他看更为重要。除非教育能首先培育出来这种欲望，否则，其余任何直接的努力都将变为无用功。因此，教育在这里应当主要着力于对优美语言基本的判断力与鉴赏力、对一个人

的语言应当具备的批判态度和敏锐关注、一种想要使用一套既有效又亲切的语言的社交追求、一种对语言中应当消除的错误高度关注的广泛的社会敏感，等等。与那些常常拼错的单词一样，这些也能列成一个详细的目标表单；而且，这些目标更为基础。但是，想要实现这些深层目标，相应的教育思想和技术是什么，如今还不是很明确。接下来的讨论很不幸地受制于篇幅，只能简练而概括。在这些讨论中，我们往往更多地提供一些可能性，而非确定的结论。

1.首要的教育目标是要给每个孩子和年青人提供丰富而充分的语 250
言生活，而且这种语言的类型应当是我们想要的。让他尽可能多听他将来会使用的语言类型，而那些不想要的语言类型就要尽可能地减少。让他充分沉浸在丰富的阅读经验之中，在这当中让他想要的语言类型流经他的意识，并且在无意识中塑造他的词汇、句法和语言的思想结构。让他通过直接接触、投身行动、观察和阅读等方式拥有各种各样的经验。同时，要让他拥有在各类正式或非正式的交谈、讨论、口头或者书面的报告中用语言表达自身经验的经验。那些构成他生活的非语言性经验，也要有多样性、现实性、责任感和实在感；对一些正常的语言伴生现象也应当提供机会。对这个现实世界，他应当具备清晰而有效的思想，这要成为他智力生活的核心；同时让语言成为思想的优良载体。能够提供这些经验的教育，就能够在英语方面提供所有必要的训练。

孩子们和青年们最主要的是需要有机会在一个拼读正确的环境下**生活**。我们已经有了太多的英语**教学**，但英语**生活**仍旧不够。即便是那些劳心劳力的英语教师也承认，虽说他们已经让英语在课程里占去了最大的一份，但是他们的教学还是远远谈不上成功。他们给出的解决之道是：我们还要更多的时间份额。即便给了他们，不久之后他们肯定还会再来索取。他们已经掌控了教学的方法，但是说到完整的语言生活，他们并不比别的学科掌握得更好。语言教学关系到对整体教学经验进行调整，使之与语言的要素相适应。普通的英语教学只涉及了整个经验中的一部分罢了。

251 2.一个人的语言与他的其他经验是相匹配的，同时他也用语言来表达他的其他经验，但仅仅从这种语言生活中得来的训练，如果没有经过有意识的训练，势必在许多方面出现不足。就算让一个人拥有了最丰富的语言经验，他也会犯一些语法错误，拼错、读错一些单词，或者还有一些别的语言上的错误。针对每个人的有意识的语言训练课程将消除这些错误视为自身的目标。这意味着对有些学生而言，课程可能会比较长；而对另一些学生而言，则可能比较短；所有这些都取决于他的错误清单有多长。这意味着有意识的英语课程即便针对同一个班里的两个学生也不可能是一模一样的。一个整齐划一的英语课程是难以想象的。这就好比医院里对不同的病症却用同一种治疗方法一般不可思议。

很多机构都可以为孩子们探寻课程目标。课程伊始，孩子们可以自己给自己常常犯的拼写、发音、主谓一致、动词形态、书法、句子结构、作文结构等方面的错误列清单。他在这方面的工作应当尽快，并且尽可能充分地转为工作阶段的经验。这就要求他意识到自己要达成的目标是什么。自己给自己制定目标，这种努力是培养他认识责任、形成责任感的重要环节。

针对每一个主题，学生委员会（pupil-committees）应当轮流服务，密切关注班里的每个学生都犯了什么样的英语错误，在给每个孩子划定错误清单这件事上出一份力。留心对他人的演讲，较之于主观地留意自己的演讲，是一个更加客观的过程，因此它可以成为我们自我审视
252 前的一个不错的准备。较之于在我们自己的演讲里发现错误，在别人的演讲里发现错误更容易培养出我们对错误的批判态度。我们可以对此加以归纳，再和自己犯下的错误相比照。这样一种学生委员会可能看上去并不起眼，但它的效用却是多方面的。它能让参与此事的学生得到必要的锻炼，而不仅是减轻了教师的诊断工作。

如果有一些错误是学生自己以及委员会都没有发现的，那么教师就可以将自己注意到的补充进这个错误清单。

3.等学生的错误清单列好，他也知道了正确的形式应该是什么样之

后，接下来就是他**想**要进行更正。这个学生本人是唯一能办到这件事的人。因此，一定要让他有这个意识。在这一点上，通过说教、劝导、威胁、强迫、开一门课或者布置一项练习，通常是没有效果的。语言是一个社会过程；想要让他有这个意识，只能通过一些社会刺激，让他留意自己的措辞，每每说错话就感到懊恼和羞耻。这就是一种敏感的语言良知，也是社会良知的一种，这会让他坚持正直的道路，每每发现自己犯错就会感到刺痛，从而努力回到高尚中来。

有人坚称这种语言良知超出了儿童的认知范畴，这只不过是暴露了他们对儿童的不了解。一旦教师要求男孩子们用那些夸夸其谈的“大词”（big words）和书呆子英语，他们都会懊恼不堪。这就对语言良知产生了反应，这种语言良知在那一刻左右着男孩所属的圈子。他讨厌被嘲笑——换言之，就是被他的伙伴们认定为用了一种不被他们那个圈子的语言良知所认可的英语。

因此，让孩子们**想**要用正确的英语，就是要让他的同伴们都**期盼**着 253
他能用一套正确的英语，如果没有的话就批评他。训练一个孩子事实上是在训练与他有往来的所有孩子。这是在间接地触及他。这个目标就是让他所生活的整个社会都由衷地对他的语言有所批评。这并不意味着批评者一定要把批评说出来，并且粗鲁地把他的错误指给他看。这样只会激起他内心的反感。最奏效的，其实是让他自己领会到其他人并未说出口的批评之辞，这也应当成为日常——他自己的意识会说出他的社会良知和社会对他的指责。这不会激起他过激的反感，却足以驱使他清除自己语言中的错误。

因此，这里的问题就在于如何使全班都愿意真诚地批判各式各样的语言错误。这个任务似乎既有它的积极方面，也有其消极方面。我们先说说后者，孩子们会过分计较他人的英语错误。学生委员会记录下各式各样的口头或者书面错误，正是这方面颇为有效的一种途径。凡是在校对或者阅读学生论文方面经验丰富的人都会欣赏通过这种方式培养起来的批判的语言良知。

就其积极方面而言，则会培养出清晰、准确和井然有序的思维；语言也会相应地具备这类品质。经过这番训练的人一定会非常憎恶那些模糊不清或不雅驯的思想和措辞。这一积极方面是所有那些将思想视为训练的一部分的教师要达成的效果。实际上这意味着所有的学科都不能除外。

以上所谈主要关注的是英语的表达方面。此外还遗留了一个语言
254 输入的问题——听与读。倾听是本能，不需要被教。学习听，只需要去听就行了。读与听类似，只不过是视觉的。就其纯粹视觉的那部分而言，不是天生就有的，需要教师细心地创设环境，提供刺激。但究其根本而言，它和听并无二致。一个人也是通过阅读学会了阅读。只要事情够吸引人，小孩子们就会听，并且学会去听；同理，只要给他准备的材料足够吸引人，稍稍开个头，他就会读下去，并且学会阅读。因此，仅仅为了掌握阅读技能而编制的课程，主要就是根据孩子们的天性，给各个年级的孩子们提供丰富而有趣的阅读材料，并且材料要循序渐进，由浅入深，使孩子们可以大量而快速地阅读，常常还是默读，不会被任何语言或者思想的难点给绊住脚步。每一个一年级的学生，应当能够轻松而持续地接触到不下两打或者三打能吸引他们的书。往上每升一个年级，量再加大。那个时候，教师们就会找到方法刺激他们的兴趣，点燃他们的热情，让他们沉浸到书本中去，让他们全然醉心于鲜活的阅读经验。

第二十章　外语的训练 255

在我们国家，因为外语知识储备得少而导致的问题，或者对发展造成的阻碍是什么呢？

如果不掌握一门或者多门外语也没有产生什么严重的问题，那么就没必要花费公共支出，把外语纳入课程中来。如果事实正好相反，会因此造成严重的问题，那么这些问题的性质就会指向外语训练，因为外语训练能避免这样一些我们不想要的结果。

学习外语的作用究竟是好是坏，两方都不乏支持者。为了避免陷入这一陷阱，我们就需要对这个问题加以详细的分析。如果一个人缺乏外语方面的知识，他在完成自己的职业工作时会有什么样的负面影响呢？这个问题需要就各个工作阶层和各种等级的工作分而言之，从最简单的例行公事的层次到最复杂的专业化层次，不能一概而论。这个问题也应当推及其他领域。如果民政事业缺乏外语知识会有什么负面影响？如果外语学得不好，对个人卫生和公共卫生有什么不利的影响？因为外语训练不足，家庭生活会时常受到哪些方面的不良影响？外语知识的缺乏会给道德和宗教生活造成什么问题吗？消遣娱乐活动会因为外语知识的缺乏而出现什么缺陷或严重不足吗？外语掌握得不 256
好，对我们使用母语有什么显著的负面影响吗？如果有的话，哪些负面影响可以通过学习外语而得到高效而经济的纠正呢？

这些问题需要从另一个角度进行分析。人接受训练，是为了说，还是仅仅为了读？一套仅仅追求后者的课程从根本上来讲和追求前者的课程是不一样的。就前者而言，虽然读仍旧是课程中很大的一部分，但说必须是核心的部分。班必须要小，常常开班会，大部分的时间和精力要用于语法和作文。而在第二种情况下，只需要在一开始讲发音，以及让他们对语言有一个印象的时候，才需要一点点说的成分。而最主要的需求在于提供大量有趣的阅读材料，而且难易程度要合宜，让孩子们只要开了一个头之后，词汇量、构词的形式、句子的形式等等都在一个细微得难以察觉的程度上递增。经过充分的阅读，而不必太过于依赖教师、字典或者是语法辅导书，孩子就能精熟于阅读。就后一种情形而言，班上人数可以多一点，班会可以少一点。

职业效率所需求的语言

我们提出的问题是如此之多，又如此复杂，因此我们在这里只能触及一些更基础的问题。首先，让我们谈谈外语在职业方面的价值。就现代语言而言，职业上的例证是各所大学极力主张的，而大学影响着层次低一些的学校。职业例证也有几种说法。其中之一就是大学生必须
257 得充分阅读自己专业内的外文文献，那么，为了这一目的而在高中开展多年准备性的语言训练就是正当的。鉴于中学也无法知道究竟是哪些学生将来会上大学，他们就要求所有的学生都学习外语；而且如今这一职业例证占据着优势，所以他们会鼓励学习现代语言。第二种例证则是对商业或店员而言的。商店需要掌握了相应外国语的店员、通信员以及国外代理。此外，为了提升移民社会的商业利润，外语教学更是不可或缺。

关于职业方面的例证，为了更具体，让我们以教书行业为例。国内的小学和中学教师有六十万以上。与其他职业完全一样，教师需要具备丰富的知识、开阔的视野，以及处理复杂问题的能力。那么现在，教学能力的种种缺陷中，有哪种缺陷是由于外语知识的缺乏而导致的呢？倘若有人以这个问题直接求教于教师，或者问询负责测评的专家，我们就能发现，固然能列出诸多教学缺陷，但没有哪一种缺陷和现代语言知识的匮乏有严格和明显的关联。通过阅读督学、校长、师范学校校长和

教师培训学校导师所认定的导致教师缺陷的诸多原因，我们会发现他们从来没有提过现代语言这一项。如果外语真的是导致缺陷的根源，或者相对而言是重要的缘由，那么这些人中势必有人会发现这一点的。

在前一章里，我们已经讨论过了，任何领域的工人都有必要跟进在世界范围内自己领域里有哪些最新的发明和进展。教育是所有进步国家中试验种类最为繁多的一个领域。因此，无论在世界范围内有任何 258
教育思想或技术上的进步，无论这种进步诞生在美国、加拿大、英国、法国、德国、丹麦、挪威、瑞典、瑞士、意大利、俄国、日本、阿根廷、智利、巴西、澳大利亚，还是新西兰——我在这里只列举了那些正在经历进步运动的国家，教师都应当予以关注。同时，教师也应当有职业上的刺激和广阔的视野，这源于他将自己视为世界范围内的教育集体中的一分子。想要实现这一目的，唯有通过生动的接触，而这当中就以与全世界的专业领域相联系的社会化阅读为主。

还有一种同样正当的说法，即他们应当用经济的方法获取技术和社会方面的讯息。在今天哪里都需要时间和金钱，因此只要能找到更为经济的方法，就不应该浪费了它们。更进一步讲，技术和社会的需求决定了时间和金钱要高效地利用，不可随意荒置。把这些得到普遍认同的前提牢记于心，再让我们来看看当今的形势。

有两种方法可以完成这方面的教师培训。第一种是教给他们以上列举的各个国家的语言——合计约有十种——然后期望这些在培训学校、大学和师范学校的老师通过阅读各类语言的原始文献，获得所有专业和社会领域的知识；更进一步，则希望这些老师在自己教书的地方也能确保学好外国各个地方当下的语言，看看有哪些地方可以为我们上述的目的所用，当然，要做到这一点的方法至今尚未找到。另一种方法，是美国教育局已经发展多年的一种方法，就是用英文发行特别准备 259
的简报，摘要介绍世界各国的教育发展。以下我们列举几个标题：

1. 瑞士学校系统给我们的借鉴。
2. 丹麦乡村教育系统。

3. 丹麦的成人高中（folk high schools）。
4. 蒙台梭利教育体系。
5. 德国的工业教育及其对美国的教训。
6. 刚刚经历改革的中国教育系统。
7. 拉丁美洲的大学和特殊学校。
8. 英格兰、苏格兰和德国的教师培训。
9. 德国的辅助学校。
10. 中美洲、南美洲、西印度洋群岛的中学。
11. 一些国外的教育调研。
12. 战时国家对于职业教育的需求。

虽然教育局的这项工作还没有完全展开，但是就专业领域对技术和社会信息的需求而言已经远远足够了。只要社会上更普遍、更明确地要求一份更为详尽的简报，教育局也会很快满足这一专业上的需求。这需要雇用一批专家，他们既对自己国内教师的需求了如指掌，也对自己报道的外国的情况洞若观火。因此，这些专家需要通晓外国语言、外国教育和专门领域的文献。唯有用一半的时间定居在那个国家里，并且一生都关注这一领域的人，才可能有效检视他所报道的国外的工
260 作，并且有效选择那些美国国内的老师所需要的东西。唯有对双方都有鲜活的接触，才能对这些专业事实进行理性的筛选，或者提供有效的社会读物。

让每个人都通晓外语的方法，显然在时间和金钱上代价极高。而且就上述两种专业目的而言，除了少数专家，整体而言是效率很低的。普通教师根本接触不到外文文献，外文书根本就不是针对他们的需求而写的，而且卷帙浩繁、偏向说理、零散不堪、漫无条理。教师们对于自己国内太过庞杂的专业文献尚且不能读完十分之一，对外文文献自然涉猎更少。如果有专家对他们的需求非常清楚，斟酌选定一批材料，加以整理，译为英文，他们就极少去读外文文献了。

这里不是要否认那几百位专门从事研究的工作者学习外语的必要

性。显然，那些专门搜求外国文献，并且探究哪些技术和信息有必要介绍回国的学者，势必要掌握外语。但这只意味着为了严格意义上的专业目的，学习外语是合理的，而这大概只占千分之一的比例。如果把对这一个人的要求强加给其他九百九十九个人，这代价实在太高了。

我们之所以花掉这么大的篇幅来讨论教师们的情形，是为了说明所有职业中现代语言的性质。让我们检视一下医药、工程、金融、法律、神学、建筑、音乐、美术、新闻、政治，以及专业层次的贸易、银行、运输、农业、采矿等行业。我们就会发现，这些行业也需要知道在世界范围里，其他进步国家在同领域的技术和社会资讯。然而，他们同 261
样也需要借助于**高效**而**经济**的手段。每一个行业里都需要有少量高度专业化的研究工作者，精通外语，将外国种种有价值的讯息以英语的形式带回来。

让我们将以上两种方法在金钱和时间上的花费做一个比较，就能看出后者明显更为经济，其花费大概不到前者的百分之一。倘若就**整个行业领域**的效率来看，它的优势会更大。

如果我们再看看最普通的农民、机械师、矿工、家庭主妇、首饰匠以及别的一些职业化水平较低的工种，就能发现这些职业也需要与世界范围内的同行保持联系。对各个社会阶层而言，我们都在逐渐变得有世界主义的头脑（cosmopolitan-minded），我们也认为理应如此。因此，各个阶层的男女都应当阅读；但是显而易见的是，为了高效和经济，应当进行母语阅读。即便有了母语这样便捷的媒介，这一目标也颇为艰难。因此，除非有什么特殊的情形，要让数百万专业层次以下的工人们都掌握外语这件事，毫无职业理性可言。

有人可能会争辩说，有国际关系的贸易会涉及一些我们未曾提及的专业需求。这些大型商务公司需要与国外保持联系，需要熟识外语的通信员、代理人和职员，他们要掌握与之打交道的国家的语言。当他们与巴西通商的时候，他们的专门雇员就需要精通葡萄牙语；与日本和中国通商的时候，就要精通日语和汉语；与俄国通商，就要精通俄语，以此类推。

大体说来，在国外办事的代理人、职员和通信员都是那个国家的当
262 地人。既然他们是当地人——而且，这一趋势正在攀升——那么就不需要我们的学校来培训了。当然，也有人说，我们美国国内也需要一部分人精通此道，尤其是那些领导者。他们需要为此目的接受充分的培训。他们应当熟识外语，无论是领会、口头表达，还是书写，都便利自如。为了高效，他们还应当知道外语的措辞语调、表达的细节、种种习语典故，这些东西能够打动外国友人的思想与情感。他们要用这种语言来思考，来表达，而不是翻译，或者说得结结巴巴，或者说话像念书一样呆板——甚至比这更糟。唯有在以这种语言为母语的外国生活，才能达到这样的流利程度。

很明显，这只是专业化的职业培训中很小的一部分。但是既然这一部分只需要很少的从业者，尤其如果这种训练务必精深而彻底，那么，从业指南也应当明确只需要很少的人接受这一训练。当然，有人可能会辩称，一千个高中生里头有一个人将来会从事需要西班牙语的工作，而我们常常并不知道这个人是谁，因此我们应当允许或者鼓励所有的孩子都学习西班牙语。训练这几百个根本不需要西班牙语的孩子，只是为了满足那一个人的需要，这是一种极不经济的达到目的的方法。而且它忽视了那几百名孩子的需要。公共教育给千百万不从事这一狭窄的专门领域的孩子们提供足够的职业训练之后，就应该给几百个确实要从事这一行业的孩子展开专门化的训练了。

公民活动对语言的需要

在我们国内，有哪些公民事务里的缺陷可以证明是因为外语知识
263 缺乏而导致的？社会领袖、政党和报纸都在从自己的角度急切地指出这个社会中的种种缺陷及其病源。但是，他们还从没有将外语不通作为一项普遍承认的导致公民事务效率低下的原因。数千双眼睛都在盯着这一领域，而且这些事务和他们自身的利益息息相关，因此他们也表现得极为敏锐，在这种情况下，任何一种导致公民事务出现漏洞的根本

性原因都不可能逃过大家的双眼。

在其他几章里，我们提到过对于培养国家和市政的大团体意识尤为重要的阅读。毫无疑问，母语对于促进理解是最有效的，也最能激起大家的情感反应，最能激发同情心。但是，当我们把目光转移向国际形势时，问题就不一样了。人们同样需要通过阅读来增进世界民主的同情心和理解力。但是，英语是我们达成这一目的而唯一需要的吗？

有两种进入世界经验的可行方法。外语的支持者代表其中之一。据他们讲，我们如果不能与外国人用同一种语言来思考某些经验，我们就不可能完全正确地进入他们的这些经验。然而他们极少或者从来没有将他们的这一论点付诸逻辑的结论。这暗示着我们必须学会全世界所有的语言。为了避免只覆盖世界的一小部分的情况，我们只要学习那些最大国家的语言就足以有效破除狭隘的地方主义了。因此，针对这一目的，最重要的语言就是俄语、西班牙语、汉语、葡萄牙语、印度语、德语和法语。它们，再加上英语，就差不多可以有效地覆盖全世界了。需要注意的是，我们所追求的是一种全球意识，而不仅是通过法语学习获得一种法国意识，或者通过德语学习获得一种德国意识，也不是 264
通过拉丁文的学习获得古罗马意识。如果学习外语是达到目的必要手段，那么显然，即便学了一门，甚或两门语言，也没法实现这一目的。

还有一种方法则是通过阅读用英文撰写的各国历史，和有较好英文译本的各国文学作品。事实上，人类经验究其根本而言，在世界范围内都是相同的，只不过在细节和比例上有所差异。用世界上任何一种成熟的语言都可以同样好地传递任何一种人类经验。最基础的东西不是语言，而是作家心中的经验和读者脑海中构想出的经验。用什么样的符号系统把这套经验从作家那里传递到读者那里，是无关紧要的，用原文还是通过翻译都关系不大。唯一要紧的就是经验重构的恰当性。爱默生（Emerson）曾经说过："我已经有了种种译成自己母语的作品，偏偏还要去读原文，这就好比当我打算去波士顿的时候非得自己从查尔斯河游过去一样。"

家庭生活所需要的外语

很显然，在一般情况下，母语是家庭生活唯一需要的语言。

然而，在移民人口里还是存在一个严重问题。父母将一门外语带到了我们的国家，但是他们的孩子们却都成长在英语的语言环境中。大多数情况下，移民都是劳工。他们常常用的是自己母语中各种粗鄙
265 的部分，对自己故土的文学也不甚了了。他们的社会地位常常使得他们被本地人看扁，他们的语言往往也会被看扁。这些在美国环境中成长起来的孩子，在无意识中也会对他们愚昧的父母采取美国人的鄙薄态度。他们对自己的父母失去了尊重，对父母的语言也失去了尊重。他们过早游离于父母的影响之外。这种家庭分裂对孩子们而言常常是严重的灾难，对父母们怀有的希望也是打击。

这种分裂要归于许多因素。但是，既然语言是我们最重要的社会纽带，那么其中一个因素一定是共同语言的缺失。孩子们不愿意用被人看扁的语言，而父母也不是那么容易适应孩子们用的语言。让孩子们对父母所持的语言多一些敬畏，能在一定程度上缓解这一问题。而实现这一目的的最好方法，莫过于让孩子们读一些故土语言优秀的文学作品。所有美国学校的基本语言固然应当是英语，但是在意大利裔社区，孩子们也可以读一些有趣的意大利文学；在波兰裔社区，可以读波兰文学；在匈牙利裔社区，可以读匈牙利文学。学校敬重的语言，对孩子而言显得雅致而高贵的语言，都会得到孩子的敬重。

如果我们的教育精确地指向我们想要达成的社会效果，而不用囊括那些没有包含在内的要求，那么，这项任务就不怎么难，也不会花去多少时间。学校只需要关注学生与阅读相关的知识。孩子们在家里就能得到锻炼说话的机会。虽然在家里说的话可能在语法上不尽准确。然而，**训练总是需要和目标联系起来的**。在这种情况下，孩子们会对父
266 母的语言产生敬畏。因此，倘若父母的语言粗俗不堪，那么孩子在这方面关注到的越少越好。这可以降低给他们讲授语法、作文以及别的一

些东西的必要性，而这些东西，都是需要时间的。

学校要关注的只是阅读。它们需要的是丰富的、这种语言里最有趣的故事，而且要编排得让孩子们感觉不到其中的梯度。孩子们一旦掌握了英语阅读的技能，再掌握自己父母的语言也不会太难。这不需要太多的课堂作业——只需要调动他们的社会积极性就可以了。他们在历史、地理、文学等方面的课本和辅助读物，也可以偶尔用他们父母的语言写一部分。

与此同时，对所有别的目标也应当牢记于心，这一项训练不宜过度，在时间和精力上占去太大的比重。和谐的家庭生活只是对孩子们的训练所要达成的诸多目标中的一个。等到移民的第二代，这个道理就不成立了。到那时，教育的惯性就不能再为我们保留外语提供合法性了。

外语与休闲活动

所有人都承认，品读优秀的文学作品是一项健康而且吸引人的休闲活动。文学是以几种古代语言和一些现代语言为载体的。大家普遍承认，除了一些特别讲究韵律和感官因素的诗歌之外，大部分文学作品只要翻译得当，译本实际上是不输于原文的。有些译本甚至胜过原本。然而消遣的核心是经验的多样性、新奇性、新鲜感。陈旧的经验势必不
能令人满足。以音乐为例，人们总是喜欢听各种形式的演奏：弦乐团、 267
乐队、钢琴、风琴、独唱、合唱等等。不同的演奏方式交相辉映，扩展我们的音乐经验，使之多样化，从而增加整体的乐趣。在文学领域，人们也总是喜欢不同的媒介。外国语言写成的文学作品往往带给我们一种新颖而真切的兴趣，而当同样的文学作品以程式化的习惯和本土的语言传递的时候，兴趣就不再那么明显了。

较之音乐，文学像是一种感官形式更高或者更低的精神娱乐。但这绝不意味着文学是一种正当性不足的消遣。对那些真正能享用文学的人而言，文学未必就不具备更大的合法性，未必就不能结出更丰硕的

果实。但核心问题在于，这种娱乐形式对一般人而言是否曲高和寡了呢？显然，只有对那些能够以此为消遣的人而言，文学才有意义。但这一目的不能证明迫使那些没有兴致的人也来学习语言就是具备合法性的。唯有当文学作品被一个充分唤起情感共鸣的人阅读时，才能发挥人文效应，拓展和充盈其人格。如果阅读只是一项规定的任务，劳心费力，全无兴致，那么它的价值就几近全无。就一种训练经验而言，它不是很好，也无法促成我们想要的消遣习惯。

休闲活动，就得怎么休闲怎么来。既然休闲是学习外语的主要目的，那么这种学习就应当是由游戏和兴趣驱使的。教师的工作就是提供一个有趣的环境，引导他们，刺激他们，鼓励他们，用热情感染他们。就实际的教学而言，教师需要在词汇、发音、最基础的语法等方面
268 给孩子们起一个头。但是只要教师能够找到学生源源不断的兴趣所在，学习一门新语言的新奇感也能够让最初的学习充满游戏精神。只要头起好了，到后面教师的指导就越少越好——这跟田径场上监督越少越好是一个道理。我们的目标既然是阅读，而非讲演或者写作，那么孩子们的经验就应当以阅读为主——而且要以兴趣为指导。教师会看到，只要有了必要的丰富而有吸引力的读物，而且难易程度安排得当，那么，孩子们就能从语法书和词典里解脱出来，**在阅读中学会阅读**。

既然训练主要借助大量容易而有趣的阅读，那么教学的首要之道就在于对动机的引领和控制。那些语言教师专门针对晦涩的情节、陌生的单词、语法中的难点与不合规则之处所设计的违背常情的练习，或是必须要解释一些学生们没有理解的东西，就没有什么合法性了。这些东西都不是学生的学习层次所能达到的，也没必要做这样的要求。

在这里，我们还常常发现另一种谬论，以为我们要懂得一件事就必须得彻底弄懂它。事实上，小孩子听父母讲话时，是理解思想的大概，而不是完全明白了每一个单词的意思；也没有必要向他解释任何语法。等到他渐渐长大，对事物和语言的经验都更加丰富之后，这些困难毫不费力地就消失了。同样，一个人读外语写成的简单的文学作品，关心的是整个的故事内容，也不是要理解遇到的每一个单词的意思，语法方面

懂一点就足够了。让这种经验一周又一周、一月又一月、一年又一年地 269
持续下去，那些陌生单词的意思很容易地就会逐渐明晰起来。

现在的教育方法，大多数是一种催熟的方法。它想要提前教一些在日后的生活过程中会自然发展出来的东西。

这种娱乐教学的阅读计划不要求今天的社会将大量的金钱和时间投向外语。只有那些喜欢外语的人才会掌握它们。当一个孩子的学习兴趣极为淡薄时，在正常的刺激下他也没法继续阅读，这个时候，毫无疑问他就应该停止学习。这一任务应该交给那些在自身兴趣下继续阅读的孩子。如此一来，教师也可以省去很多力气。班级可以大一些，不需要常常见面；如果班级较小，可以有学生领袖（pupil-leader）。这样，就可以大量节省花费在语法和作文这类烦心事上的精力。

这样的条件具备之后，我可以预料，会有相当一部分人充分利用这一娱乐机会，高效地利用它；而那些想要大有收获的人必须经历这种非感官（non-sensuous）的娱乐经验。

当然，只有我们变为一个酷爱阅读的民族，阅读我们丰盈的英语文学，这种休闲活动的观点才足够有力。英语文学是世界文学中最庞大的一部分。因为盎格鲁-撒克逊民族的分布尤为广泛，所以这种文学最具多样性。它是最具世界文学气质的。它自身打破地域之见。而且它通过翻译吸纳了从古到今世界上最优异的文学作品。在英语中，有多
种多样的表达方式，能传递无限种心绪。将吉卜林军乐团式的格调与 270
莎士比亚交响乐一般的格调做一对比，将司各特自称的“狂吠”式（big bow-wow style）风格和简·奥斯汀精雕细琢的文风加以对比。让一个人看看斯威夫特的尖酸刻薄，乔叟或是查尔斯·兰姆的亲切自然，卡莱尔的雷霆万钧，丁尼生、拜伦和弥尔顿在音调上的千变万化，史蒂文森和康拉德的男子气概，雷默斯大叔、马克·吐温与欧·亨利的丰富情感。让一个人知道，文学涵盖抒情诗、史诗、田园诗、戏剧、小说、散文、幽默文、演讲以及各类宗教或哲学作品。然后再让他看看翻译文学所能提供的多样化的载体和心绪：英语的《圣经》、荷马、维吉尔、柏拉图、塞万提斯、但丁、大仲马、巴尔扎克、托尔斯泰、欧玛尔·海亚

姆、比昂松、易卜生、弗莱塔格、梅特林克和泰戈尔。

英语文学所提供的心绪和载体已经足以满足今天大多数人对休闲文学的需求——即便对大多数有过高中学历的人而言，也足够了。但就大体而言，反倒是利用得还不够充分。我们相信，无论男女，如果真的能利用好自己的机会，他们是应当得到良好的外语训练的；但是如果现在他们连自己丰富多彩的母语文学尚且没能利用好，再提供机会训练他们的外语，岂不是出奇地荒谬？极少有人，甚至包括那些念过高中和大学的人，在前面谈到的司各特、史蒂文森或是康拉德，或是译介过来的比昂松、托尔斯泰、巴尔扎克或易卜生等作家的作品中，除了两三本代表作之外，还会再有涉猎。对那些学习外语的目的毫不明确的高中生和大学生而言，将外语作为一种娱乐的可能性就更小了。

271 假设在高中里，一门外语是用来作为休闲的，那么我们应该选哪一门呢？毫无疑问，我们应当选相应作品最多、质量最高的那门语言。为了得到一个确切的答案，笔者选取了“人人文库”（Everyman's Library）[1]中的七百多种书目，以便搜集有英文译本的世界文学中最好的那一部分。由于这是一种商业行为，想要用低廉的书价迎合大多数人普遍的阅读口味，那么，它的选目就理应呈现出最能吸引普遍爱好的文学风貌。删去那些英语作家的作品，下表呈现出来的就是译自外语世界的全世界最重要的文学作品的数目：

法语	52
希腊语	23
俄语和波兰语	14
拉丁文	11
德语	11
斯堪的纳维亚语系	10

① 1906 年，英国伦敦的出版商登特（Joseph Malaby Dent，1849—1926）创办了“人人文库”，旨在为“包括工人、学生、有识之士、儿童、男人和女人在内的每一类读者”印行文学作品。如今这已是西方世界一套经典的丛书文库。

意大利语 …………………………………………………… 8
东方国家语言 ……………………………………………… 5
西班牙语 …………………………………………………… 3

其他的一些书目也可以证明这个数据是可靠的。现代文学中，除开英语之外，毫无疑问就数法语文学拔得头筹，并且远远超过其他语种。如果只能为了上述目的选择一门语言，毋庸置疑要选法语。

如果一个人想为了这一目的再选一门第二外语，似乎还可以选希腊语、俄语、斯堪的纳维亚语系、德语或者意大利语。可惜的是，西班牙语不符合我们的这一目标。用这一合法性论证来支持别的各种建议学习西班牙语的理由是非常必要的，倘若只有那些理由，而没有这一条，那么都将是远远不够的，除非是在一些特殊的条件下。

精进英语所需要的外语 272

极少有人认为现代语言能有助于学习英语。然而，在教师群体中始终有一种臆想，即占据了重要地位的拉丁文在这个问题上是有合法性的。但是，科学的课程开发不能建立在界定不清的臆想的基础上。必须要界定清楚，在使用英语的过程中，明显是因为对拉丁文语法的阅读、翻译和解释不精当而导致的严重不足有哪些；而且哪些问题是除了学好拉丁文之外就再无补救措施的。

如果真的存在这样的问题，那么，让我们用排除法找到它们。首先，在英语训练中，要培养的最基础的东西是：使用地道英语的诚挚愿望、对好英语的判断力或鉴赏力、警惕各种错误的习惯。显然，这些态度主要是从社会的刺激与感染中得来的。要培养这样的态度，最主要的是要活在一个用高雅英语讲话、阅读，看重英语的语言氛围中。对语言的品评几乎就是一个社会事务，主要是在对同伴的无意识模仿中获得的。对此，拉丁文影响极小，或者没有影响。

其次，英语训练更注重习惯、技能和专业知识的培养，这当中包括了发音、措辞、造句、使用词形变化并做到一致、长篇大论的建构、由口头或笔头表达思想，以及阅读、拼写和书法。如果一个人有很好的判断力，并且能将这些事都做得很好，那他对自己的英语就有了十足的驾驭力。在各个方面中，缺陷都是常见的。但是将它们逐一检视，在大多
273 数情况下，这些缺陷都和拉丁文阅读及阐释方面的不足没有一丁点关联的可能。

拉丁文对拼写有一点细微的价值，虽然从整体来看，还是撒克逊单词最麻烦；但是倘若一个人连英语的拼写都记不牢，他怎么能保证自己记牢那些拉丁文呢？

还有人认为拉丁文能增加人们的英语语法知识，从而有助于人们练习句子结构和句内一致。毫无疑问这确实会有帮助；但是要改正二十五种英语常见错误，其实用不上多少拉丁文，为此而学拉丁文，代价实在太高。那些英语有严重缺陷，需要用拉丁文来补救的人，往往没什么机会学拉丁文；而那些能接触到拉丁文的人普遍成长于非常文明的语言环境中，想要达到上述目标往往很容易。

这一争论最后归为词汇量的扩充。一个人需要通过拉丁文、法语和盎格鲁-撒克逊语来了解人们最常用的五千个单词和阅读所需的一万五千个单词的词源。这当中有两个假说：（1）词源使我们懂得词汇的意义；（2）一个人学英语得从源头上学起，懂得词源才懂得英语。这里固然有些真理，但更多的是谬误。

人们必须留意扩充词汇的心理学（the psychology of vocabulary-building）。最简单也最平常的扩充词汇的情形，是一个人遇到一些新的事物、行为、性质，或是关系；同时，他也知道了那个可以表达它的词语。每当我们遇上现实的一个新的方面时，在我们有一个必要的对此加以涵盖的词语之前，头脑里总是会有所不安。对现实的呈现需要词语。当这两者被结合到一起时，它们之间的联系是如此紧密，以至于熔铸成了一个概念（conception）。扩充词汇最基本的情形就是**联系实
274 际**。如果一个人拥有广博而丰富的词汇量，那么一定是因为他与现实世界中丰富多彩的事物建立了鲜活的联系，然后用词汇将这种经验加

以描述。比如，如果一个人想要知道各类与汽车有关的词汇——豪华车、底盘、汽化器、整流器、差动齿轮、磁力发电机、消声器、变速器等等——那就让他驾驶一辆车，修一修，评判一下，参考一些手册上必要的信息，跟别人聊一聊，等等，这样，充足的词汇量就能轻易地自然成长起来，他自己都没有注意到自己在什么时候、用什么方式学会了这些词汇。**让经验成为核心，词汇量自己就能扩充起来。**如果一个人想要知道农场、钢铁厂、医院、高尔夫球比赛、科学、宗教或者任何领域里的词汇，无论是抽象的还是具体的词汇，这一条原理都适用。而让一个人学拉丁文学到心灰意冷，他会发现词汇学习就是现实世界的一种糟糕而苍白的代替品。

过去的方法是用简单易认的英语单词来解释那些拉丁文词汇的意思，然后再用拉丁文词汇来解释其他英语单词的意思。这只不过是把英语的意思灌给拉丁文，然后反过来，再来一次。这是用从与现实世界极为有限的一点接触中获得的很小一点意义，创造出大量的与现实世界没有任何联系的意义。这让我想起那些街上的流浪汉，用一盎司的肥皂造出了三桶肥皂沫。他们确实是造出来了彩虹般瑰丽的光彩，还让人印象深刻，但是实质上没有任何增长。过去的学校充斥着词语，而非现实。难怪词语教学方法上的这种愚昧信念今天还游荡于我们的学校里。

当然，词源学是有一些合理功用的。让我们举些例子。英语里有二三十个常用的前缀是借自拉丁文的，比如 bi-、circum-、contra-、 275
semi-、post-、trans-、uni-，等等。我们还有另外二三十个常用的前缀取自希腊文：anti、mon-、mono-、pan-、penta-、poly-、tri-、hemi-、iso-，等等。我们还有六十或八十个后缀是取自拉丁文、希腊文、古法语和盎格鲁－撒克逊语的：-fy、-ed、-hood、-tion、-cion、-ise、-ize、-less、-ish、-ie、-kin、-ling、-ness、-able、-ly，等等。

现在，它们到底是从哪种语言传过来的已经无关紧要。它们在本质上已经成为英语的一部分。它们已经完全自然地融入了英语，与其他的撒克逊语言成分在英语中占的比重不相上下。学习拉丁文，如果只是为了明白这一百五十来个前后缀的语源，那真是全无必要，这就好比学习拉丁文也不需要再去学更早之前的雅利安文，以便懂得拉丁文从雅利安文那里借用的术语。

只要给出足够好的条件，那么学成一门语言实际上不存在太大的问题。让孩子们接触带那些前后缀的词汇产生意义的现实世界，孩子们需要意识到其意义，就让孩子们去留意它，这项工作不会太费功夫。比如，在数学中，当孩子们遇到 binominals（二项式）、bisections（均分）这类词汇时，就可以让孩子们知道 bi-的意思是二。当孩子们遇到 triangles（三角形）、trisections（三等分）、trinomials（三项式）等等词汇的时候，也就知道 tri-的意思是三了。让孩子们将 semi-weekly（半周）、semi-annual（半年）、semi-circle（半圈）等词汇作为对现实的表达来接触，不需要教师投入太多精力，就能让孩子们意识到 semi-的意义。再让他们接触一下现实生活，和诸如 doggie（小狗）、lambkin（小羊）、duckling（小鸭）、hillock（小土堆）、eaglet（小鹰）这类的小词（diminutive），想要弄明白其中的关系并不需要太费力。这里只是提供
276 了一条核心的原则，即用现实来教学，而不是用词来教学。

英语中许多词的词根或词干也是取自其他语言，但是已经与之融为一体了；例如，dico 或者 dicto 的词根就可以在 diction（词典）、dictionary（词典）、dictate（听写）、dictum（格言）、abdicate（让位）、contradict（反驳）、predict（语言）、edict（布告）、interdict（禁止）、verdict（裁决）、dictator（独裁者）等词汇中找到。在这些词根和词干中，有一些被大量使用的可能人尽皆知；还有几百种，对那些想要拥有精湛的英语知识和鉴赏力的人而言可能是有益的。这类词根和词干中大部分已经融入英语，就和它们当初属于盎格鲁-撒克逊语、拉丁文或者希腊语一样。对任何一门想要吸纳它们的语言而言，这都是共同的财富。要从词根和词干上读出这些词语的意思，主要是通过将它们与其所指涉的现实世界建立联系。唯有这样，这些词根才能从英语的母体里剥离出来，呈现出它一般的意义，随后用于研究它和英语中那些借用这一词根的词族的联系。因此，一个人不研究拉丁文、法语或者是盎格鲁-撒克逊语，也能研究英语的词源学。我们中的大多数人并

没有钻研过希腊文，但是也能知道 psychology（心理学）、theology（神学）、pantheon（万神殿）、biography（传记）、biology（生物学）、bibliography（文献学）、philosophy（哲学）、phonograph（留声机）等等词汇，就好像我们是学了拉丁文，从拉丁文里看出这些词源一样。而且，我们也能同样高效地使用那些从希腊语中借来的词根分析衍生词。

普遍说来，我们不是通过词源学联系掌握一个词的意思的。举个例子，诸如 serve（侍者）、serf（农奴）、servant（仆人）、servitor（仆从）、service（服务）、servitude（奴役）、serviceable（可用的）、servile（屈从的）、subservient（卑躬屈膝的）等等的衍生词就是如此。这些词都源于同一个词根。对这类词根有了像词典一般庞大的知识储备，也并不意味着能洞察它们之间细微的差别。例如，仅仅知道了词根，不足以揭示 servant、serf 和 servitor 之间的微妙差别，或者是 service 和 servi- 277
tude 的确切差异。唯有通过实际的亲自接触，或是借助于想象，人们才可能明了这些词汇之间的差异。一个人只要广泛而精确地阅读和观察，哪怕从没有学过这些词的词源，也能像精熟词源学的人一样懂得这些词语细微的词义变化。而且，如果他能通过这种方法知晓这些词语细微的色彩差异，那么毫无疑问，他也能把握住粗浅的词根和词干的意思。

进一步的问题则是关于专家使用的专业术语：生物学家、生理学家、物理学家等等。使他们成为专家的基础在于他们与自己专业领域的现实世界有着丰富、多样而且紧密的关系。从根本上讲，他们需要知道的是**事物**，而不是词汇。但是，对事物具备充分的知识，包含词汇的运用——文字是承载人类思想的最发达的工具。但是与现实世界的事物打交道的方法，会使得语言这方面更容易。事物的显现，需要用必要的语言去思考它。举个例子，让一个年轻医生知道“hœma”就是血的意思，然后让他在每天的经验中都接触到 hœmachrome（血红素）、hœmabarometer（血液比重计）、hœmacytometer（血球计数器）、hœmaphobus[1]、hœmatozoa（血原虫）、hemorrhage（出血）、hemoglobin（血

[1] 原文如此，怀疑为 Hœmophilus（嗜血杆菌）的讹误。

红蛋白）、hemoperitoneum（腹腔积血）、hemophobia（出血恐怖）、hemoscope（血分光镜）、hemotropic（亲血的）等等，他很容易地就能明白“hœma”作为一个词根在他的专业领域里的重要性了。让他读上二十年的希腊文学，只怕也不可能更好地懂得这个词。别的专业词汇，也可如法炮制。对罕见的词，他可以借助词典——就像一般人一样。常常有一些生僻或者少用的词，需要我们使用词典。

278 必须牢记于心的是，我们在这里探讨的仅仅是问题的一个方面。我们强调掌握拉丁文文法和文学对精通英语并非**必需**，但这并不意味着对那些愿意采用这一方法的人而言，拉丁文就不必学了。对那些以语言学研究为乐的人而言，为了即刻的效果或将来的用处而研习拉丁文是完全合理的。而且这也可以给他们很多词源学的背景知识，可谓一举两得。虽然这种方法不能取代以现实为核心的教学方法，但是它可以强有力地增强教学效果。如此一来，唯有那些喜欢语言学研究，对此有自发动力的人，才有必要研习拉丁文。拉丁文专家有必要给他们提供大量有趣的读物，按照循序渐进的道理，让他们通过阅读慢慢学会阅读。在这种情况下，那些想学拉丁文的人可以得到自己想要的东西，而不需要教师和学校系统付出太大的成本。在现有的教学条件下，我们的付出，尤其是时间和其他一些重要资源的付出，往往与回报不成正比。

人文经验所需的外语

世人都以为，古典语言与人文主义总是有着一种密切的，甚至是割舍不断的联系。然而，在一个人正确看待这一层联系之前，一定要根据二十世纪的生活和特定的方式来给人文主义经验下一个定义。我们在前几章已经通过某些方式尝试过了。带着广阔而同情的眼光，纵览国
279 内国外、从古至今的所有人类事务；无论是通过直接的参与和观察，还是通过间接的访谈、讲座和大量的阅读，自由地、带着同情心地进入所有有价值的人类经验；与那些充满智慧的科学、艺术、哲学和宗教等领

域里的历代英才站在一起；让个体与整个民族融为一体，让那最高尚的理想点燃自己；活力充沛地、愉悦地、全身心地与自己的同伴合作，为每一个人谋求富足的生活机会——这就是人文主义的经验。人会在这些经验中实现自己完整的人性，而这些经验就组成了人文主义的**实质内涵**。

这并不是给人文主义下了一个新的定义，只不过是改进一下原有的定义，同时结合二十世纪的思想和生活重新表述。应当看到，人文主义不只是一套孤立的说辞，而是一整套生活。任何一种语言，只要人们能够通过这种语言去生活、去思考，那就是一种人文主义的语言。

在文艺复兴的时代，古典文学确实提供了一种宽泛意义上人文主义的语言与思想。但是自那以后兴起的方言文学（vernacular literatures）所能提供的已不仅仅是一套相同的经验，更是更为广阔的现代生活；而这其实也是符合人文主义需求，符合民主需求的，而不是仅仅符合一小部分有闲阶层的需求。

因为有一种所谓的对人文主义的攻击，今天的古典学家不免引人担忧。事实上，对真正的人文主义，今天并无任何攻击可言。他们攻击的只是一个理念，即在这样一个民主的时代里，唯有古代语言才能成为承载人文主义经验的工具。只要环顾四周，就不难发现，虽说现在还有显著的战争冲突，但是整个世界在理念、追求与实践方面都已经变得更加人文化。过去的人文主义经验只属于那些占少数的知识阶层和贵族阶层，现在，我们要越来越多地将它向所有的社会阶层普及。我们会让 280
所有人都得到足够的机会去接触人、自然、文学、历史、艺术和高尚的宗教。我们会尽量让所有人都对过去、对未来、对外界有更广阔的视野。当然，会有一些贵族阶层和市侩之徒对这些人文主义的经验漠不关心，他们或许还会怀疑这行不行得通。但是，一般而言，他们给不出任何有力的反击。

在这种情况下，古典学家如果还抱残守缺，认为人文主义就需要那些陈旧的语言来做思想的载体；还认为整个世界都在堕落，现代语言鄙薄得很，不足以承载古代的经验；更有甚者，认为今天的人类经验较之古人反而更次，那就太过不幸了。对这样一些悲观和愚蠢的论调，今天是有人攻击的，而且是合理的攻击。然而，人们攻击这些观点，不是因为反对人文主义经验，相反，是二十世纪人文主义的乐观与前瞻性造就了它。对他们而言，人性、精神的富足和高贵是如此之好，是普世共享的，是不分男女的；因此他们要用一种民主的语言，而不是古老的智识阶层和贵族阶层的语言。

古典学家没有根据核心的现实来定义人文主义。他们只是从字面意思来理解人文主义，从字面上非常肤浅地和几个世纪前的陈旧经验相勾连罢了。

事实上，阅读古代的文学，对于培养高贵、丰富的人性，对于思想和情感的进化，对于审美品位的提高或者是任何一种高贵品质的培养
281 都不是核心要素。古典学家对于民主式的人文经验的传播方式持有怀疑态度，怀疑这种方法是否适合所有人，这种态度使他们在我们这个民主的时代成为危险的卫道士。他们最主要的努力，不是想要将这种精神播撒得最广，而是捍卫那点传播思想的没用的工具。

今天有社会头脑的男男女女才是现代人文主义的真正领导者。少数人会成为语言学家，但大多数不会。有些人要成为教育学专家，大多数人都耕耘在其他领域。但是，正是那些以全体同胞的福祉为追求，为基本信念，而不固守于一些陈旧语言和符号的人，才是今天带领人类走向自我价值充分实现的领航人。

第二十一章　一些结论 282

在这本书里，我们从社会需求的角度考察了课程的一些问题；并且至少用一些方式，发展出了一套用社会视角评判教育的理念。在单单一本书里，对于一些具体工作，只可能投以匆匆一瞥。呈现在我们面前的类似的工作仿佛是没有尽头的。我们的工作担负着一个巨大的现实使命，那就是界定若干数量的特定目标，然后让孩子们去完成这些目标，从而使他们获取大量的经验。在这本书里，我们只有极少的篇幅来讨论执行的问题。但是在这里，还是让我们简要地谈一谈。

第一紧要的，是我们的整个教育界要有一种社会化的，而不仅仅局限于学术圈的眼光。这条道路上，遇到任何困难都是值得的，在这一点上，笔者自己的个人经验可能是最好不过的例子。美国占领菲律宾群岛后不久，我就作为一个七人委员会的一员，被派往了这片群岛，为他们设计一套小学课程。我们这些成员在岛上教书、督学，干了两三年，对他们的特殊情形理所当然是熟悉的。这里是一片处女地，只要能满足人们的任何需要，我们都会自由地谏言。我们有机会完成一件伟大而具有原创性的工作。

那么，我们都做了些什么？我们在委员会办公室的一张桌子上摊
开了一系列的美国教科书，包括阅读、算术、地理、美国历史和别的那 283
些我们在美国学校里再熟悉不过的科目。我们也尽力搜集了美国的课程设置，不经意间，我们也纳入了很多我们对于小学课程该是什么样子的偏见和成见。在此基础上，我们沿用美国的学制给他们制定了一套传统的八年级小学制。在每个年级，每个科目占多少分量，都是按照传

统制定的，像在美国一样对这些科目进行配置，并且推荐了美国的教科书。

但是，我们规划的东西和岛上的情况并不匹配。事实上，我们根本就没有尝试过适应他们的情况——虽然说，我们诚心诚意地以为我们在做着一件他们需要的事情。困难就在于我们的头脑已经完全陷入了传统思想的套子，没能意识到这个世界上还有别的可能性。我们太需要一些东西来打破我们的自满，让我们知道用社会的视角来看待教育，来决定应该教什么。**我们需要的是课程规划的原则**。我们不知道应当首先基于对社会需要的研究，确定教学目标。我们假定教育不过就是教授那些我们耳熟能详的科目。我们还没有认识到教育的本质是一个施展个人潜能的过程，并且是在与社会的特殊联系中完成的。我们不知道学习是手段，而不是目的。我们还没有认识到，只要在这个施展的过程中有效的工具和经验，就是正确的工具和经验；而无效的工具和经验，无论它在时间的长河中享有多高的盛誉，或者为多少人所使用，都是错误的。幸运的是，当时的教育决策者更能看清现实的本质；他将课
284 程缩减到了六年制，毫不怜悯地弃置了无关的教材，而且全然不顾一些长时间被尊崇的神圣性，将诸如车间工作、烹饪、缝纫、织布、编织毛毯等科目全部纳入课程，而这些东西在当时远比在今天更被认为是肤浅和粗俗的。我们在当时也都是很恐慌的。

我们需要一些东西将我们从套子里解脱出来，同时，这个过程会很激烈，甚至是要把整个套子都抛却，让思想自由。之所以让大家关注我的这点个人经验，是因为我相信在今天的美国教育界中，仍旧有一些广泛存在的阻碍性影响。我们这个行业里，有很大一部分需要打破那些因袭下来的传统思想的套子——或者，那不是思想，是愚昧——将套子打破，心灵才能自由，才能思考新的问题。因为在课程这个领域里，全世界都得到了一次意义重大的机会，亟待原创性的建设工作。今天社会的**瓦解**就证明我们过去所倚重的教育是存在不足的。

我们在前面几章里谈过思想解放所需要做的。它们建立在一个假定之上，即我们必须为我们的教学工作建立起一套基本的原则，并且采

用科学的方法形成我们的教学体系。当今所有课程领域的进步——在所有进步主义的学校系统里尤为显著——都是先锋，都在采用实验的方法，值得我们借鉴。在这些章节里，我们尝试着将许多在课程领域酝酿已久的思想归纳出来。所以，我们在这里推介的都是那些讲求实干、追求进步的学校里的成员在某种程度上已经在实践中完成的工作。

课程编制发展到了今天这个阶段，较之于在课程内容的细节上达成一致，更重要的是让我们整个专业领域就编制课程的**方法**达成一致。285
笔者在这本书中的主要旨趣就是提供一种方法和一种基本的观念。读者可能同意，也可能不同意我的结论。这没关系。现在最重要的就是每个人都能找到自己所能接受的课程编制的科学原则与方法，这才能使得课程编制具备思想基础，而不只是模仿。今天如果没有这样的原则，就好比一艘在广阔海面上航行的船，没有地图，没有罗盘，也没有星象。

我们的专业视野应当远比我们的实践超前。我们在坚实的大地上必然只能一步一步地前行，但是必须看得比下一步更远，才能保证我们走在正确的方向上。我们这个专业的工作，较之于其他任何行业，都更需要前瞻性和更远的视野。因此，我们在讨论目的和手段的时候，没有仅仅局限于明年怎么操作，甚或五年以后。我们常常讨论的是在一个漫长的时间段里逐渐实现的工程。

近来有一位督学聆听了我在书中给出的建议，他提了这样一个问题："一个督学为了改善他治下的众多学校的课程，应该**做**些什么呢？"

首先，他应当尊重他所在的城市的现状。他应该将一切都视为正常，是这个城市的长时间机构变迁积累下来的适当结果。因此，他应当从代表一个成长阶段的角度将这种状况视为正确的、良好的。现在这个城市的情况，是它在步入健康成长的下一个阶段前，必须经历的。他 286
应当期待课程一年一年地变化、改善，或快或慢都有可能。他会很自然地希望这个成长更快一些，但是他必须得接受现状。这个城市会以一定的速度成长，但这取决于这个城市的现状，这才是唯一正常的。这意味着，一个城市可能会快速成长，而另一个城市就可能会慢——至少，就算想要给它加速，也得在正常范围内。

所以，即便让他放手去做，他也不能采取任何突然的改组，也不能突然改换课程。换言之，他不应超过正常和健康的速度来加速成长，也不能毕其功于一役。这项工作的细节必须交由教师来执行，而教师一定要接受这方面专业课程和经验的培训，从而能够完成这些工作。他当然可以期望教师都吸收他的改革意见，但是这并不意味着改革可以激进，和教师们日常习惯的那一套相去太远。但是最初的几步迈开之后，他就可以期望教师们准备好再向前迈进了；再往后，还可以再迈进。对教师的思想和习惯进行调整必须是循序渐进的。对学校董事会和整个社会的改良也是如此。如果改组的计划与他们熟悉的那一套相去太远，他们肯定习惯不了。和教师一样，他们只能逐渐地转变。所有这一切都应当是一个生长的过程。此外，督学会发现，靠他自己的想法，想要详尽指导一套与旧有的各项习惯都割裂开的重组过程是不可能的。他得想出大量的细节，并且尝试将其付诸实践。在做这些工作的同时，他最希望的是，多年积累下来的惯例能延续下去，直到自己有
287 充分的理由确信下一步该怎么走。如果他会犯错误，延续一些旧有的错误也比平添一批新的错误要好。

督学会记得，在最普遍的人类经济当中，惰性是与前进动力同等重要的一个因素，维系所得和着眼于未来的收获是同等重要的。他不能放弃这当中任意一方。

校长和教师队伍是一方，学校董事会和社会是另一方——对督学而言，他应当坚持的不仅仅是机会的民主，还应当有责任的民主——他应当检视这套系统，包括小学和中学，看看每个科目的工作是什么，看看社会将来的需求在哪里；尤其应当关注一下，哪些地方是需要教师、学校董事会和社会采取正常速度加以推进的，哪些地方是需要他加以带领的。

举个例子，他会发现手工业是课程中的一部分。他会尝试着发现几十种让这项工作得到改进的小方法，而且他也会尝试着做这些改进。

当他这样做的时候，他会考虑一条条教育原理，这当中包括要使工作实现、让工作有趣，要用数学、科学、设计等使这门工作充满智慧；通过介绍该领域的历史、地理、经济，让这些活动社会化；引入观察活动、实际操作、为拓展视野和社会鉴别力而进行的阅读。如果没有一条明确的指导原则，没有循序渐进的步骤，没有推进每件事之前的尝试，那么改革是不会有根本的改观的，也不可能完成一项方向明确并且持久的改革。每一个小步骤完成之后，才可以筹划另一个小步骤。然后再导向第三步。 如此一来，整个过程就能不断向前推进。

然后，他可能会转向别的学科，比如历史。他会发现这个领域里已 288
经有很多收获了。但他会发现，以课程原理为基础，他至少能找出十几种甚至更多在某些程度上可以再改进的方法，而且不会给教师或者社会的思想和实践造成任何混乱。毫无疑问，只要他能确保有必需的阅读材料，他就可以迈出跨度合理的一大步。

照着这个方法，他能在每一个学科里都实施一些小的改变，并且确保整个的课程在一个正常而适宜的速度下实现改良，以更好地匹配社会需要。让所有关心此事的人士都参与进来，通力合作，大家都能一道进步。

为了不至于迷失于各个年级中分布着的各个学科的无数细节，督学应当与下面的人手共同编制一份课程原理的摘要，并将它与各个学科联系起来牢记于心。有些学科可能会为不同的年级列出不同的清单。这个摘要应当印刷出来，这样它就可以时时用于检查和复查各个学科的情况。同时，它也需要时时予以修订。

督学不能尝试让进步的速度超过了教师、学校董事会和全社会的预期。他会考虑到，他的角色不是**对**全社会实施教育，只不过是整个社会中一名专门从事儿童教育工作的专业**领导者**。换言之，他应当相信，教育的职责主要不是由他一个人来承担的，而是由整个社会公平地分担的。他只是这份工作中一名专业的协助者和领导者。如果他的速度超过了其他人的能力范围和意愿范围，把他们都甩在后面，实际上就是抛弃了他人赋予他的责任。作为一名领导者，他必须让社会与他一道， 289

否则他就不是社会的领导者。如果别人落后了，速度慢了，他的步调要与之保持一致，除非他能用正常的方式使之加快。如果他们都觉醒了，渴望进步，追求速进，而且也确实能够加速前进，这个时候他就应当在具备这种特点的进步运动中起到领导作用。有时候，如果社会的进取之心太过急切，作为领导者，出于对整个工作稳定性和持久性的考虑，他也完全有可能对之加以限制。

他会预想，在这一辈人中，并不是所有的进步都一定要达成；有些事情是要留给后人的。同样地，如若时机成熟，而且只要这种成熟不是他强力催生出来的，那么他就会采取手段，完成一切可能的进步。

索　　引

（本索引所标页码为英文版页码，参见中译本边码）

Aims of education 教育目标
in general 普遍教育目标 3 – 7，41 – 52
vocational 职业教育目标 56 – 57，63 – 70，71，87 – 88，94 – 95
civic 公民教育目标 117，130，131，160
moral 道德教育目标 163 – 64，166
health 健康教育目标 173 – 79，185，189 – 90
recreational 休闲教育目标 209，212，224 – 26，229
language 语言教育的目标 255 – 56
double-aim of work-activities 工作活动的双重目标 20
vague aims of the past 过去模糊的教育目标 41
need of specific aims 对一些特殊教育目标的需要 43
Antecedent aspects of work-experience 工作经验的预演
in general 工作经验在普遍意义上的预演 26 – 33
relation to extra-mural activities 工作经验的预演与课外活动的关系 39
administrative aspect 工作经验的执行 40
Apprenticeship training 学徒制训练 24

Capital and labor 劳资双方
education for mutual understanding 促进劳资双方互相理解的教育 76 – 86
Citizenship training 公民训练
general 普遍的公民训练 117 – 62
major objective 公民训练的主要目的 117 – 30
training for large-group consciousness 为大团体意识而进行的公民训练 131 – 62
on play-level 游戏阶段的公民训练 13
on work-level 工作阶段的公民训练 22，37
relation of physical education to 体育教育与公民训练的关系 176
foreign languages needed for 公民训练所需要的外语 262 – 64
Civics. *See* Citizenship training, Social studies 公民，详参“公民训练”与“社会学科”
Classics, the 古典的 5，272 – 81
Concrete experience. *See* Shop-work, Observation, Reading, Practical activities

具体的经验，详参“车间工作”“观察”“阅读”“实践活动”
Cooking 烹饪
introduction of responsibility 以烹饪激发责任 34 – 35
as general training 作为普通训练的烹饪 102
Cooperative part-time work 协助的兼职工作 21 – 24，39 – 40，83，144，155，190，202 – 04
Culture advocates vs. utilitarians 文化拥护者与功利主义者之争 3 – 7
Curiosity 好奇心
as educational motive 作为教育驱动力的好奇心 9 – 11

Deficiency，as symptom of training need 缺陷，作为表征，传递着对训练的需要 44 – 46，50 – 52，56 – 57
in occupational matters 职业领域的缺陷 63 – 70
English 英语的缺陷 248 – 49
foreign languages 外语的缺陷 255 – 56，272 – 73
Double aim of work-activities in schools 学校工作活动的双重目标 20

English language training 英语语言训练
general discussion 关于英语语言训练的一般讨论 247 – 54
motivation of responsibility 英语语言训练的责任动机 22 – 23
assistance of foreign languages 作为外语学习协助手段的英语语言训练 272 – 78
See Reading，Grammar，Composition，Literature 详参“阅读”“语法”“作文”“文学”
Exercise in relation to function 锻炼与机能的关系 212 – 13
Extra-mural activities necessary for finding responsibility 对寻求责任感必不可少的课外活动 20 – 22
general theory 课外活动的一般原理 34 – 40
occupational 职业领域的课外活动 21 – 24，105 – 08
civic 公民领域的课外活动 149 – 57
sanitational 公共卫生领域的课外活动 185 – 88，202 – 04

Foreign languages 外语
general discussion 关于外语的一般讨论 255 – 81
utility vs. culture 外语领域里的功利主义与文化主义之争 5 – 6
method of discovering purposes 探寻外语教育目的的方法 255 – 56
needed for occupational efficiency 职业效率所需要的外语 256 – 62
needed for citizenship 公民事业所需要的外语 262 – 64
for family life 家庭生活所需的外语 264 – 66
for leisure occupations 休闲活动所需的外语 266 – 71
for proficiency in English 为精通英语而学习的外语 272 – 78
for humanism 人文主义所需的外语 278 – 81

French 法语 271

Gardening 园艺 34,35,102
Generalist 通才
  education of the 通才教育 78 – 82
Geography 地理
  reading 地理阅读 12,231 – 37
  occupational 职业地理 112
  for civic purposes 达成公民目标所需的地理 146 – 48,160
Grammar 语法
  errors as indices of training needs 语法错误意味着训练的需要 45 – 46,248 – 49
  motivation of training 语法训练的动机 249
  general discussion 关于语法的一般讨论 247 – 54

Health training 健康训练
  in general 普通健康训练 171 – 204
  major purpose 健康训练的主要目的 171 – 79
  physical up-building 体育锻炼中的健康训练 180 – 88
  social aspects 健康训练的社会方面 189 – 204
  through responsible activities 通过责任活动进行健康训练 22,37
  through play 通过游戏进行健康训练 8,15 – 16,181 – 85,212 – 13,219
History 历史
  utility vs. culture 历史领域里的功利主义与文化主义之争 4 – 5
  readings 历史读物 12,231
  occupational history 职业历史 109 – 12
  nationalistic training 用历史进行国家主义训练 134 – 41
  for international attitudes 为养成国际态度而进行的历史教育 160 – 62
  of sanitation 公共卫生史 193 – 201
Household occupations 家务活动
  on play-level 游戏阶段的家务活动 15
  on work-level 工作阶段的家务活动 21,34 – 35
  as general training 作为一种普通训练的家务活动 102
Hygiene. *See* Health training 卫生学,详参"健康训练"

Ideational aspects of work-activity 工作活动的思想层面 26 – 33,36,40,71 – 75
Industrial education. *See* Occupational training 工业教育,详参"职业训练"
Interest 兴趣
  as motive 作为动机的兴趣 9 – 10,17,20,195,208 – 09,221 – 22,227 – 29,267

Large-group consciousness 大团体意识
  the development of 大团体意识的培养 13,128 – 30,131 – 67
Latin 拉丁语 271,272 – 78
Leisure occupations 休闲活动
  general discussion 关于休闲活动的一般讨论 207 – 43
  function of 休闲活动的功能 207 – 26;8 – 9
  reading as leisure occupation 作为休闲活动的阅读 227 – 43

foreign languages as leisure occupation 作为休闲活动的外语 266 – 71
Levels of educational experience 教育经验的阶段
two 教育经验的两个阶段 3 – 7
Liberalizing studies, *See* Reading, History, Science, Leisure ccupations 给人带来解放的学习,3 – 6,11 – 16,208,224,229 – 31,详参“阅读”“历史”“科学”“休闲活动”
Literature 文学
utility vs. culture 文学领域里的功利主义与文化主义之争 4 – 5
as intellectual play 作为一种智力游戏的文学 12,231,238 – 43
English vs. foreign literatures 文学领域里英语与外语之争 269 – 70

Manual training. *See* Shop-work 手工训练,详参“车间工作”
Moral training 道德训练
in general 一般意义上的道德训练 163 – 67
relation of physical education to 体育教育与道德训练的关系 174 – 76
and recreational training 娱乐训练与道德训练的关系 222 – 24
Mother tongue 母语 247 – 54,272 – 78
Motivation of educational activities 教育活动的动机
play or interest motive 以游戏或者兴趣为教育活动的动机 16 – 17
work-motive 以工作为教育活动的动机 18 – 22
Municipal consciousness 市政意识
development 市政意识的培养 141 – 57

National consciousness 国家意识
developing 国家意识的培养 134 – 41

Objectives of training. *See* Aims of education 训练的目的,详参“教育目标”
Observation 观察
in occupational field 职业领域的观察 105 – 08
in civic field 公民领域的观察 149 – 50
in health training 健康训练中的观察 190,191,202 – 04
purposes and place of 观察的目的和场所 227 – 30
Occupational training 职业训练
in general 普通职业训练 55 – 113
objectives 职业训练的目的 55 – 70
technical training of independent specialists 独立专家的技术训练 71 – 75
of group specialists 集体专家的职业训练 76 – 86
social aspects 职业训练的社会方面 87 – 113
relation of physical training to 体育训练与职业训练的关系 173 – 74
relation of recreational training to 娱乐训练与职业训练的关系 224 – 26
foreign languages concerned in 与职业训练相关的外语 256 – 62

Participation in responsible activities. *See* Practical activities 参加责任制活动,详参“实践活动”
Physical training 体育训练

definition 体育训练的定义 180
general discussion 关于体育训练的一般讨论 180 – 88
through play 通过游戏完成的体育训练 15 – 16，212 – 21
Place of educational experiences 教育经验的地位
general treatment 对教育经验的一般处理方式 34 – 40
household occupations 家务活动的地位 34 – 35
gardening 园艺的地位 35
training of mechanics 机械技能训练的地位 35 – 36
health training 健康训练的地位 36 – 37，185 – 88
occupational 职业技能的地位 105，108
Plasticity as educational objective 以塑造为教育的目的 224 – 25
Play 游戏
educational values 游戏的教育价值 8 – 9
function in human life 游戏在人类生活中的功效 207 – 26
relation to work 游戏与工作的关系 18 – 20
Play-level of education 教育的游戏阶段
defined 教育游戏阶段的定义 6
general treatment 对教育游戏阶段的一般处理方式 8 – 17
See leisure occupations 详参“休闲活动”
Practical activities 实践活动
recognition of need 认识到实践活动的必要性 20 – 25
occupations 职业实践活动 99 – 105
civic 公民领域实践活动 141 – 57
health 健康实践活动 181，185 – 86，202，204
Project-method. *See* Practical activities, School credit for home work 以目标为核心的方法，详参“实践活动”“以家务活动获得的学分”
Psychology of play 游戏心理学 212 – 24
Purposes of education. *See* Aims of education 教育的目的，详参“教育目标”

Reading 阅读
historical 历史阅读 13，108 – 12，134 – 41，160 – 62，193 – 94，231，237
geographical 地理阅读 12，231 – 37，112，194
occupational 职业阅读 92，108 – 13
science 科学阅读 14，194，231，237
literature 文学阅读 12，231，237 – 43
as substitute for direct experience 作为直接经验替代品的阅读 108 – 09，132 – 34，199 – 202，227 – 43
need of abundance 大量阅读的必要性 238 – 41，254，268，278
Recreational training. *See* Leisure occupations, Play, Aims of education 娱乐训练，详参“休闲活动”“游戏”“教育目标”
Religious training 宗教训练 166 – 67
Responsibility as factor in education 作为教育因素的责任感
place of 责任感在教育中的地位 19 – 21，82，150，155，203
difficulty of introducing 引入责任感的困难 23 – 25

Sanitation. *See* Health training 公共卫生，详参“健康训练”
School and community. *See* School credit for home work, Cooperative part-time work, Practical activities 学校与社会，详参“以家务活动获得的学分”“协助的兼职工作”“实践活动”
School credit for home work 以家务活动获得的学分 21 – 22，38 – 39，106，149 – 50，185 – 88，202 – 04
Schools 学校
 places of leisure 作为休闲场所的学校 23 – 25
Science 科学
 utility vs. culture 科学中的功利主义与文化主义之争 4
 on play-level 游戏阶段的科学 13 – 14，231，237
 “pure” science “纯”科学 28，33
 relation to practical life 科学与现实生活的关系 26 – 33，71 – 75
 hygiene and sanitation 卫生科学与卫生事业 194 – 95
Scientific management 科学管理 78 – 86
Scientific method in curriculum making 课程编制中的科学方法
 in general 一般的科学方法 41 – 52
 in vocational field 职业领域里的科学方法 63 – 70
 in civic field 公民领域里的科学方法 117
Sewing 缝纫 34，102
Shop-work 车间工作
 on play-level 游戏阶段的车间工作 15
 on work-level 工作阶段的车间工作 20 – 22，35 – 36
 range of activities 车间工作活动的范围 99 – 105
Social progress 社会进步
 education as agency of 教育是社会进步的力量 49，68 – 70
Social service aspect of occupations 职业的社会服务方面 55 – 61，87 – 91
Social studies. *See* History, Geography, Citizenship training, Occupational training, Health training 社会学科，详参“历史”“地理”“公民训练”“职业训练”“健康训练”
Social supervision of occupational world 职业世界受社会的监督 87 – 98
Social training through play 通过游戏进行社会训练 8，16
Spanish 西班牙语 262，271
Spelling 拼写
 discovering the objectives 寻找拼写训练的目标 47，249
 error-lists 拼写错误清单 251
Survey as method of discovering educational objectives 以调研法找到教育目标
 in general 以调研法找到一般的教育目标 42 – 44
 in grammar 以调研法找到语法教育的目标 45 – 46
 in spelling 以调研法找到拼写教育的目标 47
 in occupational field 以调研法找到职业领域的教育目标 47，68
 in agriculture 以调研法找到农业教育的目标 48 – 49

Technical training 技术训练 26 – 33,71 – 86

Training of group-workers 集体工作者的训练 76 – 86

Vocabulary-building 扩充词汇量

through foreign languages 通过外语扩充词汇量 273 – 78

reality-method 通过现实方法扩充词汇量 241,250,274

verbal methods 通过口语方法扩充词汇量 240 – 41,275

Vocational education. *See* Occupational training 职业教育,详参“职业训练”

Work-level of educational experience 工作阶段的教育经验

defined 工作阶段的教育经验的定义 6

general treatment 对工作阶段教育经验的一般处理方式 18 – 33

for high school and college 为高中和大学设计的工作阶段的教育经验 25

See practical activities 详参“实践活动”

World-consciousness 世界意识

development of 世界意识的培养 157 – 62

译　后　记

最早接触到博比特，是在北师大教育学部念硕士期间，上郭华教授的课。郭老师为我们讲授课程理论史，明确地将博比特以及他于1918年出版的《课程》一书定为现代课程理论的起点，也介绍了博比特的“活动分析法”“效率主义”等基本概念。之后在别的老师的课上，“博比特”这个名字也反复出现过，这引起了我的兴趣，让我想读读他的原作。然而，我在逛书店时才发现，市面上根本就买不到任何一本博比特著作的汉译本。到北师大图书馆进行专业检索，我才发现，博比特的书在民国时候其实有过两个译本。1928年，张师竹先生译的《课程》在商务印书馆出版；1943年，熊子容先生译的《课程编制》（*How to Make A Curriculum*）也同样交由商务印书馆出版。可惜北师大图书馆只存一个书目，所藏的民国书原版已经佚失。我辗转去了国家图书馆，见到了前一本；后来，又在北师大丁道勇老师那里见到了后一本。

博比特原书的英文版在网上不难见到，我比照着英文版，将两个民国的译本读过一遍。两位译者都是饱学之士，对原书的理解并无大的偏差，但时代的巨大差异决定了这两个译本对我们今天的读者而言，是不敷应用的。一来，两位译者所用的文辞夹杂着大量文言——毫无疑问，这是那个时代的普遍风貌——这对今天的一些读者而言，不啻一道理解上的鸿沟；二来，当日的翻译毕竟没有今天这样严格的标准，译者自出机杼，删改原文的情况时有发生；最后，一些零星的误译也不难见到。更何况，这两个民国译本的存世量还是太少，我为了见到这两本书就不知费了多少心血。一般的读者朋友如果只是想把博比特的书找来了解一下美国教育史的大体情况；教育专业的学生如果像我一样，只是单纯地想看看博比特的原作究竟谈了些什么，恐怕大多数都会因为访书之难而打消了这个念头吧。但我在阅读博比特的著作时，其实很有些被他的文字所吸引。他的书写得平实，论证也不复杂，但有一种洞若观火的透彻，而且远远比教科书里总结的那几个理论要点复杂得多。我打心眼里觉得，如果只是因为访书之难就让很多潜在的读者和这本世界教育发展进程上有里程碑意义的著作失之交臂，未免太可惜了。有鉴于此，我有心想为博比特的《课程》一书重新译出一个中文本。这个想法得到了导师郑国民教授和教育科学出版社刘明堂主任的大力支持，我的翻译工作由此得以顺利展开。

本次翻译所用的底本是波士顿 Houghton Mifflin 出版公司 1918 年出版的 *The Curriculum* 初版本。2013 年 6 月，我开始着手翻译，历时大约一年后提交初稿。责任编辑翁绮睿女士秉持着高度的职业素养，向我反馈了一份细致的修订意见。这个时候，我刚刚获得日本广岛大学的博士入学资格，于是带着一沓厚厚的翻译初稿，坐上了前往日本的飞机。我一边进行博士课题的研究，一边进行修订译稿的工作。广岛大学丰富的英文和日文藏书让我加深了对博比特的理解，我的导师丸山恭司教授也常常和我聊起他在美国求学时的点滴回忆，让我多了一些感性的认识。日本的大学里没有宿舍，我每天骑着自行车，沿着一条长长的黑濑川，往返于学校和住所之间。这段漫长的车程，就成为我在口头一遍遍打磨译稿的最佳时刻。有时候，确实要把一些长句子念出来，才能察觉到当中可能存在的疏漏之处。今天回想起来，这条黑濑川听我念叨了快两年的博比特，如果按日本古代"万物有灵"的说法，可能也该修炼成世界上最懂课程论的一条河流了吧。

修订稿提交后，翁编辑又与我进行了多次来回往返的审稿工作，力求将译文打磨得更精准一些。在合计历时三年多之后，《课程》一书终于能以现在的面目问世，我的心里满是激动。两位导师郑国民教授、丸山恭司教授给予了我充分的信任，也给我留出了学术自由的空间，这是最令我感动的。郑老师也花费了相当大的精力，赐下一篇精彩的序言。我相信，这会对读者朋友们理解博比特，起到很好的作用。在翻译过程中，我曾向北京师范大学的郭华教授、张斌贤教授、石中英教授、王本陆教授、王晨教授、李家永副教授、丁道勇副教授，北京第二外国语学院的曹卫东教授，华东师范大学的张心科副教授和东北师范大学的徐鹏副教授等多次请教相关问题；广岛大学的坂越正树教授、山田浩之教授和安田女子大学的内田诚一副教授也对我关照有加；美国佐治亚大学的 William G. Wraga 教授和 Peter Hlebowitsh 教授、北佛罗里达大学的 Jon Wiles 教授曾对我研究博比特提供了宝贵的意见。学友王慧敏博士、蒋佳博士和孙雅望研究员曾在美国为我找到许多博比特相关资料。教育科学出版社的刘明堂主任和翁绮睿编辑尤其为此书的出版付出了巨大的辛劳。

最后，我想借这个机会感谢已经永远离开我们的教育学大家黄济先生。黄先生曾告诉我，他早年念书的时候就读过博比特的民国译本，因此非常关心我这个新译本，还兴致盎然地为这本书题签。当日的情景，我还历历在目。现在，因为这本书有幸被收入“世界教育思想文库”，黄先生的题签就不方便单独使用了。但更令我感到遗憾的是，在我求学东瀛的第一年里，就传来了黄先生因病辞世的消息。如今书出来了，我却没法履约为黄先生寄去一本，这让我感到一种难以言说的遗憾。

有人讲，翻译注定是一门遗憾的艺术，因为完美无缺的翻译从来都不存在。我的译作亦是如此，如果译本中有任何疏漏之处，还请各位读者朋友多多批评指正。

刘幸

2016 年 10 月 18 日

于日本广岛大学